BLED
Allemand

Marie MARHUENDA

Bernard VISELTHIER

Conception graphique
Couverture : Karine NAYÉ
Intérieur : Blanc de Zinc / Médiamax / Karine NAYÉ

Composition et mise en page
Alinéa / Médiamax

Illustrations
Hubert Blatz

© HACHETTE LIVRE, 2012, 43 quai de Grenelle, 75905 PARIS Cedex 15.
ISBN : 978-2-01-160873-4
www.hachette-education.com

Tous droits de traduction, de reproduction et d'adaptation réservés pour tous pays.

Le Code de la propriété intellectuelle n'autorisant, aux termes des articles L. 122-4 et L. 122-5, d'une part, que les « copies ou reproductions strictement réservées à l'usage privé du copiste et non destinées à une utilisation collective », et, d'autre part, que « les analyses et les courtes citations » dans un but d'exemple et d'illustration, « toute représentation ou reproduction intégrale ou partielle, faite sans le consentement de l'auteur ou de ses ayants droits ou ayants cause, est illicite ».
Cette représentation ou reproduction, par quelque procédé que ce soit, sans autorisation de l'éditeur ou du Centre français de l'exploitation du droit de copie (20, rue des Grands-Augustins 75006 Paris), constituerait donc une contrefaçon sanctionnée par les articles 425 et suivants du Code pénal.

Avant-propos

Ce BLED allemand remplit deux fonctions : d'une part, il offre un balayage complet des points de grammaire de la langue et d'autre part, il sert d'outil d'entraînement. C'est donc un ouvrage d'apprentissage et de révision qui s'adresse tant à des élèves de l'enseignement secondaire qu'à des étudiants ou à des adultes qui souhaitent rafraîchir, réviser ou perfectionner leurs connaissances.

● La grammaire et la conjugaison

Elles sont présentées de manière synthétique en 56 fiches. Les explications sont volontairement simples. Elles ne font appel à aucun registre spécifique et correspondent à ce qu'un apprenant non spécialiste a besoin de savoir sur le système de la langue allemande. Afin de mieux aider le lecteur à comprendre la formation des divers concepts de l'allemand et à les intégrer plus facilement, nous avons pris le parti de traduire les exemples proposés. La langue maternelle est en effet un puissant adjuvant à tout effort de conceptualisation.
Dans les exemples retenus, nous avons fait en sorte d'utiliser la langue dans des situations de communication authentiques, telles que peut les vivre celui ou celle qui arrive en Allemagne. Mais nous n'avons pu éviter que certains exemples demeurent descriptifs. Cela renvoie à l'essence même d'une langue qui est à la fois objet de description et outil de communication grâce auquel les uns et les autres interagissons dans un cadre pragmatique à l'aide de mots.

● Le vocabulaire

À chaque thème grammatical est associé un champ lexical afin de bien montrer que le système linguistique n'a de cohérence que dans la mesure où les structures employées permettent d'exprimer des actes de parole correspondant à des intentions de communication particulières. Il est des exercices cependant où le vocabulaire utilisé sert de base à la constitution d'un répertoire personnel. Car qui dit apprentissage de la langue dit aussi obligatoirement banque lexicale disponible pour recevoir la langue et pour la produire. Le fait de regrouper le lexique par thèmes facilite la démarche de l'apprenant et lui permet de rassembler rapidement le vocabulaire dont il a besoin.

● Les exercices

Ils sont conçus pour que l'utilisateur de l'ouvrage puisse à la fois exercer sa vigilance sur la structure grammaticale qu'il doit employer et acquérir ou réviser le vocabulaire proposé. Les exercices permettent d'aller progressivement du plus simple au plus complexe en s'assurant que le discours qui sert de support à la démarche a bien été assimilé. D'où l'intérêt des exercices appelés « Vrai ou faux ? » qui servent de rubrique d'évaluation et qui invitent soit à avancer dans la difficulté soit à retourner vers l'explication.

Certains énoncés dépassent le cadre strict de l'exposé grammatical proposé et font appel à une connaissance plus large. Chaque exercice est un petit casse-tête en soi pour lequel il existe toujours une solution. Les corrigés en fin d'ouvrage ne devraient être consultés qu'*a posteriori* en tant que vérification de la démarche d'apprentissage.

Nous avons voulu montrer avec cet ouvrage que la maîtrise de la grammaire allemande n'est pas du tout insurmontable. Elle demande seulement de votre part un peu de concentration et un petit effort de réflexion. Nous vous souhaitons bon courage et bonne réussite.

Les auteurs

Sommaire

GRAMMAIRE

1	La place du verbe dans la phrase simple	8
2	La subordonnée	10
3	Les subordonnées complétive (*dass, ob*) et causale (*weil, da*)	12
4	La subordonnée temporelle (*wenn, als, wann*)	14
5	La subordonnée temporelle (*bevor, nachdem*)	16
6	La subordonnée temporelle (*bis, seit, seitdem, sobald, solange, sooft, während*)	18
7	La subordonnée conditionnelle	20
8	Les subordonnées concessive et comparative	22
9	La subordonnée relative	24
10	La subordonnée infinitive	26
11	L'infinitif complément, le double infinitif	28
12	La négation	30
13	Le discours indirect (1)	32
14	Le discours indirect (2)	34
15	Le questionnement, l'exclamation	36
16	La proposition qualificative	38
17	La modalisation des énoncés	40
18	Le genre des noms	42
19	Le pluriel des noms	44
20	Les noms géographiques	46
21	Les fonctions du groupe nominal	48
22	Les articles et leurs marques	50
23	Les adjectifs possessifs	52
24	Les marques du groupe nominal	54
25	Le génitif saxon	56

26	Les pronoms personnels	58
27	Les marques de l'adjectif épithète (1)	60
28	Les marques de l'adjectif épithète (2)	62
29	La rection des adjectifs	64
30	La comparaison	66
31	Le superlatif	68
32	Les pronoms interrogatifs	70
33	Les pronoms indéfinis	72
34	Les pronoms interrogatifs adverbiaux	74
35	En / y (1)	76
36	En / y (2)	78
37	Seulement	80
38	Plus ... plus / moins ... moins	82
39	*Es*	84
40	Le régime des prépositions	86
41	Les prépositions spatiales	88
42	Le directionnel et le locatif	90
43	Les compléments et les adverbes de temps	92
44	*Etwas /nichts*	94

CONJUGAISON

45	Les verbes	97
46	Le préfixe verbal	100
47	Les temps	102
48	Les verbes faibles	104
49	Les verbes forts	106
50	Les verbes faibles irréguliers	108
51	Les 3 auxiliaires : *haben, sein, werden*	110
52	Les verbes de modalité	112

53	L'impératif, les participes présent (participe I) et passé (participe II)	114
54	Les subjonctifs I et II	116
55	Le passif personnel	118
56	Le passif impersonnel	120
	La rection des verbes	122
	Les verbes forts irréguliers	128

VOCABULAIRE ... 131

CORRIGÉS DES EXERCICES ... 157

INDEX ... 186

1 La place du verbe dans la phrase simple

● Place du verbe

Le verbe à l'infinitif est en **dernière place** dans la phrase car il est précédé de tous ses compléments : c'est l'ordre fondamental de l'allemand.
Ex. : *Jeden Abend um zehn Uhr ins Bett gehen.*
           Se coucher tous les soirs à 10 heures.
Dans une phrase simple, le verbe conjugué se place soit en **première**, soit en **seconde** position.

Première position
On place le verbe en **première position** :
– lorsque l'on veut construire une **phrase interrogative globale** ;
Ex. : *Geht er jeden Abend um zehn Uhr ins Bett?* Se couche-t-il tous les soirs à 22 heures ?
– dans le cas d'une **proposition impérative**.
Ex. : *Mach das Licht um elf aus!* Éteins la lumière à 23 heures !

Seconde position
On place le verbe en **seconde position** :
– lorsque l'on veut construire une **phrase affirmative** ;
Ex. : *Er liest die Zeitung ausführlich.* Il lit le journal de A à Z.
– dans le cas d'une **phrase interrogative partielle**.
Ex. : *Um wieviel Uhr geht er ins Bett?* À quelle heure va-t-il se coucher ?

Cas particuliers
Attention ! la première place d'une proposition peut être occupée par d'autres éléments que le sujet ou le verbe conjugué, tels que :
– un complément de temps : *am Montag* (le lundi), *um 12 Uhr* (à midi) ;
– un élément adverbial : *sofort* (immédiatement) ;
– un élément comme : *vielleicht* (peut-être que), *sicher* (certainement).
Ainsi, dans ces énoncés, le **verbe** sera obligatoirement en **deuxième place** et le **sujet** en **troisième place**.
Ex. : *Am Montag geht sie oft mit den Kindern spazieren.*
         1   2   3
      Le lundi, elle va souvent se promener avec les enfants.

   Vielleicht bleibt sie nächsten Montag zu Hause.
       1   2   3
   Elle restera peut-être à la maison lundi prochain.

● Cas des conjonctions, de *ja* et de *nein*

Les **conjonctions de coordination** – *aber* (mais), *denn* (car), *und* (et), *oder* (ou) –, ainsi que *ja* (oui) et *nein* (non) occupent une **place 0** dans la proposition, ce qui signifie que le verbe ne peut être immédiatement placé après ces éléments.
Ex. : *Und er hat vor der Arbeit eine Tasse Kaffee getrunken, denn er war müde.*
         0   1 2   0   1   2
      Et il a bu une tasse de café avant le travail car il manquait d'entrain.

VOCABULAIRE P. 138
La vie quotidienne

CORRIGÉS P. 157

1 ▶ **Vrai ou faux ?**
   a. Le sujet occupe toujours la première place.
   b. Le verbe vient en tête d'une proposition impérative.
   c. Le verbe est en première position dans le cas d'une interrogative globale.
   d. La conjonction de coordination *aber* occupe la place 1 dans la proposition.

2 ▶ **Dans les énoncés suivants, quelle place occuperait le verbe en allemand : la 1re, la 2e ou la dernière ?**
   a. Lève-toi immédiatement !
   b. Elle va au marché.
   c. Est-ce qu'elle a passé l'aspirateur ?
   d. A-t-elle passé l'aspirateur ?
   e. Qui lave la vaisselle ?

3 ▶ **S'agit-il d'une interrogative partielle ou globale ?**
   a. Gehen Sie jeden Tag ins Büro?
   b. Wie heißt der Neue?
   c. Wie lange bleibt er da?
   d. Kennen Sie ihn?

4 ▶ **Mettez au présent et à la bonne place les verbes entre parenthèses.**
   a. Hans mit Freunden im Restaurant essen (sollen).
   b. Wann er frei (haben)?
   c. Wahrscheinlich er voll beschäftigt (sein).
   d. Er jedoch pünktlich im Restaurant (an/kommen).
   e. Deshalb ihn seine Freunde sympathisch (finden).

5 ▶ **Remettez les mots dans l'ordre pour former des phrases correctes.**
   a. muss / jeden / sie / . / Staub / saugen / Tag /
   b. Wochenende / schläft / am / sie / . / aus /
   c. sie / ? / die / putzt / Fenster /
   d. das / ! / spül / Geschirr /

6 ▶ **Traduisez en français.**
   a. Immer früh aufwachen.
   b. Um sieben Uhr aufstehen.
   c. In der Küche frühstücken.
   d. Schnell duschen.
   e. Sich anziehen.
   f. Mit der U-Bahn zur Arbeit fahren.

7 ▶ **Introduisez l'énoncé *Er sieht fern* dans les phrases suivantes, en le mettant dans le bon ordre.**
   a. Abends ... .
   b. Wann ... ?
   c. ... ?
   d. Ob ... ?
   e. Dann ... .

8 ▶ **Traduisez en allemand.**
   Pourquoi rentres-tu si tard ? Mets-toi vite à table ! Veux-tu manger quelque chose de chaud ? Tu dois être fatigué. Heureusement que tu peux faire la grasse matinée le week-end. Va vite te coucher après le repas.

2 La subordonnée

Pour construire une subordonnée, il est indispensable d'observer l'ordre fondamental de la phrase en allemand (ordre inverse du français). Il faut se souvenir en particulier que le **groupe verbal** occupe la **dernière place** dans la subordonnée.
Ex. : *Jeden Tag um acht Uhr ins Büro gehen.* Se rendre au bureau chaque jour à huit heures.
Vor der Arbeit eine Tasse Kaffee trinken. Boire une tasse de café avant le travail.

● Construction

Cas général
Formation : virgule + conjonction de subordination / pronom relatif + subordonnée.
On utilise des conjonctions de subordination ou des pronoms relatifs tels que *dass, weil, ob, der, die, das...*
Le sujet de la subordonnée se place derrière la conjonction ou le pronom. Il s'accorde avec le verbe de la subordonnée.
Ex. : *..., weil er jeden Tag um acht Uhr ins Büro geht.*
..., parce qu'il va chaque jour à huit heures au bureau.

..., weil er jeden Tag um acht Uhr ins Büro gehen muss.
..., parce qu'il est obligé d'aller chaque jour à huit heures au bureau.

..., weil er jeden Tag um acht Uhr ins Büro gehen wird.
..., parce qu'il ira chaque jour à huit heures au bureau.

Cas particulier
La première place d'une proposition peut être occupée par la subordonnée. Dans ce cas, la structure est la suivante :
Ex. : *Da er jeden Tag um acht Uhr im Büro sein muss, nimmt er die U-Bahn.*
          1   2
Puisqu'il doit être tous les jours à huit heures au bureau, il prend le métro.

● Distinguer conjonctions de subordination et de coordination

Il est important de différencier une **conjonction de subordination** comme *weil* (parce que) d'une **conjonction de coordination** comme *denn* (car), dans la mesure où la construction de la phrase en dépend.
Ex. : *Herr Arnold kann seine Kinder nicht in die Schule fahren, weil er jeden Tag um acht Uhr im Büro sein muss.*
M. Arnold ne peut pas conduire ses enfants à l'école, parce qu'il va chaque jour au bureau à huit heures.
Herr Arnold kann seine Kinder nicht in die Schule fahren, denn er muss jeden Tag um acht Uhr im Büro sein.
M. Arnold ne peut pas conduire ses enfants à l'école car il doit être tous les jours au bureau à huit heures.

Remarques
Il est important de se souvenir qu'une **virgule** sépare toujours une proposition principale d'une proposition subordonnée, ce qui rend la construction plus évidente.
Ex. : *Weißt du, dass dein Nachbar immer um acht Uhr ins Büro geht?*
Sais-tu que ton voisin part toujours au bureau à huit heures ?

Toutefois, si ***und*** ou ***oder*** relient deux subordonnées, celles-ci ne seront pas séparées par une virgule.
Ex. : *Weißt du, dass dein Nachbar um acht Uhr ins Büro geht und dass er immer pünktlich ist?*
Sais-tu que ton voisin part au bureau à huit heures et qu'il est toujours à l'heure ?

VOCABULAIRE P. 138
La vie quotidienne

CORRIGÉS P. 157

1 ▶ Vrai ou faux ?
  a. La subordonnée commence toujours une phrase.
  b. La conjonction de subordination est suivie d'une virgule.
  c. C'est le verbe conjugué qui occupe la dernière place dans une subordonnée.
  d. La plupart du temps, la conjonction de subordination est suivie du sujet.

2 ▶ Transformez ces interrogatives directes en interrogatives indirectes, en les faisant précéder de *Jeder fragt sich*.
  a. Wer ist das?
  b. Woher kommt er?
  c. Wie alt mag er sein?
  d. Wo wohnt er?
  e. Wie lange will er hier bleiben?
  f. Hat er einen Dienstwagen?
  g. Weiß jemand, wie er heißt?
  h. Welche Maßnahmen wird er treffen?
  i. Wie viel wird der neue Mitarbeiter bezahlt?

3 ▶ Reliez convenablement les propositions entre elles.
  Sie sprang aus dem Bett, **1.**   **a.** damit ihr Sohn im Ausland studieren kann.
  Ruf mich bitte sofort an, **2.**   **b.** nachdem sie ihre Schultasche eingepackt hat.
  Sie verlässt das Haus, **3.**   **c.** als sie den Wecker klingeln hörte.
  Er liest das Gedicht, **4.**   **d.** sobald du etwas Neues erfährst.
  Er zeigt viel Mut, **5.**   **e.** bis er es auswendig kann.
  Die Mutter macht Überstunden, **6.**   **f.** obwohl er erst 13 ist.

4 ▶ Entourez la subordonnée correcte.
  1. *Er wäre enttäuscht, ...*
  a. wenn er keine Gehaltserhöhung bekäme.
  b. wenn bekäme er keine Gehaltserhöhung.
  c. wenn er bekäme keine Gehaltserhöhung.

  2. *Er erlernte einen Beruf, ...*
  a. nachdem er das Abitur bestanden hat.
  b. nachdem er das Abitur bestanden hatte.
  c. nachdem er das Abitur bestand.

  3. *Ich weiß nicht, ...*
  a. wenn er schon wach ist.
  b. ob er ist schon wach.
  c. ob er schon wach ist.

5 ▶ Traduisez en allemand.
  a. Nous allons au restaurant depuis que notre réfrigérateur ne marche plus.
  b. Ici, nous nous sentons bien dès que le chauffage marche à nouveau.
  c. Je reste à la maison pour aider les enfants à faire leurs devoirs.
  d. Il se demande avec qui il passera ses vacances.
  e. Sais-tu depuis quand il travaille dans cette entreprise ?
  f. C'est un fait qu'il ne travaille pas suffisamment.

3 Les subordonnées complétive *(dass, ob)* et causale *(weil, da)*

● **Subordonnée complétive**

La subordonnée introduite par les conjonctions *dass* (que) ou *ob* (si interrogatif) complète le groupe verbal. On l'appelle **subordonnée complétive**.

Dass
En français, **dass** se traduit par « que ».
Ex. : *Frau Meier sagt immer, dass sie mit ihrem Gehalt nur knapp auskommt.*
Madame Meier dit toujours qu'elle s'en sort tout juste avec son salaire.
Herr Meier antwortet, dass sie mehr sparen soll.
Monsieur Meier répond qu'elle doit économiser davantage.

Après les verbes *denken* (penser), *behaupten* (affirmer), *meinen* (être d'avis), *sagen* (dire), etc., on trouve souvent une **complétive sans *dass***. Seule la virgule sépare la principale de la subordonnée.
Ex. : *Herr Meier meint, die Familie sollte weniger ausgeben.*
Monsieur Meier est d'avis que la famille devrait moins dépenser.

Ob
En français, **ob** se traduit par « si ». Dans une subordonnée complétive, il a une **valeur d'interrogatif** (et non de condition).
Ex. : *Ich möchte wissen, ob sie heute Abend in den Supermarkt fahren will.*
J'aimerais savoir si elle veut aller au supermarché ce soir.
Kannst du mir vielleicht sagen, ob dort die Preise wirklich günstig sind?
Peux-tu me dire si les prix sont vraiment intéressants là-bas ?

La conjonction *ob* sert également dans la **subordonnée interrogative indirecte**.
Ex. : *Sie fragt mich: „Kauft er heute Abend ein?"* (discours direct interrogatif)
Elle me demande : « Fait-il des courses ce soir ? »
Sie fragt mich, ob er heute Abend einkauft. (discours indirect)
Elle me demande s'il fait des courses ce soir.

● **Subordonnée causale**

La **subordonnée causale** présente la cause de l'état de fait de la proposition principale. Elle est introduite par **weil** ou **da**.

Weil
En français, **weil** se traduit par « parce que ».
Ex. : *Frau Meier hat viel eingekauft, weil es viele Sonderangebote gab.*
Madame Meier a fait de nombreuses courses parce qu'il y avait beaucoup d'offres intéressantes.

Da
En français, **da** se traduit par « comme ». La subordonnée introduite par *da* est le plus souvent placée devant la principale (le verbe de la principale est donc placé immédiatement après la subordonnée).
Ex. : *Da viele Kunden an der Kasse warteten, musste Frau Meier Schlange stehen.*
Comme beaucoup de clients attendaient à la caisse, Madame Meier a dû faire la queue.

VOCABULAIRE P. 139
Les achats

exercices

CORRIGÉS P. 157

grammaire

1 ▶ Vrai ou faux ?
   a. Toute subordonnée complétive est introduite par une conjonction de subordination.
   b. Après la conjonction *weil*, le verbe n'est plus obligatoirement à la fin de la subordonnée.
   c. Une virgule suit toujours la conjonction *dass*.
   d. Le sujet ne se place pas obligatoirement après la conjonction de subordination.

2 ▶ Reliez les propositions entre elles par *dass* ou *weil* en veillant à la construction des subordonnées.
   a. Sie war wütend / sie musste lange an der Kasse warten.
   b. Er war sicher / er würde die billigsten Turnschuhe im Supermarkt finden.
   c. Wir machten uns Sorgen / wir hatten nicht genug Geld.
   d. Tatsache ist / dieses Gerät funktioniert nicht richtig.
   e. Die Verkäuferin sagte / ich könne das Kleid anprobieren.

3 ▶ Reliez les énoncés qui vont ensemble par *dass* ou *weil*.

Die Kassiererin sagte, **1.**	**a.** sie wollte ein billigeres Modell.
Die Verkäuferin behauptet, **2.**	**b.** sein Kopfhörer funktionierte nicht.
Die Frau protestierte, **3.**	**c.** dieser Supermarkt hat eine reiche Auswahl an Waren.
Mein Freund war wütend, **4.**	**d.** die Kundin hat kein Kleingeld.
Die Kassiererin regt sich auf, **5.**	**e.** ich müsse meinen Scheck unterschreiben.

4 ▶ Remettez de l'ordre dans les subordonnées suivantes.
   a. Ich sage der Verkäuferin, ich im Armband würde dass gern kaufen das Schaufenster.
   b. Mein Freund behauptete, der Laden dass war schon geschlossen.
   c. Sie war sehr enttäuscht, sie ihre machen nicht mehr Einkäufe weil konnte.
   d. Sie waren sicher, im Supermarkt hier es eine Wechselstube gab dass.
   e. Sie war müde, sie Schlange weil musste stehen.

5 ▶ Traduisez en allemand.
   a. Elle va souvent au supermarché parce qu'elle y trouve des produits à un prix intéressant.
   b. Mais ce qui la gêne, c'est qu'il y ait tant de gens au supermarché.
   c. Ma voisine préfère aller au marché parce que les produits viennent directement de la campagne.
   d. Je trouve dommage que le magasin ferme si tôt.
   e. Cela vaut la peine pour nous de prendre le temps de faire nos courses.
   f. Je voulais juste te dire qu'il y a des promotions.

„Ich musste lachen, weil sie schon wieder Eulen nach Athen trug."

4 | La subordonnée temporelle (wenn, als, wann)

La subordonnée temporelle peut être introduite par les conjonctions **wenn** ou **als**, ou par le pronom interrogatif **wann**. Ces trois éléments se traduisent par « **quand** », mais chacun avec un emploi différent.

Wenn
En français, **wenn** se traduit par « quand », « à chaque fois que ». Wenn est généralement suivi du **présent de l'indicatif**, parfois du **futur**.
Ex. : *Wenn ich einkaufen gehe, verliere ich viel Zeit.*
    Quand (À chaque fois que) je fais des courses, je perds beaucoup de temps.
Wenn wir die Großeltern wieder besuchen werden, werden wir ihnen das Fotoalbum zeigen.
Quand nous rendrons de nouveau visite aux grands-parents, nous leur montrerons l'album photos.

Toutefois, *wenn* est associé au **prétérit** lorsque l'on souhaite indiquer la fréquence d'un événement du passé.
Ex. : *Wir fuhren immer mit der Schnellbahn, wenn wir auf den Markt gehen wollten.*
    Nous prenions toujours l'express quand (à chaque fois que) nous voulions aller au marché (autrefois).

Als
En français, **als** se traduit par « quand », « le jour où », « au moment où », « lorsque ». Il s'emploie dans le cas d'un **fait unique** qui s'est produit dans le **passé** proche ou plus lointain. *Als* est associé au **prétérit**.
Ex. : *Als sie letzte Woche in die Stadt ging, traf sie eine alte Freundin.*
    Lorsqu'elle se rendit en ville la semaine dernière, elle rencontra une ancienne amie.

Wann
En français, **wann** se traduit par « quand ». Il est habituellement interrogatif, donc placé en **début de phrase**.
Ex. : *Wann macht der Laden zu?*
    Quand le magasin ferme-t-il ?

Wann peut aussi être un **interrogatif indirect** lorsqu'il reprend les éléments de l'interrogation directe.
Ex. : *Er weiß nicht, wann der Laden zumacht.*
    Il ne sait pas quand le magasin ferme.

Attention !
La langue allemande utilise aussi la conjonction *wenn* pour exprimer la **condition** (voir leçon 7, page 20). Il convient donc de ne pas confondre les deux conjonctions *wenn* entre elles – l'une temporelle, l'autre conditionnelle –, ni de les assimiler à *wann*, interrogatif direct ou indirect.

VOCABULAIRE P. 139
Les achats

CORRIGÉS P. 158

1 ▶ **Vrai ou faux ?**
   a. Pour dire « quand », on emploie indifféremment *als*, *wenn* ou *wann*.
   b. On ne trouve jamais *als* dans une subordonnée au présent.
   c. *Wenn* s'emploie pour traduire « quand » en français suivi d'un futur.
   d. On peut supprimer *als* et mettre le verbe en première position.

2 ▶ **Complétez les phrases suivantes par *als* ou *wenn*.**
   a. … der Kühlschrank leer ist, müssen wir einkaufen gehen.
   b. Du wirst den Einkaufswagen schieben, … du größer bist.
   c. … sie von den Sonderangeboten hörte, stürzte sie sich in die Abteilung.
   d. … sie zu müde ist, schickt sie ihren Sohn einkaufen.
   e. … sie an die Kasse kam, bemerkte sie, dass sie ihr Portmonee nicht mehr hatte.
   f. … ich meine Ausbildung beendet habe, werde ich in einem Supermarkt arbeiten.

3 ▶ **Répondez en classant les arguments proposés en 1. ou en 2. et en commençant les propositions subordonnées par *wenn*.**
   1. *Wann sind Sie gestresst?*   2. *Wann sind Sie froh?*
   Ex. : *Ich bin gestresst / froh, wenn …*

   a. Du hilfst mir beim Einkaufen.
   b. Es sind zu viele Leute im Supermarkt.
   c. Eine Verkäuferin lächelt mich an.
   d. Ich treffe beim Einkaufen Freunde.
   e. Ich sehe tolle Sonderangebote.
   f. Du bist mürrisch, weil du dich beim Einkaufen langweilst.
   g. Ich warte lange an der Kasse.
   h. Ich habe nicht genug Geld.
   i. Das Waschmittel, das ich brauche, ist ausverkauft.
   j. Es regnet draußen, während es hier schön warm ist.

4 ▶ **Traduisez en français.**
   a. Als sie im Kochbuch blätterte, fand sie es so interessant, das sie es kaufen musste.
   b. Wenn sie auf den Markt geht, kauft sie immer Kräuter für die Suppe.
   c. Wenn er guten Fisch will, geht er auf den Fischmarkt.
   d. Wenn ich zum Supermarkt gehe, brauche ich immer eine Menge Geld.
   e. Wenn ich schnell essen will, gehe ich in die Cafeteria im Supermarkt.
   f. Es nervt ihn, wenn er lange an der Kasse warten muss.

5 ▶ **Traduisez en allemand.**
   a. Quand elle eut soif, elle but un café au distributeur.
   b. Au moment de payer, elle ne put trouver son porte-monnaie.
   c. Quand elle avait le temps, elle allait au centre commercial.
   d. Quand elle arriva au kiosque, elle acheta plusieurs journaux.
   e. Quand j'ai besoin de pain, je vais à la boulangerie du coin.
   f. Quand elle apprit qu'il n'y avait pas de grand magasin à proximité, elle fut très déçue.

5. La subordonnée temporelle (bevor, nachdem)

Bevor et *nachdem* traduisent l'**antériorité** et la **postériorité** de la subordonnée.

Bevor
En français, **bevor** se traduit par « avant de », « avant que ».
Bevor ne peut introduire qu'une **subordonnée conjonctive** (conjonction de subordination + sujet + verbe conjugué). La construction infinitive n'est pas possible.
Les verbes de la proposition principale et de la subordonnée sont conjugués au même temps.
Ex. : *Bevor sie ihre Freunde einlädt, probiert sie ihre Rezepte immer aus.*
Avant d'inviter ses amis, elle essaie toujours ses recettes.

Bevor sie ihre Freunde einlud, probierte sie immer ihre Rezepte aus.
Avant d'inviter ses amis, elle essayait toujours ses recettes.

Bevor man ein Gericht bestellt, muss man die Speisekarte lesen.
Avant de commander un plat, on doit lire le menu.

Nachdem
En français, **nachdem** se traduit par « après que », « après avoir ».
Nachdem (comme *bevor*) n'introduit qu'une **subordonnée conjonctive**.

L'emploi de *nachdem* entraîne une **concordance des temps** entre la proposition principale et la subordonnée.

Si le temps de la proposition principale est le **présent**, le temps de la subordonnée avec *nachdem* est au **parfait**, car l'action exprimée par le verbe de la subordonnée est **antérieure** à celle exprimée par le verbe de la principale.
Ex. : *Nachdem er gekocht hat, isst er immer mit gutem Appetit.*
Après avoir fait la cuisine, il mange toujours de bon appétit.

Si le temps de la proposition principale est le **prétérit**, le temps de la subordonnée avec *nachdem* est au **plus-que-parfait**.
Ex. : *Nachdem er gekocht hatte, aß er immer mit gutem Appetit.*
Après avoir fait la cuisine, il mangeait toujours de bon appétit.

Attention ! il faut veiller à ne pas confondre les conjonctions *bevor* et *nachdem* avec les prépositions *nach* + datif (après) et *vor* + datif (avant), ou encore avec les adverbes de temps *vorher* (d'abord) et *nachher* (ensuite).

„Nachdem er gekocht hat, isst er immer mit gutem Appetit."

VOCABULAIRE P. 139
La restauration

CORRIGÉS P. 159

1. Vrai ou faux ?
   a. *Bevor* est suivi d'une proposition infinitive.
   b. *Nachdem* s'emploie avec un passé composé ou un plus-que-parfait.
   c. *Nachdem* peut être remplacé par *nachher*.
   d. Avec *bevor*, le verbe est au subjonctif.

2. Complétez les phrases suivantes par *bevor* ou *nachdem*.
   a. Lass einen Tisch für uns reservieren, ... wir ins Restaurant gehen!
   b. Schnell! Wir müssen dort ankommen, ... die Küche zumacht.
   c. ... Andreas das Tagesmenü gelesen hat, wählt er eine Gulaschsuppe.
   d. Überleg es dir nochmal, ... du diese stark gewürzte Suppe bestellst.
   e. Dann bestellen wir Wein, ... der Kellner uns die Weinkarte gegeben hat.
   f. ... wir gegessen haben, gehen wir direkt nach Hause.

3. Transformez les compléments circonstanciels suivants en subordonnées introduites par *bevor* ou *nachdem*.
   a. Nach dieser Arbeit ging ich ins Restaurant.
   b. Vor dem Betreten des Restaurants las ich die Speisekarte.
   c. Vor dem Kommen des Kellners wähle ich, was ich essen und trinken will.
   d. Nach dem Essen bitte ich um die Rechnung.

4. Traduisez en français.
   a. Nachdem er ein Pfeffersteak gegessen hatte, bestellte er ein Stück Kirschtorte.
   b. Bevor ich ins Restaurant gehe, muss ich einen Tisch bestellen.
   c. Nachdem er gegessen hat, muss er natürlich zahlen.
   d. Nachdem er die Kalbshaxe in München probiert hat, empfiehlt er sie allen seinen Freunden.
   e. Nachdem er zu viel getrunken hatte, hatte er Kopfschmerzen.

5. Traduisez en allemand.
   a. Avant d'entrer au restaurant, il lut le menu du jour.
   b. Après avoir lu la carte des vins, il choisit un verre de Riesling.
   c. Après avoir goûté le vin, il en commanda une bouteille.
   d. Après avoir mangé, il rentra chez lui en taxi.
   e. Avant de se coucher, il prit un cachet d'aspirine.

6. Reformulez les phrases suivantes en utilisant *bevor* ou *nachdem*. (Attention ! la structure de la phrase sera modifiée.)
   a. Zuerst reiben wir die Kartoffeln, dann pressen wir sie in einem Tuch gut aus.
   b. Wir rösten Scheiben Weißbrot, vorher haben wir sie in Stücke geschnitten.
   c. Wir säubern den Kohlkopf, dann lassen wir ihn kurz schmoren.
   d. Wir entsteinen die Pflaumen, dann füllen wir sie mit einem Stück Würfelzucker.
   e. Man wäscht das Fleisch mit Wasser, legt es dann in die Marinade.

6 La subordonnée temporelle (bis, seit, seitdem, sobald, solange, sooft, während)

Bis
Bis, **conjonction**, a le sens de « jusqu'à ce que ».
Ex. : *Warten Sie noch einen Augenblick, bis der Chefkoch zurückkommt.*
Attendez encore un petit instant, jusqu'à ce que le chef cuisinier revienne.
Bis der Nachtisch fertig ist, dauert es noch eine Viertelstunde.
Il faut encore attendre un quart d'heure pour que (jusqu'à ce que) le dessert soit prêt.

Bis, **préposition**, a le sens de « jusqu'à ».
Ex. : *Dieses Kind kann von eins bis zehn zählen.*
Cet enfant sait compter de un à (jusqu'à) dix.

Seit et seitdem
Seit et **seitdem**, **conjonctions**, se traduisent par « depuis que ».
Ex. : *Seitdem es Rinderwahnsinn gibt, essen wir kaum noch Fleisch.*
Depuis qu'il y a la maladie de la vache folle, nous ne mangeons presque plus de viande.

Attention ! ne pas confondre les conjonctions *seitdem* et *seit* avec la préposition *seit* qui est suivie du datif.
Ex. : *Seit einem Monat ist die Auswahl auf dem Markt größer.*
Depuis un mois, il y a plus de choix au marché.

Sobald
Sobald, **conjonction**, se traduit par « dès que ».
Ex. : *Sobald ein neues Produkt erscheint, stürzen sich die Leute in die Geschäfte.*
Dès qu'un nouveau produit apparaît, les gens se précipitent dans les magasins.

Solange
Solange, **conjonction**, se traduit par « tant que ».
Ex. : *Solange du schwach bist, tut dir die Suppe gut.*
Tant que tu es en état de faiblesse, la soupe te fait du bien.

Sooft
Sooft, **conjonction**, se traduit par « (à) chaque fois que ».
Ex. : *Sooft ich meinen alten Freund treffe, geht die Zeit sehr schnell vorüber.*
Chaque fois que je rencontre mon vieil ami, le temps passe très vite.

Während
Während, **conjonction**, se traduit par « pendant que », « tandis que ».
Während permet de rapporter **deux actions** qui se déroulent **en parallèle**.
Le temps de la principale est semblable à celui de la subordonnée.
Ex. : *Während er das Essen zubereitet, sieht sie fern.*
Pendant qu'il prépare le repas, elle regarde la télévision.

Attention ! ne pas confondre la conjonction *während* avec la préposition *während* (pendant) qui est suivie du génitif.
Ex. : *Während der Sommerferien.* Pendant les grandes vacances.

VOCABULAIRE P. 139
La restauration

CORRIGÉS P. 159

1 ▶ **Vrai ou faux ?**
   a. *Während* est à la fois conjonction de subordination et préposition.
   b. Pour dire « depuis que », on emploie aussi bien *seitdem* que *seit*.
   c. *Bis* peut introduire une proposition infinitive.
   d. *Bis* se construit avec le subjonctif.

2 ▶ **Complétez les phrases suivantes par *sobald, solange, seit* ou *während*.**
   a. Sie raucht, ... ihr Mann die Speisekarte liest.
   b. ... die Gäste das Restaurant betreten, führt sie der Kellner an einen Tisch.
   c. ... sie rauchen, bleibt der Aschenbecher auf dem Tisch stehen.
   d. ... dieser Koch hier arbeitet, hat dieses Restaurant viel Erfolg.
   e. ... der Kellner ihm die Kalbsleber empfohlen hat, bestellt er diese Hausspezialität sehr oft.
   f. ... er ein helles Bier trinkt, trinkt sie lieber ein Glas Rotwein aus Portugal.
   g. ... die Kinder einen Orangensaft zu trinken haben, bleiben sie ruhig.

3 ▶ **Complétez les conseils culinaires par *bis, sobald, solange* ou *während*.**
   a. ... die Soße nicht hellbraun geworden ist, muss sie gerührt werden.
   b. Man lässt die Krebse im kochenden Salzwasser, ... sie rot sind.
   c. Die Fleischstückchen werden mit Zwiebeln und Mehl im Fett angebraten, ... sie schön angebräunt sind.
   d. ... das Fleisch schmort, schneidet der Koch Gemüse.
   e. ... sich Bläschen zeigen, löscht man mit Brühe und Wein ab.
   f. Sie rührte die Eier und den Zucker, ... sie cremig wurden.

4 ▶ **Traduisez en français.**
   a. Warten Sie bitte hier, bis ein Platz frei wird!
   b. Während er mit Kollegen im Restaurant aß, ging sie ins Kino.
   c. Sobald er uns sah, lud er uns ins Restaurant ein.
   d. Seit er hohen Blutdruck hat, trinkt er sehr wenig Alkohol.

5 ▶ **Traduisez en allemand.**
   a. Depuis que je sais que ce restaurant a trois étoiles, je le recommande à mes amis.
   b. Tant que ce cuisinier travaillera ici, je resterai fidèle à sa cuisine.
   c. À peine entré dans un restaurant, il voudrait qu'on s'occupe de lui immédiatement.
   d. Mes parents nous interdisent de jouer tant que nous n'avons pas terminé le repas.

6 ▶ **Reformulez les phrases suivantes en utilisant une conjonction de subordination. (Attention ! la structure de la phrase sera modifiée.)**
   a. Während der Zubereitung des Essens vergisst sie ihre Sorgen.
   b. Kaum betrat er die Küche, hatte er einen Bärenhunger.
   c. Er geht oft in dieses Restaurant, der Kellner erkennt ihn jedes Mal.
   d. Seit seiner Magenerkrankung isst er zu Hause.

7 La subordonnée conditionnelle

La subordonnée conditionnelle est introduite par **wenn**.
Wenn permet d'exprimer trois sortes d'hypothèses : **l'hypothèse réaliste, l'hypothèse momentanément irréaliste, l'hypothèse qui n'a pu être réalisée et qui suscite un regret**.

● **Hypothèse réaliste**

En allemand, la proposition principale et la subordonnée conditionnelle sont au **présent**.
Ex. : *Wenn ich nächsten Monat meinen Onkel in München besuchen kann, zeigt er mir alle Sehenswürdigkeiten der Stadt.*
    Si je peux rendre visite à mon oncle à Munich le mois prochain, il me montrera toutes les curiosités de la ville.
La principale peut être également au **futur**, mais le futur est, d'une manière générale, assez peu employé en allemand.
Ex. : *Wenn ich nächsten Monat meinen Onkel in München besuchen kann, wird er mir alle Sehenswürdigkeiten der Stadt zeigen.*

● **Hypothèse momentanément irréaliste**

Cette hypothèse est irréaliste au moment où les propos sont tenus, mais elle est réalisable dans l'absolu.
On exprime ce type d' hypothèse au moyen du **subjonctif II** (voir leçon 54, page 116). Pour la construction de certains verbes forts pour lesquels le subjonctif II est peu utilisé, on emploie dans la proposition principale et la subordonnée la forme en : **würde + verbe à l'infinitif**.
Ex. : *Wenn ich eine Reise nach Venedig machen würde, würde ich mich freuen.*
    Si je faisais un voyage à Venise, je me réjouirais.
Lorsque, dans une subordonnée, on conjugue les auxiliaires **haben** et **sein** ou les **auxiliaires de mode**, ceux-ci se mettent directement au **subjonctif II** :
haben : *ich hatte* (prét.), *ich hätte* (subj. II) = j'aurais ;
sein : *ich war* (prét.), *ich wäre* (subj. II) = je serais ;
konnen : *ich konnte* (prét.), *ich könnte* (subj. II) = je pourrais...
Ex. : *Wenn wir Zeit und Geld hätten, würden wir viel reisen.*
    Si nous avions du temps et de l'argent, nous voyagerions beaucoup.

Attention ! deux exceptions à cela : *sollen* et *wollen* ne prennent pas d'inflexion au subjonctif II.

Il est possible, surtout dans la langue littéraire, de supprimer **wenn,** sans changer le sens de la phrase. Dans ce cas, le verbe conjugué de la subordonnée se trouvera en **première place** et la proposition principale sera la plupart du temps précédée de **dann**.
Ex. : *Würdest du uns ein Flugticket schenken, dann wären wir dir sehr dankbar.*
    Si tu nous offrais un billet d'avion, nous te serions très reconnaissants.

● **Hypothèse qui n'a pu être réalisée et qui suscite un regret**

On exprime ce type de regret au moyen du **subjonctif II passé** (irréel) (voir leçon 54, page 116).
Ex. : *Wenn wir gewusst hätten, dass Oma krank war, wären wir sofort nach Hamburg geflogen.*
    Si nous avions su que Mamie était malade, nous aurions aussitôt pris l'avion pour Hambourg.

VOCABULAIRE P. 140
Les rêves

CORRIGÉS P. 160

1 ▶ Vrai ou faux ?
   a. *Wenn* n'est jamais suivi du présent de l'indicatif.
   b. Si l'on supprime *wenn*, le verbe vient en première position.
   c. *Wenn* peut aussi introduire une subordonnée temporelle.
   d. *Ob* peut introduire également une subordonnée conditionnelle.

2 ▶ Imaginez vos rêves au conditionnel (utilisez les rêves proposés).

Stell dir vor!
Es wäre schön, wenn wir ...

   a. Wir fliegen auf eine exotische Insel.
   b. Wir wohnen in einem Bungalow am Strand.
   c. Wir faulenzen den ganzen Tag.
   d. Wir sind braun gebrannt.
   e. Wir denken nie an die Arbeit.
   f. Jeden Tag essen wir Meeresfrüchte.

3 ▶ Complétez chaque proposition principale avec sa subordonnée en la conjuguant au temps qui convient : *Du kannst mich nicht besuchen / Ich werde meine Schlüssel wiederfinden / Ich bin meinen Schnupfen endlich los.*

   a. Ich wäre beruhigt, wenn ...
   b. Ich wäre froh, wenn ...
   c. Ich wäre enttäuscht, wenn ...

4 ▶ Transformez les phrases suivantes au conditionnel afin d'exprimer vos souhaits plus poliment.

   Ex. : Hilf mir beim Koffertragen!
   Könntest du mir bitte beim Koffertragen helfen?
   Würdest du bitte so nett sein, mir beim Koffertragen zu helfen?

   a. Hol mir Mineralwasser!
   b. Kauf mir eine Zeitung!
   c. Pass auf mein Gepäck auf!
   d. Warte auf mich!

5 ▶ Utilisez les groupes infinitifs proposés pour compléter la phrase suivante : *Es wäre schön gewesen, wenn wir…*

   a. Genug Geld haben.
   b. Zwei Wochen in Ägypten verbringen.
   c. Im Lotto gewinnen.
   d. Ein größeres Auto haben.
   e. Am Wochenende an die See fahren.
   f. Im Urlaub nette Leute treffen.
   g. Auf eine Fotosafari gehen.
   h. Das Kunsthistorische Museum besichtigen.
   i. In einer Disko tanzen.
   j. In dieser Stadt Besonderes sehen.

8 — Les subordonnées concessive et comparative

● Subordonnée concessive

On utilise la **subordonnée concessive** pour exprimer une **restriction**.

Obwohl, obgleich, obschon
En allemand, la subordonnée concessive introduite par **obwohl** (bien que) est suivie de l'**indicatif**, contrairement au français qui emploie le subjonctif.
Ex. : *Obwohl sie viel Geld hat, kann sie sich doch keinen Mercedes leisten.*
   Bien qu'elle ait beaucoup d'argent, elle ne peut pas s'offrir de Mercedes.

On trouve également comme équivalent de *obwohl* les conjonctions **obgleich** et **obschon**.
Ex. : *Obgleich sie von der Karibik träumt, hat sie keine Zeit, eine Kreuzfahrt zu machen.*
   Bien qu'elle rêve des Caraïbes, elle n'a pas le temps de faire une croisière.

Locutions invariables
Un certain nombre de **locutions invariables** expriment aussi la concession.
Elles occupent une **place 0** dans la construction de la phrase et n'entraînent donc pas d'inversion du verbe.
Ex. : *Du magst noch so trainieren, dein Freund Willi bleibt der Schnellste von allen.*
   Tu as beau t'entraîner, ton ami Willi reste le plus rapide de tous.

Certaines formulations véhiculent le même sens.
Ex. : *Was auch sein mag, wir feiern Weihnachten im Familienkreis.*
   Wie dem auch sei, wir feiern Weihnachten im Familienkreis.
   Quoi qu'il arrive, nous fêterons Noël en famille.

Ex. : *So schnell er auch ist, er hat das Rennen nicht gewinnen können.*
   So schnell er auch sein mag, er hat das Rennen nicht gewinnen können.
   Aussi rapide qu'il soit, il n'a pu gagner la course.

La locution **es sei denn** (à moins que) est toujours placée **en apposition**.
Ex. : *Ich warte noch eine Stunde, es sei denn, sie ruft mich an und sagt ab.*
   J'attends encore une heure, à moins qu'elle ne m'appelle et annule le rendez-vous.

● Subordonnée comparative

La subordonnée comparative se construit à l'aide de l'expression **tun, als ob** (faire semblant de, faire comme si...).
On utilise une forme verbale au **subjonctif II**.
Ex. : *Die Verwaltung tut, als ob die Firma keine Probleme hätte.*
   L'administration fait comme si l'entreprise n'avait pas de problème.
   Meine Arbeitskollegen tun, als ob sie nichts von der Krise wüssten.
   Mes collègues de travail font comme s'ils n'étaient pas au courant de la crise.

On peut aussi supprimer le *ob* de **als ob**. Dans ce cas, le verbe se place après *als*.
Ex. : *Meine Kollegen tun, als wüssten sie nichts von der Krise.*

VOCABULAIRE P. 140
Les rêves

CORRIGÉS P. 160

1 ▸ **Vrai ou faux ?**
   a. « Bien que » peut se traduire indifféremment par *obgleich*, *obschon* ou *obwohl*.
   b. Après *obwohl*, on emploie un subjonctif.
   c. Après *als ob*, on emploie un subjonctif.
   d. On peut supprimer *ob* dans *als ob*. Dans ce cas, le verbe vient à sa place.

2 ▸ **Composez des phrases en transformant le premier énoncé en subordonnée concessive et le second en principale.**
   a. Ich hatte gute Kontakte zu der Stewardess / Sie konnte mir keinen Platz auf diesem Flug besorgen.
   b. Dieses Stadtviertel wird von vielen Besuchern bewundert / Ich möchte von hier weg.
   c. Dieses Segelboot ist sehr schön / Ich bleibe lieber am Strand liegen, denn ich bin seekrank.
   d. Er interessiert sich sehr für Kunst / aus Zeitmangel muss er darauf verzichten, ins Historische Museum zu gehen.
   e. Ich muss einen Zuschlag bezahlen / Ich fahre lieber mit dem ICE.
   f. Der ICE fährt mit großer Geschwindigkeit / Ich fahre lieber mit dem Auto.
   g. Die Wirtschaft der ostmitteleuropäischen Länder entwickelt sich / Die Klischees der Touristen schwinden nur langsam.

3 ▸ **Complétez les phrases suivantes avec le verbe entre parenthèses, en le mettant à la forme qui convient.**
   a. Er tut, als ob er viel Geld (haben).
   b. Er tut, als ob er (sich freuen), in den Ferien zu Hause zu bleiben.
   c. Er nimmt viele Koffer, als ob die Reise sechs Monate dauern (sollen).
   d. Alexander von Humboldt unternahm Reisen, als ob außerordentliche Entdeckungen ihn am Ziel (erwarten).
   e. Forschungsreisende tun, als ob sie die Zivilisation hinter sich lassen (wollen).
   f. Viele Reisende rüsten sich aus, als ob sie eine Reise durch den Urwald (unternehmen).

4 ▸ **Reliez les deux propositions sans utiliser *ob*, en mettant le verbe de la subordonnée au temps qui convient.**
   a. Es klang, als ... / die Musik will ihn auf eine ferne Insel anlocken.
   b. Es war ganz so, als ... / er hat seine Heimat vergessen.
   c. Es kam ihm so vor, als ... / er hat schon an diesem Abenteuer teilgenommen.

5 ▸ **Trouvez la locution manquante.**
   a. Ich kann mir diese Reise nicht leisten, ..., ich gewinne im Lotto.
   b. ..., ich bleibe bei meinem Entschluss.
   c. ..., ich werde dich wiederfinden.
   d. Ich komme pünktlich an, ..., ich finde den Weg nicht.

6 ▸ **Traduisez en allemand.**
   a. Bien qu'il soit très jeune, il voyage toujours seul.
   b. Mon amie prend beaucoup de valises comme si son voyage devait durer six mois.
   c. Bien qu'ils gagnent peu d'argent, ils iront en Grèce l'été prochain.
   d. Quoi qu'il fasse, elle ira aux États-Unis.

9 La subordonnée relative

La subordonnée relative est reliée à son antécédent par un pronom relatif.

● Pronoms relatifs

	Masculin	Neutre	Féminin	Pluriel
Nominatif	der	das	die	die
Accusatif	den	das	die	die
Datif	dem	dem	der	denen
Génitif	dessen	dessen	deren	deren

Les formes du **pronom relatif** sont identiques à celles de l'article défini (voir leçon 22, page 50) à l'exception de cinq formes : le datif pluriel et les quatre formes du génitif.

● Antécédent et cas

L'**antécédent** indique le genre et le nombre du pronom relatif.
Le **cas du pronom relatif** (voir leçon 21, page 48) est celui de la fonction qu'il occupe dans la proposition relative.

Avec un antécédent masculin singulier :
– nominatif (pronom sujet) ;
Ex. : *Der Mann, der dort sitzt, ist Touristenführer.*
   L'homme, qui est assis là-bas, est guide.

– accusatif (pronom complément d'objet direct) ;
Ex. : *Der Busfahrer, den ihr dort seht, raucht gern eine Zigarre.*
   Le chauffeur de bus, que vous voyez là-bas, aime fumer le cigare.

– datif (pronom complément d'objet indirect) ;
Ex. : *Der Tourist, dem der Touristenführer Informationen gibt, ist Franzose.*
   Le touriste, auquel (à qui) le guide donne des renseignements, est français.

– génitif (pronom complément du nom).
Ex. : *Der Franzose, dessen Koffer rot ist, möchte nach Berlin fahren.*
   Le Français, dont la valise est rouge, veut se rendre à Berlin.

Avec un antécédent pluriel :
Ex. : *Die Ausländer, denen die Botschaft kein Visum geben kann, müssen noch ein paar Tage warten.*
   Les étrangers, auxquels (à qui) l'ambassade ne peut donner de visa, doivent attendre encore quelques jours.

● *Dessen* et *deren*

Les pronoms relatifs au génitif – ***dessen*** et ***deren*** – sont invariables : ils ne sont jamais suivis d'un déterminatif. Ils se construisent comme des **génitifs saxons** (Ex. : *Peters Wagen*), c'est-à-dire qu'ils se placent devant le nom qu'ils déterminent.
Le groupe nominal qu'ils introduisent peut très bien comporter un adjectif épithète.
Ex. : *Die Kassiererin, deren alte Kasse schlecht funktioniert, muss alles selber ausrechnen.*
   La caissière, dont la vieille caisse fonctionne mal, doit tout calculer elle-même.

VOCABULAIRE P. 140
Les voyages

CORRIGÉS P. 161

1 ▶ Vrai ou faux ?
   a. « Dont » se traduit par *deren* si l'antécédent est féminin.
   b. Les formes du pronom relatif sont sans exception celles de l'article défini.
   c. *Dessen* et *deren* ne sont jamais suivis d'un déterminatif.
   d. Le cas du pronom relatif dépend de sa fonction dans la proposition relative.

2 ▶ Complétez les phrases suivantes par le pronom relatif qui convient.
   a. Die Frau, ... eine Fahrkarte nach Kleve wollte, musste in Düsseldorf umsteigen.
   b. Sie wartete auf den Zug, ... in zehn Minuten fuhr.
   c. Die Visa-Karte, mit ... sie bezahlte, gehörte ihrer Mutter.
   d. Sie packte den Koffer, ... ich ihr zu Weihnachten geschenkt hatte.
   e. Der Fahrgast, ... man eine Tasse Tee bringt, fühlt sich nicht wohl.

3 ▶ Reliez les énoncés suivants par le pronom relatif qui convient.
   a. Meine Schwester / sie nimmt am Ausflug teil / packt Brötchen mit Salami in ihren Rucksack.
   b. Wir übernachten in einer Jugendherberge / sie befindet sich am Rand eines Waldes.
   c. Wir gehen einen anderen Weg / der Weg ist grasbewachsen.
   d. Der Freund / er sollte für Proviant sorgen / hat alles im Zug vergessen.
   e. Die Ausflügler / wir haben ihnen den Weg erklärt / waren erleichtert.
   f. Die Vorräte / wir haben sie aus unseren Rucksäcken geholt / schmecken lecker.
   g. Wir wollten den Vulkan fotografieren / er war wieder tätig.
   h. Die Flaschen Alkohol / wir wollen sie über die Grenze bringen / sind normalerweise zollpflichtig.
   i. Die Freunde / wir nehmen von ihnen Abschied / wünschen uns eine glückliche Reise.
   j. Die Leute / ich reise mit ihnen / sind erfahrene Wanderer.

4 ▶ Traduisez en français.
   a. Das Handgepäck, das ich ins Abteil mitnehmen will, ist gar nicht schwer.
   b. Der Koffer, den ich vom Boden heruntergeholt habe, gehörte meiner Mutter.
   c. Der Bus, den wir nehmen, verkehrt regelmäßig auf dieser Strecke.
   d. Die Freundin, mit deren Sohn ich reise, stammt aus Belgien.
   e. Die Fahrgäste, mit denen er plaudert, fahren alle in die Schweiz.

5 ▶ Traduisez en allemand.
   a. Je connais l'homme qui descend de l'avion.
   b. Les amis avec lesquels je fais du camping ont organisé une excursion en montagne.
   c. Le jambon que j'ai mis dans mon sac à dos est très bon.
   d. L'excursion à laquelle je participe est très agréable.

10 La subordonnée infinitive

Dans la subordonnée infinitive, on n'exprime pas le sujet car c'est le même que celui de la proposition principale.

● Groupes infinitifs avec *zu*

Verbe simple
L'élément verbal *zu* sert de marque du groupe infinitif et se place **devant le verbe simple**. La proposition principale et la subordonnée sont en général séparées par une **virgule** (la réforme de l'orthographe tolère cependant que cette virgule soit absente).
Ex. : *Ich habe Lust, diesen Journalisten zu hören.* J'ai envie d'entendre ce journaliste.

Verbe à préfixe (ou particule)
Dans le cas d'un verbe comportant un préfixe (*fernsehen*), *zu* se place **entre le préfixe et la base verbale**.
Ex. : *Hast du auch vor, heute Abend um 10 Uhr fernzusehen?*
As-tu aussi l'intention de regarder la télévision ce soir à 22 heures ?

● Autres types de subordonnées : *um ... zu, anstatt ... zu, ohne ... zu*

Ces subordonnées sont introduites par **um ... zu** (pour : proposition infinitive de but), **anstatt ... zu** (au lieu de), **ohne ... zu** (sans).
Les **compléments de l'infinitif** se placent **entre les conjonctions** (*um, anstatt, ohne*) **et l'élément verbal *zu***.
Ex. : *Wir gehen immer ins Palast-Kino, um einen Film zu sehen.*
Nous allons toujours au Cinéma Palast pour voir un film.
Er hat die Kunstakademie besichtigt, anstatt ins Konzert zu gehen.
Il a visité l'académie des Arts au lieu d'aller au concert.
Sie hat ihre Stelle gewechselt, ohne ein Wort zu sagen.
Elle a changé d'emploi sans dire un mot.

● Place de la subordonnée

Il est possible, dans tous ces énoncés, de mettre la subordonnée en **place 1** dans la phrase. Le verbe conjugué de la proposition principale reste toujours en place 2.
Ex. : *Ohne ein Wort zu sagen, hat sie ihre Stelle gewechselt.*
          1   2

● Remarques

La traduction de « pour », « afin de », peut également être rendue par ***damit***. Mais, dans ce cas, la proposition principale et la subordonnée ont chacune leur propre sujet.
Ex. : *Unsere Eltern haben viele Überstunden gemacht, damit wir studieren konnten.*
Nos parents ont fait de nombreuses heures supplémentaires pour que nous puissions faire nos études.

Il en est de même pour les traductions de « sans » et de « au lieu de », respectivement rendues par **, ohne dass** et **, anstatt dass**.
Ex. : *Heute Nacht ist mein Auto verschwunden, ohne dass ich es gemerkt habe.*
Cette nuit, ma voiture a disparu sans que je m'en aperçoive.

Wozu ?
L'interrogatif ***wozu?*** (dans quel but ?) entraîne une réponse comportant la tournure ***um ... zu***.
Ex. : *Wozu kauft ihr jeden Tag diese Zeitung? Um stets auf dem Laufenden zu bleiben.*
Dans quel but (Pourquoi) achetez-vous ce journal tous les jours ? Pour être toujours au courant des nouvelles.

VOCABULAIRE P. 141
Les médias

exercices

CORRIGÉS P. 162

1 ▸ Vrai ou faux ?
   a. Tout infinitif est précédé de *zu*.
   b. *Damit* se construit avec un infinitif.
   c. « Pour » suivi d'un infinitif se traduit par *um ... zu*.
   d. *Wozu* appelle en réponse une proposition introduite par *weil*.

2 ▸ Transformez en subordonnée infinitive le groupe entre parenthèses.
   a. Er hat vor, ... (das Fußballspiel im Fernsehen verfolgen).
   b. Ich habe keine Lust, ... (den Film im zweiten Programm verpassen).
   c. Er freut sich, ... (eine Internet-Adresse haben).
   d. Der Lehrer schlägt vor, ... (am Computer arbeiten).
   e. Er soll nicht vergessen, ... (das Abonnement abbestellen).

3 ▸ Transformez la seconde proposition en proposition infinitive introduite par *um ... zu*.
   a. Er liest den Artikel / er will sich über die Euro-Bargeldeinführung informieren.
   b. Ich mache das Radio an / ich will den Wetterbericht hören.
   c. Der Journalist macht eine Reportage / er will über den Streik der Korrespondenten berichten.
   d. Er trägt Zeitungen aus / er will Geld verdienen.
   e. Er liest mehrere Fachzeitschriften / er will seine berufliche Qualifikation erhöhen.

4 ▸ Reliez les deux énoncés par *um ... zu, ohne ... zu* ou *statt ... zu*.
   a. Schick mir eine E-Mail! / ruf mich nicht an!
   b. Er macht das Radio an / er will die Kurzinfos hören.
   c. Das Arbeitsamt stellt mehrere Informatiker an / es will das Informationsmaterial digitalisieren.
   d. Oft telefoniert sie / sie verschickt keine E-Mails.
   e. Die meisten Jugendlichen surfen allein im Internet / sie sind nicht auf die Hilfe der Erwachsenen angewiesen.

5 ▸ Reliez les deux énoncés par *damit* ou *um ... zu*.
   a. Klick auf das Icon eines Navigators / dann kommst du ins Internet.
   b. Er kauft einen Computer / seine Kinder wollen im Internet surfen.
   c. Internetjuristen müssen sich mit technischen Aspekten des Internets auskennen / sie müssen Marken- und Firmennamen schützen.
   d. Schauen sie in die Webcam / Ihr E-Mailpartner soll Sie auch sehen, wenn Sie mit ihm sprechen.
   e. Klick das Icon hier an / die Überschrift soll zentriert werden.

6 ▸ Traduisez en allemand.
   a. Je vais à la poste pour envoyer un télégramme.
   b. Clique sur cette icone pour pouvoir lire tes mails.
   c. Téléphone à tes amis pour qu'ils viennent avec nous.
   d. Envoie un mail au lieu d'écrire cette lettre.
   e. L'enfant surfe sur Internet sans avoir besoin de l'aide des adultes.

11 L'infinitif complément, le double infinitif

● **Groupes infinitifs avec *zu***

Les noms, les adjectifs et la plupart des verbes sont complétés par un **infinitif** (ou un groupe infinitif) **précédé de *zu*.**
Ex. : *Es ist schön, faul in der Sonne zu liegen.*
    C'est agréable d'être allongé paresseusement au soleil.
    Er glaubt jetzt, der Beste zu sein. Il croit être le meilleur maintenant.
    Ich habe keine Zeit, die Gartentür zuzumachen.
    Je n'ai pas le temps de fermer la porte du jardin.
Alors que la virgule est souvent présente devant un groupe infinitif, on ne met **pas de virgule devant un infinitif seul**.
Ex. : *Es fängt an zu regnen.* Il commence à pleuvoir.

● **Groupes infinitifs sans *zu***

Les groupes infinitifs **ne sont pas précédés de *zu*** lorsqu'ils dépendent :
– d'un des **six verbes de modalité** (*dürfen, können, mögen, müssen, sollen, wollen*) ;
Ex. : *Wir können diesen Zeitungsartikel nicht lesen.*
    Nous ne pouvons pas lire cet article de journal.
– de l'auxiliaire ***werden*** pour former un temps du futur ;
Ex. : *Sie wird trotzdem verreisen.* Elle voyagera quand même.
– d'un verbe de **perception** tel que *fühlen* (sentir), *hören* (entendre), *sehen* (voir) ;
Ex. : *Ich höre sie nicht kommen.* Je ne l'entends pas venir.
– d'un verbe de **mouvement** tel que *gehen* (aller), *schicken* (envoyer) ;
Ex. : *Er geht die Tür öffnen.* Il va ouvrir la porte.
– du verbe ***lassen*** (laisser faire) ;
Ex. : *Meine Eltern lassen mich fernsehen.* Mes parents me laissent regarder la télévision.
– des verbes ***lehren*** (enseigner), ***lernen*** (apprendre), ***helfen*** (aider) ;
Ex. : *Mein Bruder lehrt mich arabisch schreiben.* Mon frère m'enseigne à écrire l'arabe.
– de ***haben***, ***bleiben*** (rester), ***finden*** (trouver), si le verbe du groupe infinitif indique la **position**.
Ex. : *Dieser Mann hat viel Geld auf der Bank liegen.*
    Cet homme a beaucoup d'argent (sur son compte) à la banque.
    Bleiben Sie sitzen! Restez assis(e)!

● **Le double infinitif**

À un temps composé, les **verbes de modalité** et le verbe ***lassen*** suivis d'un infinitif complément ont un **participe II** (participe passé) identique à leur infinitif. C'est ce qu'on appelle le « **double infinitif** ».
Ex. : *Unsere Freunde können heute nicht zu uns kommen.*
    Nos amis ne peuvent pas venir chez nous aujourd'hui.
    Unsere Freunde haben heute nicht kommen können.
    Nos amis n'ont pas pu venir aujourd'hui.
Cette particularité peut aussi s'appliquer aux **verbes de perception** et au verbe ***helfen***.
Ex. : *Wir haben der alten Frau den Koffer tragen helfen.*
    Nous avons aidé la vieille dame à porter sa valise.
Dans une subordonnée comportant un double infinitif, la forme verbale conjuguée se place avant la forme du double infinitif.
Ex. : *Sie behauptet, dass sie nicht hat kommen können.* Elle affirme qu'elle n'a pas pu venir.

VOCABULAIRE P. 141
Les médias

exercices

CORRIGÉS P. 162

grammaire

1 ▶ Vrai ou faux ?
   a. On ne trouve jamais *zu* devant l'infinitif complément d'un verbe de modalité.
   b. L'infinitif complément de *hoffen* est précédé de *zu*.
   c. L'infinitif complément de *helfen* est toujours précédé de *zu*.
   d. Quand un verbe de modalité à un temps composé est suivi d'un infinitif complément, il faut utiliser un double infinitif.

2 ▶ Complétez les phrases suivantes avec les groupes entre parenthèses ou ajoutez, le cas échéant, l'élément verbal *zu*.
   a. Wir haben die Absicht, ... (uns einen Scanner kaufen).
   b. Wie kann ich ... (die CD-Rom einlegen)?
   c. Ich träume davon, ... (E-Mails austauschen).
   d. Lass mich ... (am Computer arbeiten).
   e. Wir sollten ... (diese Arbeit auf Diskette speichern).
   f. Wenn ich genug Geld hätte, würde ich ... (einen Computer kaufen).

3 ▶ Reliez convenablement les propositions entre elles.
   Wir haben vor, **a.**   **1.** einen Computer bedienen.
   Ich möchte **b.**   **2.** zu verstehen, wie man Internet benutzt.
   Er beginnt **c.**   **3.** uns einen Computer zu kaufen.
   Natürlich können die Kinder **d.** **4.** im Büro im Internet surfen.

4 ▶ Transformez chaque subordonnée en proposition infinitive.
   a. Ich hoffe, dass ich mit Jugendlichen aus anderen Ländern kommunizieren werde.
   b. Es gefällt mir, wenn ich E-Mails lese.
   c. Ich schlage vor, dass ich ihr eine E-Mail schicke.
   d. Vergiss nicht, dass du den Computer ausschalten sollst!

5 ▶ Replacez l'élément verbal *zu* à l'endroit qui convient en complétant la phrase suivante : *Denk daran,*
   a. Eine Diskette einlegen.
   b. Die Briefe einwerfen.
   c. Das Abonnement abbestellen.
   d. Die Fachzeitung kaufen.
   e. Den Freunden antworten.
   f. Ihnen eine E-Mail schicken.

6 ▶ Mettez les phrases suivantes au parfait.
   a. Er soll seine Arbeit auf Diskette speichern.
   b. Ich kann diese Datei nicht öffnen.
   c. Ich lasse ihn im Internet surfen.
   d. Weißt du, ob er den PC bedienen kann?

7 ▶ Traduisez en allemand.
   a. Je rêve d'avoir un ordinateur.
   b. Je voudrais m'acheter une imprimante.
   c. Es-tu capable d'envoyer des mails ?
   d. Reste assis !
   e. Il m'a entendu venir.

12 La négation

Il existe deux principaux types de négation : **nicht** et **kein**.

● *Nicht*

Emploi
On utilise **nicht** pour nier la **globalité de la phrase**.
Ex. : *Am Wochenende bastle ich nicht.* Le week-end, je ne bricole pas.

Mais si l'on place *nicht* **devant un groupe infinitif**, la négation porte sur ce groupe.
Ex. : *Im Juli will Familie Biber nicht zu Hause bleiben.*
En juillet, la famille Biber ne veut pas rester chez elle.

Place dans la phrase
La place de *nicht* ne varie pas lorsque le verbe est conjugué. D'une manière générale, *nicht* se place :
– **devant** les **compléments** précédés d'une **préposition** ;
Ex. : *Wir interessieren uns nicht für Tiere.* Nous ne nous intéressons pas aux animaux.
– **derrière** les **compléments sans préposition**.
Ex. : *Sie hat ihr Zimmer nicht aufgeräumt.* Elle n'a pas rangé sa chambre.

D'une manière plus subtile, la négation précède l'élément de phrase sur lequel elle porte.
Ex. : *Nicht sie ist gekommen, sondern ihre Mutter.* Ce n'est pas elle qui est venue, mais sa mère.

● Autres négations

Ce qui est valable pour *nicht* l'est aussi pour les autres négations telles que **nie** (jamais) ou **nichts** (rien).
On peut également renforcer la négation à l'aide de **gar nicht** ou **überhaupt nicht** (pas du tout), **keineswegs** (aucunement), **nicht einmal** (même pas).

● *Kein*

Emploi
Lorsque le **groupe nominal** est **indéfini**, on utilise la négation **kein**.
Ex. : *Ich sehe in diesem Zimmer kein Bett und keinen Spiegel.*
Je ne vois dans cette chambre ni lit ni miroir.

Kein accompagne donc un nom et se traduit en français par « pas de », « pas un », « aucun ».
Ex. : *Wir haben kein Geld.* Nous n'avons pas d'argent.

On l'emploie aussi lorsque le nom n'est **pas précédé d'un article**.
Ex. : *Essen Sie Schokolade? Nein, ich esse keine Schokolade.*
Mangez-vous du chocolat ? Non, je ne mange pas de chocolat.
Möchten Sie grüne Socken tragen? Nein, ich möchte keine grünen Socken tragen.
Aimeriez-vous porter des chaussettes vertes ? Non, je n'aimerais pas porter des chaussettes vertes.

Les groupes nominaux sans article tels que *Ich habe Zeit* (J'ai le temps), *Lust* (envie), *Hunger* (faim), *Durst* (soif) prennent la forme *kein* déclinée lorsqu'ils sont niés : *Ich habe keine Zeit, keine Lust, keinen Hunger, keinen Durst*.

Déclinaison
Kein se décline, au **singulier**, sur le modèle de l'**article indéfini** *ein* et, au **pluriel**, sur le modèle de l'**article défini pluriel** *die*.

VOCABULAIRE P. 141
La maison

CORRIGÉS P. 163

1 ▶ Vrai ou faux ?
a. *Kein* accompagne un nom.
b. *Kein* au singulier se décline sur le modèle de l'article indéfini.
c. On n'utilise jamais *nicht ein*.
d. *Nicht* se place devant l'adjectif ou l'adverbe sur lequel il porte.

2 ▶ Répondez négativement aux questions suivantes.
a. Ist die Küche zu klein ?
b. Ist das Kinderzimmer immer noch in Unordnung ?
c. Ist der Keller dunkel ?
d. Steht der Computer auf dem Schreibtisch ?
e. Hast du Tassen auf den Tisch gestellt ?
f. Habt ihr Durst ?
g. Putzt du die Fenster ?
h. Hast du einen Schreibtisch ?
i. Ist eine Tür auf ?
j. Arbeitet ihr im Wohnzimmer ?

3 ▶ Replacez la négation *nicht* à l'endroit qui convient.
a. Morgen kommt er, sondern in drei Tagen.
b. Er trägt den Müll hinunter, sondern die alten Vorhänge.
c. Im Esszimmer essen sie, sondern in der Küche.
d. Die Mutter kocht, sondern der Vater.
e. Bei seinen Eltern wohnt er, sondern in einem Studentenwohnheim.

4 ▶ Complétez les réponses négatives par *nicht* ou *kein*.
a. Was kommt ins Wohnzimmer ?
– Eine Mikrowelle ? Nein, ...!
– Betten ? Nein, ...!
– Der Staubsauger ? Nein, ...!

b. Was kommt ins Badezimmer ?
– Die Kaffeemaschine ? Nein, ...!
– Ein Fernseher ? Nein, ...!
– Ein Telefon ? Nein, ...!

c. Was kommt in die Küche ?
– Ein Computer ? Nein, ...!
– Der Kleiderschrank. Nein, ...!
– Die Dusche ? Nein, ... !

d. Was kommt ins Schlafzimmer ?
– Eine Waschmaschine ? Nein, ...!
– Teller ? Nein, ...!
– Der Kühlschrank ? Nein, ...!

e. Was kommt in den Keller ?
– Der Kaktus ? Nein, ...!
– Der Videorecorder ? Nein, ...!
– Das Klavier ? Nein, ...!

5 ▶ Traduisez en allemand.
a. Je ne descends jamais les ordures.
b. Il n'aère pas suffisamment les pièces.
c. Nous n'avons pas de grand jardin.
d. Nous ne dormons pas sur la terrasse.

13 Le discours indirect (1)

On emploie le **discours indirect** pour rapporter les paroles et les intentions exprimées au discours direct par un tiers.
Les pronoms personnels et les adverbes (de temps et de lieu) changent puisque le locuteur (celui qui parle) est différent.
Le discours indirect est introduit dans une **proposition subordonnée avec ou sans dass**.
Il faut également veiller à la **ponctuation** : guillemets et point d'interrogation disparaisssent, une virgule introduit la proposition contenant le discours indirect.

Les verbes sont conjugués au **subjonctif I**, sauf cas particuliers. Au style indirect, il n'y a pas de concordance des temps entre la proposition principale et la subordonnée.

Style direct	Style indirect
Die Kinder sagen, sagten, haben gesagt, werden sagen: „Wir sind froh, denn es geht uns gut".	*Die Kinder sagen, sagten, haben gesagt, werden sagen, sie **seien** froh, denn es **gehe** <u>ihnen</u> gut.*
Sie sagen, sagten, werden sagen: „Wir waren froh, denn es ging uns gut".	*Sie sagen, sagten, werden sagen, sie **seien** froh **gewesen**, denn es **sei** ihnen gut **gegangen**.*
Sie sagen, sagten, werden sagen: „Wir sind froh gewesen, denn es ist uns gut gegangen".	*Sie sagen, sagten, werden sagen, sie **seien** froh **gewesen**, denn es **sei** ihnen gut **gegangen**.*
Einer sagt, sagte, wird sagen: „Ich werde meinem Freund helfen".	*Einer sagt, sagte, wird sagen, er **werde** <u>seinem</u> Freund helfen.*

Lorsque les formes du subjonctif I se confondent avec celles de l'indicatif, on utilise le **subjonctif II** selon les correspondances suivantes :

Discours direct		Discours indirect
Indicatif présent *Wir kommen*	Subjonctif I *Sie kommen* = indicatif présent	Subjonctif II *Sie **kämen***
Indicatif parfait *Wir haben gelacht*	Subjonctif I *Sie haben gelacht* = indicatif parfait	Subjonctif II *Sie **hätten** gelacht*
Indicatif futur *Wir werden kommen*	Subjonctif I *Sie werden kommen* = indicatif futur	Subjonctif II *Sie **würden** kommen*

VOCABULAIRE P. 142
Vieilles histoires, contes et légendes

CORRIGÉS P. 163

1 ▸ Vrai ou faux ?
a. Le discours indirect sert à rapporter ses paroles ou celles d'autrui.
b. On part du prétérit de l'indicatif pour obtenir un présent du subjonctif I.
c. Il existe trois temps au subjonctif I et trois temps au subjonctif II.
d. On utilise indifféremment le subjonctif I ou le subjonctif II.

2 ▸ Mettez au discours indirect les propos rapportés.
a. Ein Leser von Grimms Märchen erzählt:
„Ich habe jedes Märchen mehrmals gelesen. Am besten gefällt mir die Geschichte von *Hänsel und Gretel*. Ich träume manchmal vom Haus der bösen Hexe aus Brot und Kuchen. Ich bewundere immer die Klugheit der beiden Kinder, die glücklich zu ihren Eltern zurückkommen können."

b. Ein Lehrer erzählt:
„Märchen der Brüder Grimm sind auf der ganzen Welt bekannt. Sie wurden in alle Weltsprachen übersetzt und erfreuen bis heute noch die Großen und die Kleinen. Alle deutschen Kinder haben diese Märchen gehört, die ein wichtiger Teil des deutschen Kulturerbes sind."

c. Ein Schüler erklärt seinen Kameraden:
„Die Lorelei ist eine wunderbare Hexe, die sich mit einem goldenen Kamm kämmt und deren Lied den Schiffern zum Verhängnis wird. In den alten Märchen erscheinen viele unglaubliche Wesen wie Kobolde, Nixen, Drachen oder Zwerge, deren Zauberkünste die Kinder beeindrucken sollen."

3 ▸ Cochez la ou les bonnes cases. (Tous les verbes sont à la 3ᵉ personne du singulier.)

	Indicatif Présent	Indicatif Prétérit	Subjonctif I Présent	Subjonctif II Présent
wüsste	☐	☐	☐	☐
beeindrucke	☐	☐	☐	☐
liest	☐	☐	☐	☐
würde	☐	☐	☐	☐
erklärte	☐	☐	☐	☐
wartet	☐	☐	☐	☐
wäre	☐	☐	☐	☐
kam	☐	☐	☐	☐
stehe	☐	☐	☐	☐
läse	☐	☐	☐	☐
ginge	☐	☐	☐	☐
weiß	☐	☐	☐	☐
siegte	☐	☐	☐	☐
käme	☐	☐	☐	☐
sei	☐	☐	☐	☐
wartete	☐	☐	☐	☐
hoffe	☐	☐	☐	☐
las	☐	☐	☐	☐
fasziniere	☐	☐	☐	☐
stünde	☐	☐	☐	☐
wisse	☐	☐	☐	☐
wusste	☐	☐	☐	☐
komme	☐	☐	☐	☐
singt	☐	☐	☐	☐

14 Le discours indirect (2)

● L'interrogation dans le discours indirect

Si le discours direct contient des interrogatives globales, la conjonction de subordination **ob** est utilisée dans le discours indirect.

Discours direct	Discours indirect
Die Nixe fragte den jungen Mann: *„Wollen Sie mit mir tanzen?"*	*Die Nixe fragte den jungen Mann,* **ob er** mit **ihr** tanzen **wolle**.

Quand la forme interrogative du discours direct est partielle, c'est le **pronom interrogatif** de la question du discours direct qui est réutilisé.

Die Nixe fragte den jungen Mann: *„Was wünschen Sie?"* *„Wie lange wollen Sie mit mir tanzen?"* *„Wann kommen Sie wieder zu mir?"*	*Die Nixe fragte den jungen Mann* , **was er** wünsche. , **wie** lange **er** mit **ihr** tanzen **wolle**. , **wann er** wieder zu **ihr komme**.

Attention ! il n'existe aucune correspondance des temps en français et en allemand.
Ex. : *Die Nixe fragte den jungen Mann, was er wünsche.*
      L'ondine demanda au jeune homme ce qu'il souhaitait.

● L'impératif au discours indirect

En fonction de ce qui est exprimé à l'impératif dans le discours direct, l'allemand a recours à deux verbes de modalité au discours indirect : **sollen** ou **mögen**. Ils ont valeur d'auxiliaire.

Die Nixe sagte zum jungen Mann: *„Tanzen Sie noch ein wenig mit mir!"*	*Die Nixe sagte zum jungen Mann,* *er **solle** mit ihr noch ein wenig tanzen.*
Die Nixe sagte zum jungen Mann: *„Tanzen Sie bitte noch ein wenig mit mir!"*	*Die Nixe sagte zum jungen Mann,* *er **möge** mit ihr noch ein wenig tanzen.*

Remarque
Alors qu'à l'écrit, les Allemands observent scrupuleusement le transfert des temps du discours direct au subjonctif I, c'est le subjonctif II qui est le plus fréquemment employé dans la conversation quotidienne.
Ex. : *Unser Freund hat gestern telefoniert und gesagt, er <u>käme</u>* (au lieu de „komme")
      nächste Woche am Donnerstag.
      Notre ami a appelé hier et a dit qu'il viendrait jeudi de la semaine prochaine.

„Die Nixe fragte
den jungen Mann,
was er wünsche."

VOCABULAIRE P. 142
Vieilles histoires, contes et légendes

exercices

CORRIGÉS P. 164

grammaire

1 ▸ Vrai ou faux ?

a. Pour exprimer un ordre au discours indirect, on utilise les verbes de modalité *sollen* ou *mögen* si on veut y mettre une nuance de prière.
b. Les Allemands observent toujours le transfert des temps du discours direct au subjonctif I.
c. La conjonction *ob* introduit une interrogative directe ou indirecte.
d. Au discours indirect, il n'existe aucune correspondance des temps en français et en allemand.

2 ▸ Mettez les passages suivants au discours indirect.

a. In Goethes Ballade *Erlkönig* fragt der Sohn den Vater:
„Warum reiten wir so spät durch Nacht und Nebel?
Hörst du den Erlkönig nicht?
Siehst du seine Töchter tanzen?
Was wünscht er?
Welche Spiele will er mit mir spielen?"

b. Er fragte:
„Ist niemand hier?
Lass mich hinein!
Ich bin allein, es kann nicht sein!
Fürchte mich nicht!"

c. Sie antwortete:
„Es ist schon Nacht.
Was werden die Nachbarn denken?
Geh weg!
... Aber nein, geh gleich zurück!"
(Christian Felix Weisse, 1781 von Haydn vertont *Eine sehr gewöhnliche Geschichte*.)

d. Ein Lehrer sagt den Schülern:
„Setzt euch!
Seid still!
Macht euer Deutschbuch auf!
Hört gut zu und schreibt alles auf!"

3 ▸ Complétez les phrases suivantes par *sollen* ou *mögen*.

a. Ich bitte sie: „Leih mir bitte dieses Buch!" / Ich bitte sie, sie...
b. Ich sage dir: „Lass sofort deine Schwester in Ruhe lesen!" / Sie sagt mir, ich...
c. Die Eltern sagten uns: „Hört auf, euch Horrorfilme anzusehen!" / Sie sagten uns, wir...
d. Die alte Dame bat ihn: „Hol mir bitte Grimms Märchen aus der Bibliothek!" / Sie bat ihn, er...
e. Der Lehrer sagte den Schülern: „Vergesst den Bericht über Michael Endes Unendliche Geschichte nicht!" / Er sagte ihnen, sie...
f. Er fügte hinzu: „Beklagt euch nicht!" / Er fügte hinzu, sie...
g. Die Lehrerin sagte den Schülern: „Lest Abenteuerromane!" / Sie sagt ihnen, sie...
h. Die Eltern sagen ihrer Tochter: „Erzähl uns von deinem Schultag!" / Sie sagen ihr, sie...
i. Sie fügten hinzu: „Vergiss nicht, dieses Gedicht auswendig zu lernen!" / Sie fügten hinzu, sie...

15 | Le questionnement, l'exclamation

● Questionnement direct
Interrogative globale
Quand l'interrogation est **globale**, le questionnement attend une **réponse affirmative** ou **négative**. Le verbe est alors en **première place**.
Ex. : *Hast du den Wagen aus der Garage gefahren? Ja. / Nein.*
As-tu sorti la voiture du garage ? Oui. / Non.

Interrogative partielle
Quand l'interrogation est **partielle**, le questionnement est introduit par un **pronom interrogatif en** „**w-**". Ce questionnement permet d'obtenir une réponse **sur un point particulier**.
Ex. : *Wer ist hier zum ersten Mal?* Qui est ici pour la première fois ?
Wie heißen Sie? Comment vous appelez-vous ?
Wo wohnen Sie? Où habitez-vous ?
Was machen Sie in dieser Stadt? Que faites-vous dans cette ville ?
Le pronom interrogatif **wer** se décline comme *der* : nominatif (*wer*), accusatif (*wen*) et datif (*wem*). La forme du génitif (*wessen*) est peu usitée.
On forme beaucoup de pronoms interrogatifs en **wo** + **préposition** (ex. : *wofür*, *wozu*) ou **wo** + **r** + **préposition**, lorsque la préposition commence par une voyelle (ex. : *worauf*, *worum*).

● Questionnement indirect
Interrogative globale
En utilisant une subordonnée introduite par *ob* (si), on obtient une **interrogative globale indirecte** (voir leçon 14, page 34).
Ex. : *Ich weiß nicht, ob dieses Museum noch offen ist.*
Je ne sais pas si ce musée est encore ouvert.

Interrogative partielle
En reprenant l'énoncé de l'interrogative partielle, on peut construire une subordonnée interrogative indirecte. Celle-ci est obligatoirement introduite par un pronom interrogatif en „**w-**".
C'est très souvent le cas après des verbes comme *sich fragen* (se demander), *nicht wissen* (ne pas savoir), *wissen wollen* (vouloir savoir).
Ex. : *Wer hat an die Tür geklopft? Ich frage mich, wer an die Tür geklopft hat.*
Qui a frappé à la porte ? Je me demande qui a frappé à la porte.

● Exclamation
En allemand, l'exclamation peut être exprimée de différentes façons :
– parfois, elle se réduit à **un seul adjectif** ;
Ex. : *Wunderbar! Toll!* Magnifique ! Super !
– mais, souvent, l'adjectif est précédé d'un terme comme **wie** ;
Ex. : *Wie teuer!* Comme c'est cher !
– on trouve aussi de simples phrases exclamatives avec un **modalisateur** ;
Ex. : *Du bist aber groß!* Comme tu es grand !
– **wie, welch-** et **was für ein** introduisent également des phrases exclamatives.
Ex. : *Wie billig ist dieser Artikel! Wie billig dieser Artikel ist!*
Comme cet article est bon marché !
Welch ein schöner Anzug! Quel beau costume !
Was für tolle Geschenke du da hast! Quels beaux cadeaux tu as là !

VOCABULAIRE P. 143
L'identité

CORRIGÉS P. 164

1 ▶ Vrai ou faux ?
   a. Un questionnement global appelle en réponse *ja* ou *nein*.
   b. Lorsqu'on pose une question, le verbe est toujours en première place.
   c. *Ob* sert à introduire une question directe ou indirecte.
   d. *Wer* se décline au nominatif, à l'accusatif et au datif comme *der*.

2 ▶ Complétez les questions posées lors d'un entretien d'embauche par l'interrogatif qui convient.
   a. ... heißen Sie?
   b. ... sind Sie geboren?
   c. ... sind Sie geboren? In Bern?
   d. ... sind Sie dort geblieben?
   e. ... haben Sie studiert? Biologie?
   f. ... Fachgebiete haben Sie bevorzugt?
   g. ... sind Sie besonders stolz?
   h. Mit ... Leuten arbeiten Sie gern zusammen?
   i. ... sind Ihre Vorstellungen in der Gehaltsfrage?
   j. ... erhoffen Sie sich von dieser Stelle?
   k. ... Zeitschriften lesen Sie regelmäßig?
   l. ... verbringen Sie Ihre Freizeit?

3 ▶ Quelles questions vous permettraient de comprendre ce que vous n'avez pas entendu ?
   a. Letzten Samstag habe ich xxx getroffen.
   b. Sie kam aus xxx.
   c. Sie musste ihre xxx machen.
   d. Nachher fährt sie nach xxx.
   e. Sie ist jetzt mit xxx verheiratet.
   f. Jetzt heißt sie Frau xxx
   g. Sie hat xxx Kinder.
   h. Sie wohnen seit xxx Jahren in Berlin.
   i. Wir können uns am xxx Juli wiedersehen.
   j. XXX wird sie begleiten.

4 ▶ Avec quelle(s) exclamation(s) pourriez-vous accueillir ce que vous raconte un ami ?
   a. Ich bin schon angekommen.
   b. Ich habe euch Geschenke mitgebracht.
   c. Ich kann aber nicht lange bleiben.
   d. Die Straßen sind vereist, ich muss gleich weg, bevor die Autobahn gesperrt wird.

   1. Wie schade!
   2. Wie nett, dass du da bist!
   3. Was du nicht sagst!
   4. Was für tolle Geschenke du da hast!

5 ▶ Traduisez en allemand.
   a. Sais-tu comment il s'appelle ?
   b. Quel âge a-t-il ?
   c. Combien de temps restera-t-il ici ?
   d. Possède-t-il une voiture ?
   e. Demande-lui quand il est libre.
   f. Pourquoi ne me réponds-tu jamais ?

16 La proposition qualificative

● **Forme**

La proposition qualificative se rencontre presque exclusivement à l'écrit.
Sa construction se fait à partir du schéma de la proposition relative (voir leçon 9, page 24).
Ex. : A. <u>Das</u> Mädchen, <u>das vor Freude weint</u>, hat ihre Prüfung bestanden.
La fille, qui pleure de joie, a réussi son examen.

B. <u>Der</u> Wagen, <u>den man dem Sieger geschenkt hat</u>, ist nicht sehr schön.
La voiture, que l'on a offerte au vainqueur, n'est pas très belle.

Comme pour la subordonnée relative, le verbe se met au **participe I** (participe présent) pour exprimer une **action en cours** : dans la phrase A, le verbe conjugué *weint (weinen)* devient ***weinend*** au participe I.
Ex. : *Das vor Freude weinende Mädchen hat ihre Prüfung bestanden.*

Comme pour la subordonnée relative, le verbe se met au **participe II** (participe passé) pour exprimer une **action passée** : dans la phrase B, le verbe conjugué *hat geschenkt (schenken)* devient ***geschenkt*** au participe II.
Ex. : *Der dem Sieger geschenkte Wagen ist nicht sehr schön.*

Dans une proposition qualificative, chacun de ces participes devient **épithète du substantif** auquel il se rapporte. Il se **décline** en fonction du type de déterminatif qui le précède (voir leçon 27, page 60).
L'ordre des mots dans une proposition qualificative est le même que celui de la proposition relative. On obtient alors la construction suivante :
déterminatif + complément de l'épithète + épithète + substantif.

● ***Stehen, liegen, sitzen* et *hängen***

Dans une proposition qualificative, les verbes **stehen**, **liegen**, **sitzen** et **hängen** prennent la forme du **participe I**.
Ex. : *Die große Pflanze, die auf dem Balkon **steht**, stört mich.* (proposition relative)
*Die auf dem Balkon **stehende** große Pflanze stört mich.* (proposition qualificative)
La grande plante qui est sur le balcon me gêne.

Lorsque le verbe **liegen** exprime une situation géographique, il est employé, dans la proposition qualificative, sous la forme du **participe II**.
Ex. : *Die Stadt, die am Rand der Wälder **liegt**.* (proposition relative)
*Die am Rand der Wälder **gelegene** Stadt.* (proposition qualificative)
La ville située en bordure des bois.

„Die auf dem Balkon stehende große Pflanze stört mich."

VOCABULAIRE P. 143
Qui est-ce ? Que fait-il ?

CORRIGÉS P. 165

1 ▸ **Vrai ou faux ?**
   a. La proposition qualificative est employée essentiellement à l'écrit.
   b. Dans une proposition qualificative, le participe peut être présent ou passé (I ou II).
   c. Le participe utilisé reste de toute façon invariable.
   d. Dans une proposition qualificative, le verbe *liegen* est utilisé sous la forme du participe II.

2 ▸ **Dans les énoncés suivants, remplacez la subordonnée relative par un participe I ou II.**
   a. Die Fachgebiete, die man bevorzugt.
   b. Die Zeitschriften, die man liest.
   c. Die Autobahn, die gesperrt ist.
   d. Das Kind, das schläft.
   e. Ein Gesicht, das verschwollen ist.
   f. Die Papiere, die man verloren hat.
   g. Ein Segelboot, das schaukelt.

3 ▸ **Insérez ensuite, dans les groupes nominaux obtenus, les précisions qui conviennent.**
in den Wellen / im Kinderzimmer / durch eine Diät / an der Uni / regelmäßig / aus Versehen / infolge eines Bienenstichs / infolge eines Schneesturms.

4 ▸ **Transformez les subordonnées relatives en propositions qualificatives.**
   a. Die Urlauber, die am Strand liegen, wollen nicht gestört werden.
   b. Die Ausländer, die vor dem Bahnhof stehen, wollen das Land durchreisen.
   c. Die Kleider, die im Duschraum hängen, gehören der Nationalmannschaft.
   d. Der Ferienklub, der am Rand des Waldes liegt, lockt viele junge Leute an.
   e. Die Kinder, die im Gras sitzen, nehmen an der Wanderung teil.

5 ▸ **Transformez les propositions qualificatives en subordonnées relatives.**
   a. Die im Fluss schwimmenden Urlauber stammen aus Österreich.
   b. Das auf einem Esel reitende Kind freut sich sehr über die Ferien auf dem Land.
   c. Die von Wespen gestochenen Radfahrer haben große Angst ausgestanden.
   d. Die Touristen betraten die nach kaltem Rauch stinkende Halle.
   e. Die Urlauber bewundern die langsam am Horizont verschwindenden Segelboote.

6 ▸ **Traduisez en allemand.**
   a. Le journaliste parle des cyclistes piqués par des guêpes.
   b. L'automobiliste pesta contre les enfants qui couraient dans la rue.
   c. Les gens se réjouissent des jours qui allongent.
   d. L'enfant réveilla le chat qui dormait sur le tapis.
   e. Les invités admirent la salle ornée de fleurs.

17 La modalisation des énoncés

● Fonction et types de modalisateurs

Les adverbes ou « modalisateurs » donnent aux énoncés une tonalité particulière : ils modifient le contenu du message de l'énonciateur en fonction de l'échange qui est en train de se dérouler.
En allemand, ces modalisateurs ou particules sont très fréquents. Ils renforcent ou atténuent le contenu d'un message. Ils permettent aussi d'exprimer une prise de position, si nécessaire.

Particules
*Das ist super! Das ist **ja** super!* C'est magnifique ! C'est vraiment magnifique !
*Sie werden kommen. Sie werden **schon** kommen.* Ils viendront. Ils finiront bien par venir.
*Das ist nett! Das ist **aber** nett!* C'est gentil ! C'est vraiment gentil !
*Du hast **aber** Glück!* Tu en as de la chance !

Adverbes modalisateurs
*Dieser Krimi ist **zweifellos** der spannendste, den ich je gelesen habe.*
Ce roman policier est sans aucun doute le plus palpitant que j'aie jamais lu.

*Er ist **angeblich** der beste Musiker im Orchester.*
Il est soi-disant le meilleur musicien de l'orchestre.

*Das ist **eigentlich** alles, was wir antworten konnten.*
C'est, à vrai dire, tout ce que nous pouvions répondre.

*Sie hat Ihnen **endlich** eine Erklärung gegeben, nicht wahr?*
Elle a fini par vous donner une explication, n'est-ce pas ?

*Sie haben uns **unfreundlicherweise** im Stich gelassen.*
Ils nous ont laissé tomber de manière très inamicale.

*Die ganze Matheaufgabe ist **besonders** schwierig.*
Tout le devoir de maths est particulièrement difficile.

● Place dans la phrase

Ces adverbes modalisateurs, qui délimitent les deux parties d'une proposition (groupe verbal et thème de la proposition), se placent en principe **devant le groupe verbal**. Ils peuvent toutefois se trouver en début de proposition.
Ex. : *Vielleicht ist er in der Nacht vom Bett gefallen.*
     Il se peut qu'il soit tombé de son lit pendant la nuit.

● Verbes de modalité

Les **verbes de modalité** ont également cette fonction de modalisation du discours. Leur emploi permet d'exprimer des nuances parfois très subtiles (voir leçon 52, page 112) :
– la **possibilité** (*können*) ;
Ex. : *Er kann großzügig sein.* Il se peut qu'il soit généreux.
– la **probabilité** (*mögen*) ;
Ex. : *Er mag großzügig sein.* Il est sans doute généreux.
– la **certitude** (*müssen*) ;
Ex. : *Er muß großzügig sein.* Il ne peut qu'être généreux.
– la **rumeur** (*sollen*) ;
Ex. : *Er soll großzügig sein.* On dit qu'il est généreux.
– l'**affirmation** (*wollen*).
Ex. : *Er will großzügig sein.* Il prétend être généreux.

**VOCABULAIRE P. 144
Se distraire**

CORRIGÉS P. 165

1 ▸ Vrai ou faux ?
   a. Un modalisateur donne à l'énoncé une tonalité particulière.
   b. Les modalisateurs renforcent ou atténuent le sens d'un message.
   c. En allemand, leur utilisation est fréquente.
   d. Seuls des adverbes peuvent avoir une fonction de modalisation.

2 ▸ Choisissez parmi les modalisateurs proposés celui qu'il faut employer et reformulez les phrases suivantes.

leider / hoffentlich / angeblich / glücklicherweise / schnell / freundlicherweise / bald / zum Glück / vermutlich / vielleicht.

   a. Ich möchte, dass er ihn haushoch schlägt.
   b. Ich weiß nicht, ob er Golf spielt.
   c. Ich bin sicher, dass er gern in die Disco geht.
   d. Er will der beste Schwimmer des Ferienklubs sein.
   e. Du hast kein Glück gehabt!

3 ▸ Donnez, pour chaque phrase, le verbe de modalité capable d'exprimer la même nuance.
   a. Sie ist sicher begabt, sonst wäre sie nicht ausgewählt worden.
   b. Ich höre nicht die Kinder im Garten spielen, sie sind wahrscheinlich bei der Nachbarin.
   c. Ein Schwimmbad wird hier gebaut werden.
   d. Niemand meldet sich, vielleicht sind sie im Kino.
   e. Er behauptet, dass er das Spiel haushoch gewonnen hat.
   f. Das ist wirklich zum Lachen!

4 ▸ Traduisez en français.
   a. Sie soll abends viel ausgehen.
   b. Er musste darüber lachen.
   c. Leider kann er sich über die Niederlage seiner Mannschaft nicht trösten.
   d. Anscheinend ist er voller Begeisterung für deine Ferienpläne.
   e. Man muss sich von Zeit zu Zeit entspannen.
   f. Hast du das etwa schon vergessen?
   g. Sie sind bestimmt zur Erholung ans Meer gefahren.

„Und du meinst, du hältst alle Fäden fest in der Hand?"

18 Le genre des noms

La langue allemande compte trois genres : le **masculin**, le **féminin** et le **neutre**. Ceux-ci ne correspondent pas aux genres du français. Il convient donc d'apprendre chaque nom avec son genre, grâce à l'article défini qui l'accompagne : *der* pour le masculin, *die* pour le féminin ou *das* pour le neutre.
Le genre des noms est également identifiable par leur terminaison.

● Masculin

Sont **masculins** les noms :
– qui se terminent par : *-er*, *-ler*, *-ig*, *-ich*, *-ling* ;
Ex. : *der Lehrer* (le professeur), *der Tischler* (le menuisier), *der König* (le roi)...
– qui ont un **suffixe étranger** : -ant, -är, -eur, -ent, -ier, -iker, -ismus, -ist, -or ;
Ex. : *der Praktikant, der Millionär, der Ingenieur, der Offizier, der Musiker, der Journalist, der Föderalismus...*
Attention ! une exception toutefois en „*-ier*" : *die Neugier* (la curiosité) est féminin.
– appelés « **faibles** », qui prennent la marque „**en**" à tous les cas sauf au nominatif singulier et qui désignent le plus souvent des êtres animés ;
Ex. : *der Franzose, der Tourist, der Chirurg* (le chirurgien), *der Löwe* (le lion)...
– des **jours**, des **mois**, des **saisons**, des **points cardinaux** ;
Ex. : *der Samstag* (le samedi), *der März* (le mois de mars), *der Sommer* (l'été)...
– de marques automobiles. Ex. : *der Volkswagen...*

● Féminin

Sont **féminins** les noms :
– qui se terminent par : *-ei*, *-in*, *-heit*, *-keit*, *-schaft*, *-ung* ;
Ex. : *die Bäckerei* (la boulangerie), *die Freundin* (l'amie), *die Wahrheit* (la vérité), *die Ehrlichkeit* (l'honnêteté), *die Nachbarschaft* (le voisinage)...
– qui ont un **suffixe étranger** : -ade, -age, -anz, -ion, -tät, -tur.
Ex. : *die Schokolade, die Reportage, die Toleranz, die Nation...*

● Neutre

Sont **neutres** les noms :
– terminés par : *-chen*, *-lein* (diminutifs) : *das Mädchen, das Fräulein* ;
– terminés par : *-tel*, *-tum* : *das Viertel* (le quart), *das Judentum* (le judaïsme) ;
Attention ! deux exceptions : *der Irrtum* (l'erreur) et *der Reichtum* (la richesse).
– qui ont un **suffixe en** „*-nis*" : *das Erlebnis* (l'expérience), *das Gefängnis* (la prison) ;
Attention ! une exception toutefois : *die Erlaubnis* (la permission).
– qui ont un **suffixe étranger** : -eau, -o, -in, -ment, -um ;
Ex. : *das Tempo* (le rythme), *das Jubiläum* (le jubilé), *das Album* (l'album)...
– qui ont un **préfixe** „*ge-*" et qui désignent un ensemble ;
Ex. : *das Gebirge* (la chaîne de montagnes), *das Gemüse* (les légumes).
– formés à partir d'un **infinitif** (substantivé) ;
Ex. : *das Lesen* (la lecture), *das Schwimmen* (la nage).
– des **couleurs**, des **lettres**, des **langues**, des **métaux**.
Ex. : *das Grün* (le vert), *das B* (B), *das Deutsch(e)* (l'allemand), *das Eisen* (le fer).
Attention ! une exception : *der Stahl* (l'acier).

Attention ! dans un nom composé, c'est l'article du **déterminé** (dernier terme) qui donne son genre et sa déclinaison au mot.
Ex. : *der Zahn, die Bürste = die Zahnbürste* (la brosse à dents), pluriel : *die Zahnbürsten*.

VOCABULAIRE P. 144
Le corps humain

CORRIGÉS P. 166

1 ▸ Vrai ou faux ?
  a. Le neutre est le genre des noms d'objets.
  b. Les noms formés à partir d'un infinitif sont toujours neutres.
  c. Les noms en „-*tum*" sont tous neutres.
  d. Les noms de mois sont masculins.

2 ▸ Classez les noms suivants selon leur genre.
Hand, Kopf, Finger, Fuß, Haar, Brust, Rücken, Auge, Mund, Ohr, Zunge, Zahn, Zehe, Bauch, Gesäß, Skelett, Knochen, Schenkel, Ferse, Leber, Kinn, Lippe, Hals, Nase, Gehirn, Wange, Daumen, Arm, Bein, Haut, Knie, Nagel, Rippe, Wirbelsäule, Niere, Herz.
  a. Masculins : *der*...
  b. Féminins : *die*...
  c. Neutres : *das*...

3 ▸ Buchstabensalat! Les lettres sont mélangées. Retrouvez le mot et indiquez son genre. (Tous ces mots sont utilisés dans l'exercice 2.)
  a. Neib
  b. Ubach
  c. Gunze
  d. Gelan
  e. Eppil
  f. Rho
  g. Serfe
  h. Ram
  i. Sahl
  j. Egau
  k. Ginfer
  l. Ipper

4 ▸ Trouvez l'intrus et donnez-en le genre.
  a. Gesäß – Skelett – Kopf – Knie.
  b. Zahn – Mund – Nagel – Haut.
  c. Ohr – Leber – Niere – Wange.
  d. Haar – Zunge – Auge – Kinn.
  e. Knorpel – Schenkel – Nagel – Leber.
  f. Bauch – Bein – Arm – Knochen.

5 ▸ Trouvez l'intrus et justifiez votre réponse.
  a. Lehrer – Mutter – Bruder – Tischler.
  b. Reichtum – Heldentum – Judentum – Kaisertum.
  c. Eisen – Kupfer – Gold – Stahl.
  d. Erlebnis – Erlaubnis – Gefängnis – Ereignis.
  e. Magier – Kurier – Bankier – Neugier.

19 Le pluriel des noms

Selon le genre des mots (masculin, féminin ou neutre), des **marques de pluriel** spécifiques leur sont attribuées. Le pluriel de l'article défini (*der, die, das*) est unique : ***die***.

● Pluriel des noms masculins

Il y a **sept possibilités** pour le pluriel des noms masculins.

-e	¨ + -e	¨ + -er	-er	-(e)n	-s	= singulier
der Hund = die Hunde	der Ball = die Bälle	der Wald = die Wälder	der Geist = die Geister	les masculins faibles*	der Chef = die Chefs	les noms en -er, -el, -en
der Monat = die Monate	der Gast = die Gäste	der Mann = die Männer		der Junge = die Jungen der Mensch = die Menschen	der Park = die Parks	der Lehrer = die Lehrer der Esel = die Esel**

* **Attention !** quelques noms masculins ont un pluriel en „*-en*" et ne sont pas faibles. Ce sont des inanimés.
Ex. : *der Schmerz* (la douleur) = *die Schmerzen* ; *der See* (le lac) = *die Seen*.
** Les noms masculins terminés en *-er, -el, -en*, ont un pluriel identique au singulier. Toutefois certains mots font exception.
Ex. : *der Vogel* (l'oiseau) = *die Vögel* ; *der Laden* (le magasin) = *die Läden* ;
    der Bruder (le frère) = *die Brüder*.

Certains noms masculins prennent „*-en*" aux mêmes cas que les masculins faibles, mais ont la marque „*-s*" du génitif masculin.
Ex. : *der Name* (le nom), *des Namens* (gén.) = *die Namen*.

● Pluriel des noms féminins

Il y a **six possibilités** pour les noms féminins au pluriel.

¨ + -e	-e	-(e)n	¨	-s	-nen
die Maus = die Mäuse (souvent des monosyllabiques)	die Erlaubnis = die Erlaubnisse (noms terminés en „*-nis*")	die Tasse = die Tassen die Tür = die Türen	die Mutter = die Mütter die Tochter = die Töchter	die Party = die Partys (rare)	die Lehrerin = die Lehrerinnen (pour les noms terminés en „*-in*")

● Pluriel des noms neutres

Il y a **sept possibilités** pour les noms neutres au pluriel.

-e	-er	¨ + -er	-en *	-s	-se	= singulier**
das Spiel = die Spiele	das Kind = die Kinder	das Haus = die Häuser	das Bett = die Betten	das Auto = die Autos	das Erlebnis = die Erlebnisse (pluriel des noms neutres en „*-nis*")	les noms en -er, -el, -en, et les diminutifs „*-chen*" et „*-lein*"

* **Attention !** *das Herz* (le cœur) = *die Herzen*, fait *Herzen* à tous les cas sauf au génitif singulier : *des Herzens*.
** Ex. : *das Fenster = die Fenster* ; *das Mädchen = die Mädchen*.
Une exception toutefois : *das Kloster* (le monastère) = *die Klöster*.
Un seul mot neutre prend : „¨ + *-e*" : *das Floß* (le radeau) = *die Flöße*.

VOCABULAIRE P. 145
Les animaux

CORRIGÉS P. 166

1 ▶ **Vrai ou faux ?**
   a. Chaque genre a un pluriel fixe.
   b. Certains noms ont un pluriel identique à leur singulier.
   c. Tous les noms qui ont un pluriel en „-en" sont des masculins faibles.
   d. Tous les féminins qui se terminent en „-in" font leur pluriel en „-nen".

2 ▶ **Classez les noms suivants dans la bonne colonne des marques de pluriel.**

der Fisch, die Maus, die Taube, das Känguru, der Hase, der Fischotter, der Gänserich, der Hummer, der Schwan, der Python, die Muschel, die Boa, die Kuh, der Hund, der Affe, der Adler, die Gans, das Kamel, der Fuchs, der Marienkäfer, die Ente, der Igel, der Wolf, der Lachs, das Kaninchen, die Makrele, der Gorilla, der Krebs, das Zebra, der Elefant, die Ziege, der Bär, der Uhu, der Rabe, der Löwe, die Ratte.

-e	¨ + -e	-n	-n, -en (masculins faibles)	-s	= singulier

3 ▶ **Quel est le bon pluriel ?**
   a. der Igel (le hérisson) : die Igel – die Igeln – die Igele.
   b. das Kalb (le veau) : die Kalbe – die Kalben – die Kälber.
   c. der Pavian (le babouin) : die Paviäne – die Paviane – die Pavianen.
   d. der Geier (le vautour) : die Geiern – die Geiere – die Geier.
   e. die Maus (la souris) : die Mäuse – die Mäusen – die Mause.
   f. der Frosch (la grenouille) : die Frosche – die Frösche – die Froschen.
   g. das Nashorn (le rhinocéros) : die Nashörner – die Nashorne – die Nashornen.
   h. das Huhn (la poule) : die Hühne – die Hühner – die Huhne.
   i. der Strauß (l'autruche) : die Sträuße – die Sträußen – die Strauße.
   j. der Fuchs (le renard) : die Fuchse – die Füchse – die Füchsen.
   k. das Schwein (le cochon) : die Schweine – die Schweiner – die Schweinen.
   l. der Adler (l'aigle) : die Adler – die Ádler – die Adlern.
   m. der Hahn (le coq) : die Hahne – die Hähner – die Hähne.
   n. das Kamel (le chameau) : die Kamele – die Kameln – die Kämel.
   o. der Schakal (le chacal) : die Schakaln – die Schakale – die Schakäler.

4 ▶ **Trouvez l'intrus et justifiez votre réponse.**
   a. die Muschel – der Igel – die Auster – die Kreuzotter.
   b. der Hahn – der Schwan – das Kaninchen – der Floh.
   c. die Laus – die Maus – die Gans – die Drossel.
   d. der Pavian – das Schwein – das Hermelin – das Nashorn.
   e. der Schakal – die Nachtigall – der Pelikan – der Delfin.
   f. der Tiger – der Panther – das Dromedar – der Fischotter.
   g. die Gans – der Frosch – der Fuchs – der Lachs.
   h. das Zebra – die Boa – der Gorilla – das Krokodil.
   i. die Libelle – die Spinne – die Wanze – der Schmetterling.

20 Les noms géographiques

● **Noms de pays**

Sans article défini
De nombreux **noms de pays**, de **régions** et de **continents** sont **neutres** et n'ont **pas d'article** : *Deutschland* (l'Allemagne), *England* (l'Angleterre), *Frankreich* (la France), *Thüringen* (la Thüringe), *Amerika* (l'Amérique)...
Ex. : *Deutschland zählt jetzt mehr als 80 Millionen Einwohner.*
L'Allemagne compte maintenant plus de 80 millions d'habitants.
Thüringen ist das grüne Herz Deutschlands.
La Thüringe est le cœur vert de l'Allemagne.
Lorsqu'ils sont précédés de ***ganz*** (tout) ou ***halb*** (la moitié de), ils ne prennent **pas d'article** non plus :
Ex. : *Ganz Amerika war erschüttert.* Toute l'Amérique fut bouleversée.
Halb Finnland liegt unter dem Schnee. La moitié de la Finlande est sous la neige.

Avec un article défini
Toutefois, certains **noms de pays** sont accompagnés de l'**article défini**.
Ce sont des noms géographiques :
– masculins ;
Ex. : *der Jemen* (le Yémen), *der Libanon* (le Liban).
– neutres ;
Ex. : *das Baltikum* (les pays Baltes), *das Elsass* (l'Alsace).
– féminins ;
Ex. : *die Schweiz* (la Suisse), *die Türkei* (la Turquie), *die Ukraine* (l'Ukraine).
– au pluriel.
Ex. : *die Vereinigten Staaten = die USA* (les États-Unis), *die Niederlande* (les Pays-Bas), *die Kanarischen Inseln* (les îles Canaries).

● **Noms de villes**
Les **noms de villes** sont également **neutres**.
Ex. : *Berlin hat sich sehr geändert.* Berlin a beaucoup changé.
Mais si le nom de la ville est déterminé par un **adjectif épithète** ou par un **complément**, celui-ci prend alors l'**article neutre**.
Ex. : *Das alte Paris wird sehr schön renoviert.* On rénove très bien le vieux Paris.

● **Noms d'habitants**
Pour former le **nom des habitants** des villes, on ajoute le suffixe „**-er**" – invariable – au **nom de la ville**.
Ex. : *ein Berliner, ein Kölner* ; mais *ein Münchner*.
En ajoutant le suffixe „**-er**" à un nom de ville, on peut former un **adjectif**.
Ex. : *eine Pariser Spezialität* (une spécialité parisienne), *eine Frankfurter Wurst* (une saucisse de Francfort), *ein Londoner Viertel* (un quartier londonien).

● **Nationalités**
Les **nationalités** s'obtiennent à partir du nom du **pays concerné** auquel on ajoute „**-er**".
Ex. : *Italien* (l'Italie), *der Italiener* (Italien), *italienisch* (adjectif).
Il y a parfois un déplacement de l'accent.
Mais un certain nombre de nationalités sont des noms **masculins faibles**.
Ex. : *der Franzose* (le Français), *der Chinese* (le Chinois), *der Däne* (le Danois), *der Grieche* (le Grec)...
Attention ! *der Deutsche* (l'Allemand) est un adjectif substantivé. Il suit donc la règle de la déclinaison de l'adjectif. On dira : *ein Deutscher* (un Allemand).

CORRIGÉS P. 167

1 ▸ Vrai ou faux ?

a. Les noms de pays sont tous neutres.
b. Tous les noms de nationalités sont au masculin.
c. Certains noms de pays sont accompagnés de l'article défini.
d. À partir d'un nom de ville, on peut former un adjectif.

2 ▸ Complétez les éléments manquants dans le tableau ci-dessous.

	Pays	Habitants	Adjectifs
a.		der Afghane (n, n)	
b.			algerisch
c.	Australien		
d.	Belgien		
e.		der Deutsche (adj. substantivé)	
f.	Frankreich		
g.	Griechenland		
h.		der Ire (n, n)	
i.			israelisch
j.	Italien		
k.		der Kanadier (-)	
l.			japanisch
m.	Kambodscha		
n.		der Libanese (n, n)	
o.			marokkanisch
p.	Mexiko		
q.			monegassisch
r.			norwegisch
s.		der Österreicher (-)	
t.	Palästina		
u.		der Pole (n, n)	
v.			portugiesisch
w.	Rumänien		
x.		der Russe (n, n)	
y.			schwedisch
z.		der Schweizer (-)	
aa.	Spanien		
bb.	die Türkei		
cc.			ungarisch
dd.	die Vereinigten Staaten		

3 ▸ Quelles paires peut-on former ?

a. Brandenburg
b. Hamburg
c. Köln
d. Meißen
e. München

1. der Dom
2. Hafen
3. Oktoberfest
4. das Porzellan
5. das Tor

21 Les fonctions du groupe nominal

Le groupe nominal a quatre cas : le **nominatif**, l'**accusatif**, le **datif** et le **génitif**.
Chaque cas correspond à une fonction précise.

● Le nominatif

Le groupe nominal est au **nominatif** lorsqu'il est **sujet** ou **attribut du sujet** : il répond à la question „**Wer**?" ou „**Was**?" (qui ?, que ?).
Ex. : *Mein Nachbar ist ein berühmter Dirigent.* Mon voisin est un chef d'orchestre célèbre.
Der schöne Blumenstrauß verwelkt nicht. Le joli bouquet de fleurs ne fane pas.

● L'accusatif

Le groupe nominal est à l'**accusatif** lorsqu'il est **complément d'objet d'un verbe transitif**. Il répond à la question „**Wen**?" pour les personnes et „**Was**?" pour les choses.
Ex. : *Ich höre die Großmutter kommen.* J'entends venir la grand-mère.
Sie verkauft ihren großen Wagen. Elle vend sa grande voiture.
L'accusatif est aussi le cas privilégié du **directionnel** „**Wohin**?" (où ?).
Ex. : *Wir gehen in den Wald spazieren.* Nous allons nous promener dans la forêt.
Certaines prépositions entraînent aussi l'accusatif (voir leçon 40, page 86).

● Le datif

Le groupe nominal est au **datif** lorsqu'il est **complément d'attribution**, **complément d'objet second**. Il répond à la question „**Wem**?" (à qui ?).
Ex. : *Der Vater bringt seinen Kindern schöne Spielzeuge.*
Le père apporte de beaux jouets à ses enfants.
Sur le substantif au datif pluriel, il est impératif de porter la marque „**-n**".
Le complément au datif précède généralement celui à l'accusatif. Mais c'est l'inverse quand le complément à l'accusatif est un pronom personnel.
Ex. : *Er bringt sie den Kindern.* Il les apporte aux enfants.
Certaines prépositions entraînent aussi le datif (voir leçon 40, page 86).
La construction de certains verbes nécessite le datif (parfois contrairement au français).
Ex. : *Mein Freund hilft mir bei der Mathearbeit.* Mon ami m'aide en mathématiques.
Le datif est le cas privilégié du **locatif** „**Wo**?" (où ?).
Ex. : *Wo können wir diesen Artikel finden? Im Supermarkt oder in der Apotheke.*
Où pouvons-nous trouver ce produit ? Au supermarché ou en pharmacie.

● Le génitif

Le groupe nominal est au **génitif** lorsqu'il est **complément d'un nom**.
Ex. : *Das Rad meines Onkels ist blau.* Le vélo de mon oncle est bleu.
Der Rektor der Schule heißt Konrad. Le directeur de l'école s'appelle Konrad.
Die Zeugnisse dieser Schüler sind gut. Les bulletins de ces élèves sont bons.
Au génitif, les noms masculins et neutres portent obligatoirement la marque „**-s**", à l'exception des masculins faibles.
Ex. : *Das Zimmer dieses Studenten ist winzig.* La chambre de cet étudiant est minuscule.
Certaines prépositions entraînent le génitif (voir leçon 40, page 86).
La construction de certains verbes nécessite le génitif.
Ex. : *Der Feind hat sich der Stadt bemächtigt.* L'ennemi s'est emparé de la ville.

VOCABULAIRE P. 145
Le mouvement féministe

CORRIGÉS P. 167

1 ▸ **Vrai ou faux ?**
   a. Le groupe nominal a quatre cas.
   b. Le datif sert uniquement pour le complément d'attribution.
   c. Au génitif singulier masculin, tous les noms prennent un „-s".
   d. Le groupe nominal attribut est au nominatif.

2 ▸ **Dans les phrases suivantes, indiquez le cas, le genre et le nombre des groupes nominaux soulignés.**
   a. Die engagierten Feministinnen sind nicht bereit, Frieden zu schließen.
   b. Sie setzen sich für die Emanzipation der Frauen ein.
   c. Im Januar 1977 gründete Alice Schwarzer die Zeitschrift Emma.
   d. Sie gehört zu den Feministinnen, die die Zusammenarbeit mit den Politikerinnen gesucht haben.
   e. Mit der Zeitschrift Emma bekam der Feminismus in Deutschland ein Sprachrohr.
   f. Tatsache ist, dass der Anti-Feminismus in 99 Prozent aller Fälle von Frauen kommt.
   g. Die Männerwelt nutzt das ganz bewusst aus.
   h. Sie wissen, dass sie ein anderes Leben führen als Frauen.
   i. Die Frauen haben Recht, wenn sie die Regeln ändern wollen.
   j. Männer wollen nicht mehr auf lieb gewordene Privilegien verzichten.
   k. Eine feministische Amerikanerin hat gesagt : „Der erste Schritt des Feminismus ist nicht die Versöhnung mit den Männern, sondern die Versöhnung mit den Frauen."
   l. Der jahrtausendelange Selbsthass von Frauen spielt eine Rolle.
   m. Alice Schwarzer würde viele Deutsche gern in der Politik sehen.

3 ▸ **Reconstituez des phrases en utilisant les éléments suivants et mettez le verbe entre parenthèses à l'indicatif présent.**
   a. Die Arbeit / die Journalistin / alle Frauen (interessieren).
   b. Das Engagement/ die Feministinnen / die Gleichberechtigung / die Frauen (schützen).
   c. Das Ergebnis / die Umfrage (interessant sein).
   d. Diese Themen / die Frauenbewegung / bei den anderen Parteien (brachliegen).

„Wer im Glashaus sitzt, soll nicht mit Steinen werfen."

22 Les articles et leurs marques

Les **articles** déterminent les substantifs qui les accompagnent et leur donnent un sens.

● Article défini

L'article défini a **trois formes** : *der* pour le masculin, *das* pour le neutre, *die* pour le féminin et le pluriel.

	Masculin	Neutre	Féminin	Pluriel
Nominatif	der Mann	das Kind	die Frau	die Leute
Accusatif	den Mann	das Kind	die Frau	die Leute
Datif	dem Mann	dem Kind	der Frau	den Leute**n**
Génitif	des Mann**es**	des Kind**es**	der Frau	der Leute

Les génitifs masculin et neutre entraînent une marque „**-s**" ou „**-es**" sur le nom.
Le datif pluriel entraîne une marque „**-n**" sur le nom.
Les articles *der*, *die*, *das*, peuvent être aussi employés en tant que **démonstratifs** selon le sens de la phrase. Ils sont alors accentués dans le discours.
Ex. : *Ich möchte den Kuchen.* J'aimerais ce gâteau(-ci).

● Article indéfini

L'article indéfini n'a que **deux formes** : *ein* pour le masculin et le neutre et *eine* pour le féminin.

	Masculin	Neutre	Féminin
Nominatif	ein Mann	ein Kind	ein**e** Frau
Accusatif	einen Mann	ein Kind	eine Frau
Datif	einem Mann	einem Kind	einer Frau
Génitif	eines Mann**es**	eines Kind**es**	einer Frau

On retrouve les mêmes reports de marques en „**-s**" ou „**-es**" sur le nom aux génitifs masculin et neutre qu'avec l'article défini.
L'article indéfini au **pluriel n'existe pas**.
Ex. : *Ø Männer und Ø Frauen.* Des hommes et des femmes.
Mais il existe sous une **forme négative** : *kein* (masculin et neutre) ou *keine* (féminin et pluriel) :
– pour nier un groupe nominal introduit par l'article indéfini ;
Ex. : *Mein Bruder hat keinen Goldfisch.* Mon frère n'a pas de poisson rouge.
    Das ist keine Maus, sondern eine Ratte. Ce n'est pas une souris mais un rat.
– pour nier un groupe nominal au pluriel sans article ;
Ex. : *Wir haben Schulden.* Nous avons des dettes.
    Wir haben keine Schulden. Nous n'avons pas de dettes.
– pour nier un groupe nominal comportant un nom de matière ;
Ex. : *Das ist kein Mineralwasser.* Ce n'est pas de l'eau minérale.
Remarque : l'article partitif (du, de la, de l') n'existe pas. À la forme négative (pas du, pas de la, pas d'), on utilise également *kein* ou *keine*.
– pour nier un groupe nominal sans article.
Ex. : *Haben Sie Durst? Ich habe keinen Durst.* Avez-vous soif ? Je n'ai pas soif.

VOCABULAIRE P. 146
Le chômage

exercices

CORRIGÉS P. 168

1 ▶ **Vrai ou faux ?**
   a. L'article défini a trois formes.
   b. L'article indéfini a également trois formes.
   c. Au génitif singulier, tous les noms prennent un „-s".
   d. L'article partitif « des » n'a pas de correspondant allemand.

2 ▶ **Complétez les phrases suivantes par un article défini ou indéfini.**
   a. Sachsen-Anhalt hat ... höchste Arbeitslosenquote des Landes.
   b. ... Land liegt nämlich an ... Spitze ... traurigen Statistik.
   c. Glück gehabt hat ... Vater ... dreijährigen Sohnes, weil seine Freundin ... festen Job hat : sie kassiert nämlich an ... Tankstelle.
   d. Die Leute erlernen ... zweiten Beruf.
   e. Nur für ... Hälfte ... Schulabgänger gibt es ... betrieblichen Ausbildungsplatz.
   f. Gäbe es Arbeit, würden viele ... Westemigranten zurückkehren.
   g. Ganze Familien gehen weg. Seit Jahren vermittelt ... Arbeitsamt 30% ... ausgebildeten Jugendlichen in ... alten Bundesländer.
   h. Die ABM holen einen aus ... tiefen schwarzen Loch heraus.

3 ▶ **Complétez les phrases suivantes par un article. (Attention, ce n'est pas toujours nécessaire.)**
   a. Obdachlose suchen ... Zimmer.
   b. Wo gibt es hier ... Zimmer zu mieten?
   c. Was kostet ... Zimmer in diesem Stadtviertel?
   d. Gibt es hier ... andere Möglichkeiten?
   e. Ist das ... neues Angebot?
   f. Ja, wir kennen ... Vermieter.
   g. Aber passt auf! Heute ist ... Feiertag.
   h. ... 2012 ist für uns ... schweres Jahr.
   i. Viele Arbeitslose müssen sich mit ... Arbeitslosengeld begnügen. Habt ... Geduld!

„Auf Regen folgt Sonnenschein!"

23 Les adjectifs possessifs

Les **adjectifs possessifs** sont des déterminants qui renvoient à des propriétaires.

● Singulier

Au singulier, les adjectifs possessifs se déclinent sur le modèle des articles indéfinis **ein / eine** (voir leçon 22, page 50).

À la 1ʳᵉ personne *(ich)*

	Masculin	Neutre	Féminin	Pluriel
N	mein (Sohn)	mein (Baby)	mein**e** (Frau)	mein**e** (Eltern)
A	mein**en**	mein	mein**e**	mein**e**
D	mein**em**	mein**em**	mein**er**	mein**en**
G	mein**es**	mein**es**	mein**er**	mein**er**

À la 2ᵉ personne *(du)*

La base **dein-** suit le même modèle de déclinaison.

	Masculin	Neutre	Féminin	Pluriel
N	dein …	dein …	deine …	deine …

À la 3ᵉ personne *(er, es, sie)*

À la **3ᵉ personne du singulier**, les déterminants ne sont pas identiques : si le **possesseur** est du genre **masculin** ou **neutre**, l'adjectif possessif est **sein** ; si le **possesseur** est **féminin**, l'adjectif est **ihr**. La base **sein- / ihr-** suit le même modèle de déclinaison.
Ex. : *Mein Vater hat seinen Pass verloren. Meine Mutter hat ihren Pass in ihrer Handtasche.*

	Masculin	Neutre	Féminin	Pluriel
N	sein / ihr …	sein / ihr …	seine / ihre …	seine / ihre …

● Pluriel

Au pluriel, les adjectifs possessifs se déclinent sur le modèle des articles définis *der*, *die*, *das*, *die* (voir leçon 22, page 50).

À la 1ʳᵉ personne *(wir)*

	Masculin	Neutre	Féminin	Pluriel
N	unser	unser	unser**e**	unser**e**
A	unser**en**	unser	unser**e**	unser**e**
D	unser**em**	unser**em**	unser**er**	unser**en**
G	unser**es**	unser**es**	unser**er**	unser**er**

Attention ! il n'y a pas de désinence au nominatif masculin ainsi qu'aux nominatif et accusatif neutres.

À la 2ᵉ personne *(ihr)*

Attention ! quand il est décliné, *euer* perd son „-e-".

	Masculin	Neutre	Féminin	Pluriel
N	euer …	euer …	eure …	eure …

À la 3ᵉ personne *(sie, Sie)*

On utilise les mêmes formes pour la **formule de politesse**, auxquelles on rajoute une **majuscule** obligatoire.

	Masculin	Neutre	Féminin	Pluriel
N	ihr …	ihr …	ihre …	ihre …

VOCABULAIRE P. 146
Les nouvelles technologies

CORRIGÉS P. 168

1 ▶ **Vrai ou faux ?**
  a. Pour la troisième personne du singulier, il faut se préoccuper du possesseur.
  b. Les adjectifs possessifs singuliers se déclinent sur le modèle de *der*, *die*, *das*.
  c. La forme de politesse utilise la troisième personne du pluriel.
  d. Les adjectifs possessifs pluriels se déclinent sur le modèle de l'article défini pluriel *die*.

2 ▶ **Complétez les phrases suivantes par l'adjectif possessif manquant.**
  a. Sag dem neuen Kollegen, dass ich ... Telefonnummer brauche.
  b. Wir sollen ... Handy nicht vergessen, wenn wir dich erreichen wollen.
  c. Anna hat ... neue Telefonnummer schon vergessen.
  d. Herbert, ist das ... neuer Laptop? Er ist toll!
  e. Ich wollte meine Neffen anrufen, aber ... Leitung ist immer besetzt.
  f. Du kannst mir keine Nachricht hinterlassen: ... Anrufbeantworter ist schon wieder kaputt!
  g. Vergiss ... Treffpunkt nicht: Wir treffen uns am 25. Juli am Marienplatz.
  h. Er schickt mir keine E-Mail, vielleicht kennt er ... Adresse nicht.
  i. Ich brauche dringend Hilfe! ... Fax funktioniert nicht mehr.
  j. Herr Müller, darf ich ... Scanner benutzen? Mein Computer hat keinen.
  k. Ruf mich an! Hast du ... Telefonnummer?
  l. Könnten Sie mir ... Direktanschluss geben?
  m. Herr Müller, ich werde jedesmal unterbrochen, wenn ich ... Büro anrufe.
  n. Wo ist Frau Müller? ... Nebenstelle antwortet nicht.
  o. Frau Müller ist nicht da. Könnten Sie mich mit ... Assistentin verbinden?
  p. Ich möchte Herrn Müller erreichen. Wissen Sie ... neue Nummer?
  q. Wenn Sie mir ... Namen und ... Nummer geben, ruft er zurück.

3 ▶ **Complétez les phrases suivantes par l'adjectif possessif manquant.**
  a. Gehört das Handy deinem Sohn? Ja, das ist ... Handy.
  b. Gehört dieser Organizer der Sekretärin? Ja, das ist ... Organizer.
  c. Gehört euch der Laptop? Ja, das ist ... Laptop.
  d. Gehört Ihnen dieses Notizbuch? Ja, das ist ... Notizbuch.
  e. Gehören ihnen diese Aktenordner? Ja, das sind ... Aktenordner.
  f. Im Internet habe ich viele Informationen gefunden, die ... Land betreffen.

4 ▶ **Complétez les phrases suivantes par *sein*, *ihr* ou *Ihr*, en les déclinant convenablement.**
  a. Haben Sie ... Laptop, Fräulein Jett?
  b. Franz war sehr stolz auf ... neuen Computer.
  c. Sabine hat ... Handy verloren.
  d. Die Kinder haben ... Videospiele nicht aufgeräumt.
  e. Ich möchte Herbert anrufen. Hast du ... Telefonnummer?

24 Les marques du groupe nominal

Le groupe nominal comporte **diverses marques** :
– celles du **genre** et du **nombre** : masculin, neutre, féminin d'une part, singulier ou pluriel d'autre part (voir leçon 18, page 42) ;
– celles des quatre **cas** : nominatif, accusatif, datif, génitif, chaque cas correspondant à une fonction précise (voir leçon 21, page 48) ;
– celles des différents **pluriels** des substantifs (voir leçon 19, page 44) ;
– celles attribuées à certains **substantifs** dits « faibles » ou « forts » ;
– celles de l'**adjectif épithète** qui dépendent de la fonction du groupe nominal et du type de déterminant qu'il comporte (voir leçon 27, page 60).

● **Adjectifs**

L'**adjectif attribut** est invariable (comme en anglais) : il ne subit aucune transformation.
Ex. : *Der Tannenbaum ist grün, das Kleid ist grün, die Tomate ist rot, die Blumen sind rot.*
Le sapin est vert, la robe est verte, la tomate est rouge, les fleurs sont rouges.

En revanche, dans un groupe nominal qui comporte un **adjectif épithète**, le déterminant (article défini, *dieser, jener, welcher?*…), l'adjectif et le substantif se répartissent les marques du cas et du genre : *-er*, *-en*, *-em*, *-es*, *-e*. L'adjectif, lui, ne peut prendre que la marque „*-e*" ou la marque „*-en*". On dit de ce groupe nominal qu'il est de **type 1** et que les marques sont **faibles**.

Type 1

	Masculin	Neutre	Féminin	Pluriel
N	-e	-e	-e	-en
A	-en	-e	-e	-en
D	-en	-en	-en	-en
G	-en	-en	-en	-en

Ex. : *Der blaue Pullover ist zu groß.* Le pullover bleu est trop grand.
Willst du mir dieses weiße T-Shirt kaufen? Veux-tu m'acheter ce T-shirt blanc ?
Mein Bruder mag die roten Schuhe der eleganten Dame nicht.
Mon frère n'aime pas les chaussures rouges de la dame élégante.

Quand, dans un groupe nominal, c'est **l'adjectif** qui porte les terminaisons privilégiées : *-er*, *-en*, *-em*, *-es*, *-e*, on dit de ce groupe qu'il est de **type 2** et que les marques sont **fortes**. Il y a un transfert de la marque du déterminant sur l'adjectif.

Type 2

	Masculin	Neutre	Féminin	Pluriel
N	-er	-es	-e	-e
A	-en	-es	-e	-e
D	-em	-em	-er	-en
G	-en	-en	-er	-er

Le déterminant soit fait défaut (article partitif, article indéfini au pluriel), soit il est non marqué (*ein, kein*) et ne nous renseigne pas sur le genre du nom qu'il accompagne. C'est la même chose pour les possessifs au nominatif masculin, au nominatif et à l'accusatif neutres.
Ex. : Ø *schöne Bilder (die).* De belles images (article indéfini au pluriel).
Kein Ø gutes Bier (das). Pas de bonne bière.
Mit (+ datif) Ø hoher Geschwindigkeit (fém.). À grande vitesse.

VOCABULAIRE P. 147
Martin Luther

CORRIGÉS P. 169

1 ▸ Vrai ou faux ?
  a. Le groupe nominal connaît quatre cas.
  b. L'adjectif épithète est invariable.
  c. Dans un groupe nominal, seul un élément porte la marque du cas et du genre.
  d. L'adjectif attribut est invariable.

2 ▸ Complétez ce texte à propos de Martin Luther (1483-1546).
  a. Mit 22 Jahr... beschloss Martin Luther, Mönch zu werden. Er trat in d... Orden d... Augustiner ein. Er empörte sich über d... Ablasshandel. Die Kirche bereicherte sich, während sie d... Armut predigte.
  b. 1517 schlug er sein... 95 Thesen gegen d... Verkauf d... Ablässe an d... Tür d... Wittenberger Schlosskirche an. Das führte zur Konfrontation mit d... Papsttum.
  c. 1520 veröffentlichte Luther sein... groß... Reformschriften und verbrannte die päpstlich... Bulle, die ihn mit Exkommunikation bedrohte.
  d. Kurfürst Friedrich von Sachsen wollte d... Theolog... schützen, er ließ ihn auf die Wartburg bringen. Dort übersetzte Martin Luther 1522 das Neu... Testament ins Deutsch... .
  e. 1534 erschien die Übersetzung d... ganz... Bibel (Alt... und Neu... Testament).
  f. Martin Luther brachte auch geistlich... Lieder zur Geltung, denn er war davon überzeugt, dass die Musik ein... groß... Rolle zu spielen hatte.
  g. Der Protestantismus war sein... Meinung nach eine Rückkehr zur echt... Form d... Glaube... .

3 ▸ Complétez les groupes nominaux suivants.
  a. Ein geistlich... Lied.
  b. Alle geistlich... Lieder.
  c. Das geistlich... Lied.
  d. Seine geistlich... Lieder.
  e. Die geistlich... Lieder.
  f. Solche geistlich... Lieder.
  g. Viele geistlich... Lieder.
  h. Manches geistlich... Lied.
  i. Gewisse geistlich... Lieder.
  j. Kein geistlich... Lied.

4 ▸ Complétez par les marques qui conviennent.
  a. Luther stellte der Sprache und der Dichtung neu... Aufgaben.
  b. Zwar gab es längst deutsch... Bibelübersetzungen, aber sie gingen von der lateinisch... Vulgata aus, nicht von d... hebräisch... und griechisch... Grundtext.
  c. Luther begann mit d... Übertragung einig... Psalmen.
  d. Das ganz... Werk war 1534 nach mühevoll... Arbeit beendet.

25 Le génitif saxon

On trouve en anglais le même cas : le « **cas possessif** ».
Ex. : *Peter's friends*. Les amis de Peter.

● **Emploi**

L'emploi du génitif saxon est assez limité. Il s'applique à un nom propre, lui-même complément d'un nom.
Ex. : *Peters Freunde* = les amis de Peter.
Le **nom propre** prend la marque „**-s**" et est placé **devant le nom qu'il complète**.
Attention ! il n'y a pas d'article défini.
Ex. : *Werner*s *Auto ist brandneu.* = **Sein** *Auto ist brandneu.*
     La voiture de Werner est flambant neuve. = Sa voiture est flambant neuve.

Ex. : *Petra*s *Großeltern geben Nachhilfestunden.* = **Ihre** *Großeltern geben Nachhilfestunden.*
     Les grands-parents de Petra donnent des cours de rattrapage. = Ses grands-parents donnent des cours de rattrapage.

Si le groupe nominal comporte un article indéfini ou un quantitatif, on ne peut pas utiliser la tournure du génitif saxon : soit on postpose le génitif, soit on introduit la préposition **von** + datif.
Ex. : *Ein Gemälde Spitzweg*s = *Ein Gemälde* **von** *Spitzweg.* Un tableau de Spitzweg.

     Wir haben Heinrich Bölls Romane gelesen. Nous avons lu les romans de Heinrich Böll.
Mais : *Wir haben vier Romane von Heinrich Böll gelesen.*
     Nous avons lu quatre romans de Heinrich Böll.

● **Marques**

Si le groupe au génitif saxon comporte un adjectif, celui-ci prendra la **marque forte** (type 2) du groupe nominal : c'est lui qui assure le marquage en l'absence de déterminant.
Ex. : *Werners rotes Auto kostet viel Geld.*
     La voiture rouge de Werner coûte cher.
     Petras gelehrte Großeltern geben Nachhilfestunden.
     Les grands-parents érudits de Petra donnent des cours de rattrapage.

Dans le cas où le nom est précédé d'un **titre**, la marque „**-s**" sera portée par le nom uniquement.
Ex. : *Professor Unrats Vorlesungen.*
     Les conférences du professeur Unrat.

Si le nom propre est précédé de „**Herr**" (monsieur), la marque „**-n**" du génitif, typique d'un nom masculin faible (voir leçon 18, page 42) reste acquise au titre.
Ex. : *Herrn Unrats Vorlesungen.*
     Les conférences de monsieur Unrat.

VOCABULAIRE P. 147
Les célébrités

CORRIGÉS P. 169

1 ▶ **Vrai ou faux ?**
   a. Le génitif saxon peut s'utiliser avec les noms propres.
   b. Le génitif saxon remplace tout déterminant.
   c. Si le groupe nominal comporte un article indéfini, on ne peut pas utiliser la tournure du génitif saxon.
   d. Le génitif saxon peut se placer avant ou après le nom qu'il détermine.

2 ▶ **Construisez les phrases suivantes en utilisant le génitif saxon.**

A
   a. (Johann Sebastian Bach) Vorfahren waren schon Musiker in Thüringen.
   b. 1800-1824 entstanden (Beethoven) Sinfonien. Die Erste und Zweite stehen unter (Haydn) Einfluss. In seiner neunten Sinfonie entschloss sich Beethoven für (Schiller) *Hymnus an die Freude*.
   c. (Friedrich Wieck) Tochter heiratete Robert Schumann. Wieck versuchte umsonst, (Clara) Pläne zu verhindern.
   d. Mit (Monteverdi) *Orfeo* entstand die Oper.

B
   a. Da kommt (Frau Doktor Müller) Tochter.
   b. Er liest (Trakl) Gedichte.
   c. (Tante Clara) Besuch erfreute uns sehr.
   d. In der Schule wurde von (Röntgen) Entdeckung der Strahlen gesprochen.
   e. (Bayern) Hauptstadt ist München.
   f. Er fährt mit (Hans) neuem Auto nach Berlin.
   g. Kennst du (Kaiser Napoleon) Siege?
   h. (Herr Professor Müller) Praxis ist derzeit zu.
   i. (Kaiser Karl der Große) Leben interessiert die Schüler.

3 ▶ **Avez-vous le droit d'employer un génitif saxon dans les phrases suivantes ? Si c'est le cas, utilisez-le.**
   a. Einige Werke von Max Frisch.
   b. Die Balladen von Goethe.
   c. Ein Gemälde von Hundertwasser.
   d. Radierungen von Dürer.
   e. Die Gedichte von Paul Celan.

„Rom ist nicht an einem Tage erbaut worden."

26 Les pronoms personnels

● Emploi

Les **pronoms personnels** remplacent des noms ou l'ensemble des groupes nominaux.
Ex. : <u>Meine kleine Kusine</u> mag Klamotten sehr. = **Sie** mag Klamotten sehr.
 Ma petite cousine aime beaucoup les fringues. Elle aime beaucoup les fringues.
 <u>Der Großvater meines Freundes</u> trägt Jeans. = **Er** trägt Jeans.
 Le grand-père de mon ami porte des jeans. Il porte des jeans.
 Morgen besuchen wir <u>alte Leute auf dem Land</u>. = Morgen besuchen wir **sie**.
 Demain nous rendrons visite à de vieilles gens de la campagne.
 Demain, nous leur rendrons visite.
 <u>Mein Kollege</u> schenkt <u>seinen kleinen Kindern</u> viel Spielzeug. = **Er** schenkt **ihnen** viel Spielzeug.
 Mon collègue offre beaucoup de jouets à ses petits-enfants.
 Il leur offre beaucoup de jouets.

● Pronoms personnels

		Nominatif	Accusatif	Datif
Singulier	1ʳᵉ pers.	ich	mich	mir
	2ᵉ pers.	du	dich	dir
	3ᵉ pers.	er, sie, es	ihn, sie, es	ihm, ihr, ihm
Pluriel	1ʳᵉ pers.	wir	uns	uns
	2ᵉ pers.	ihr	euch	euch
	3ᵉ pers.	sie, Sie	sie, Sie	ihnen, Ihnen

Les pronoms personnels sont rarement utilisés au génitif. Ils subsistent seulement dans de vieilles formes comme *Gott, erbarme dich meiner!* Seigneur, aie pitié de moi !
Attention ! les pronoms personnels de la forme de politesse prennent obligatoirement une **majuscule**.
Ex. : *Wir hören Sie nicht.* Nous ne vous entendons pas.
 Er hat Ihnen den Schlüssel gegeben. Il vous a donné la clé.

Lorsque plusieurs pronoms à différents cas sont présents dans un même énoncé, il faut respecter l'ordre suivant : **nominatif, accusatif, datif**.
Ex. : *Ich kann dir versichern, daß <u>ich es ihr</u> gesagt habe.*
 Je peux t'assurer que je le lui ai dit.

● Pronom réfléchi

Le **pronom réfléchi** est un pronom complément qui représente la même personne que le sujet. À la 3ᵉ personne (singulier et pluriel), il a la même forme à l'accusatif et au datif : **sich**.
Ex. : *Sie wäscht sich.* (accusatif) Elle se lave.
 Sie wäscht sich die Hände. (datif + accusatif) Elle se lave les mains.
 Sie waschen sich die Haare. Ils (elles) se lavent les cheveux.

En revanche, on dira : *Siehst du dich im Spiegel?* Te vois-tu dans le miroir ?
Kaufst du dir einen Computer? T'achètes-tu un ordinateur ?

VOCABULAIRE P. 148
Les cinéastes

CORRIGÉS P. 170

1 ▸ **Vrai ou faux ?**
   a. Le pronom personnel remplace un groupe nominal.
   b. On utilise rarement le pronom personnel au génitif.
   c. La forme de politesse en allemand utilise le pronom personnel de la deuxième personne du pluriel.
   d. Le pronom réfléchi « se » présente la même forme à l'accusatif et au datif.

2 ▸ **Complétez les phrases suivantes par le ou les pronoms personnels qui conviennent.**

   A
   a. Kennst du Helma Sanders-Brahms? – Nein, ich kenne … nicht.
   b. Hast du ihren Film *Deutschland bleiche Mutter* nicht gesehen? – Nein, ich habe … nicht gesehen.
   c. Ich erzähle … die Geschichte des Films: hör mal!
   d. Stell … vor: eine Frau irrt mit ihrem Kind durch Deutschland.
   e. Berlin ist total zerstört, und sie flieht in den Westen. – Vor den Russen? – Ja, vor … .
   f. Sie erzählt ihrer Tochter ein Märchen der Brüder Grimm. – Welches? Der Räuberbräutigam? – Ja, sie erzählt … .
   g. Nach dem Krieg fällt … schwer, … wieder an ein normales Leben zu gewöhnen, als ihr Mann aus der Gefangenschaft zurückkommt.
   h. Das Heldentum war den Frauen egal, ja, es war … egal. … hätten lieber ihre Männer bei … gehabt.

   B
   a. Und *Der Himmel über Berlin*? Hast du diesen Film gesehen? – Ja, den habe … gesehen.
   b. Erinnerst du … an die Namen der beiden Engel? – Oh ja, … heißen Damiel und Cassiel.
   c. Einer verliebt … in eine Trapez-Künstlerin. – Damiel? – Ja genau, er will … verführen und mit … auf der Erde bleiben.
   d. Damiel erzählt begeistert:
   „Dann lasse ich … rasieren, möglichst von einem türkischen Barbier. Der wird … massieren. Dann kaufe ich … eine Zeitung und lese … von den Schlagzeilen bis zum Horoskop."
   e. Erinnerst du … an alle Szenen des Films? – Ja, ich kann … nicht vergessen. Ich bin ein Fan von Wim Wenders!

   C – Billy Wilder. Zitate aus dem *Spiegel*
   a. … bin Regisseur geworden, weil … … meine Drehbücher nicht verhunzen wollte.
   b. Erst wenn der Film fertig ist, hat … ein erkennbares Gesicht.
   c. Meine alten Filme schaue … … ungern an. Nur die Zukunft interessiert … .
   d. Bei … zu Hause stehen keine Videokassetten meiner Filme, nichts.

27 | Les marques de l'adjectif épithète (1)

Contrairement à l'adjectif attribut, l'**adjectif épithète**, placé devant le substantif, porte toujours une **marque**.
Ex. : *Dieses Haus ist schön: Es gefällt mir.*
Cette maison est belle : elle me plaît.
Dieses schöne Haus gefällt mir.
Cette belle maison me plaît.
Ja, das ist wirklich ein schönes Haus.
Oui, c'est vraiment une belle maison.

● Construction avec un article

L'**article** qui précède l'adjectif (ou l'absence d'article) ainsi que le **cas du groupe nominal** (voir leçon 21, page 48) dans la phrase déterminent le **marquage**.

	Masculin	Neutre
N	de**r** grüne Frosch *(m-, k-) ein grüne**r** Frosch	d**as** braune Pferd *(m-, k-) ein braun**es** Pferd
A	den grünen Frosch einen grünen Frosch	d**as** braune Pferd ein braun**es** Pferd
D	dem grünen Frosch einem grünen Frosch	dem braunen Pferd einem braunen Pferd
G	des grünen Frosch**es** eines grünen Frosch**es**	des braunen Pferd**(e)s** eines braunen Pferd**(e)s**

	Masculin	Neutre
N	die schwarze Katze *(m-, k-) eine schwarze Katze	die wilden Tiere et : meine, keine, alle...
A	die schwarze Katze eine schwarze Katze	die wilden Tiere et : meine, keine, alle...
D	der schwarzen Katze einer schwarzen Katze	den wilden Tiere**n** et : meinen, keinen, allen...
G	der schwarzen Katze einer schwarzen Katze	der wilden Tiere et : meiner, keiner, aller...

* Ressemblent à l'article indéfini :
ein, eine, au **singulier** : *kein* (pas un, pas une, pas de) et les possessifs singuliers (*mein, dein, sein / ihr*, etc.).

Attention !
Ressemblent à l'article défini *der, die, das* :
– au **singulier** : *dieser* (celui-ci), *jener* (celui-là), *jeder* (chaque), *mancher* (plus d'un) ;
– et à *die* au **pluriel** : *keine* (pas de), *alle* (tous les), *solche* (de tels) et les possessifs pluriels (*meine, deine*, etc.).

VOCABULAIRE P. 148
Les ordinateurs

CORRIGÉS P. 170

1 ▸ Vrai ou faux ?

a. Tout adjectif épithète prend une marque.
b. L'adjectif épithète se place indifféremment avant ou après le nom auquel il se rapporte.
c. Le déterminant joue un rôle dans le marquage de l'adjectif épithète.
d. L'adjectif attribut suit les mêmes règles que l'adjectif épithète.

2 ▸ Ajoutez la terminaison convenable aux adjectifs épithètes suivants.

A
a. Die erst... Computer waren nur klobige Kisten. Wer sich etwas Neues leisten konnte, warf diese alt... Geräte auf den Müll.
b. Mein alt... Computer funktioniert nicht mehr.
c. Computerviren sind eine richtig... Plage.
d. Meine best... Freundin hat große Freude an ihrem neu... Apparat.
e. Manche alt... Leute begeistern sich gar nicht für diesen neu... Trend.
f. Sie benutzen lieber ihre alt... Schreibmaschine.
g. Keiner ist doch eifersüchtig auf solche alt... Maschinen!

B
a. Die Entscheidung über einen gut... Computer liegt bei dem Direktor.
b. Das gesamt... Team verfügt über genügend Erfahrung.
c. Die deutsch... Experten streiten sich darüber seit mehr als drei Jahren.
d. Ein deutsch... Informatiker klagt: „Wir haben kein strukturiert... Konzept!"

C
a. Das Internet vereinfacht den unentbehrlich... Datenaustausch.
b. Wir empfangen dieses spannend... Programm über Satellit.
c. Nicht alle Erwachsen... werden gern in eine virtuell... Welt versetzt.
d. Die computergestützt... Operation verläuft ohne Komplikationen.
e. Er hat ein toll... Bild eingescannt.

D
a. Eines der wichtigst... Auswahlkriterien für ein CD-Rom-Laufwerk ist seine Zugriffszeit.
b. Du musst zwischen den vorgeschlagen... Optionen wählen.
c. Klick bitte auf das richtig... Ikon!
d. Welche alt... Daten hast du gelöscht?
e. Eine Diskette ist ein magnetisch... Datenträger.

3 ▸ Quelle est la marque exacte ?

a. Alle neue Computer / Alle neuen Computer.
b. Viele neue Computer / Viele neuen Computer.
c. Mancher neuer Computer / Mancher neue Computer.
d. Deiner neue Computer / Dein neuer Computer.

28 Les marques de l'adjectif épithète (2)

● Construction sans article

Quand l'**adjectif épithète** n'est précédé d'**aucun article**, c'est l'adjectif qui prend la **marque**.
Ce cas de figure est assez fréquent par le fait du manque d'article partitif et d'article indéfini au pluriel (voir leçon 22, page 50).
Ex. : Ø guter Käse (der). Du bon fromage (article partitif).
   Ø frisches Bier (das). De la bière fraîche.
   Ø warme Milch (die). Du lait chaud.
   Ø schöne Bilder (die). De belles images (article indéfini au pluriel).

	Masculin	Neutre	Féminin	Pluriel
N	guter Käse	frisches Bier	warme Milch	warme Würste
A	guten Käse	frisches Bier	warme Milch	warme Würste
D	gutem Käse	frischem Bier	warmer Milch	warmen Würsten
G	guten Käses	frischen Biers	warmer Milch	warmer Würste

Attention ! si « du, de la, des » ne se traduisent pas en allemand, « pas de » (singulier et pluriel) se rend par **kein**, **keine**.
Ex. : Ich esse keinen Käse. Je ne mange pas de fromage.
   Wir haben keine preiswerten Angebote gefunden.
   Nous n'avons pas trouvé d'offres bon marché.

● Cas des adjectifs indéfinis

Certains adjectifs **indéfinis** pluriels se comportent comme des **adjectifs épithètes** et suivent ce type de marquage :
– **einige** (quelques) ;
Ex. : Wir haben einige interessante Galerien besichtigt.
   Nous avons visité quelques galeries intéressantes.
– **manche** (certains) ;
Ex. : Das Verhalten mancher ungenierter Leute fällt auf.
   Le comportement de certaines personnes sans gêne se remarque.
– **mehrere** (plusieurs) ;
Ex. : Der Tourist hat mehrere intelligente Bemerkungen gemacht.
   Le touriste a fait plusieurs remarques intelligentes.
– **viele** (beaucoup) ;
Ex. : Hast du auch viele billige Postkarten gefunden?
   As-tu également trouvé beaucoup de cartes postales bon marché ?
– **wenige** (peu de).
Ex. : Mit wenigen praktischen Informationen kommt man schlecht aus.
   Avec peu d'informations pratiques, on se débrouille mal.

VOCABULAIRE P. 149
En 2001

CORRIGÉS P. 171

1 ▶ Vrai ou faux ?

a. L'adjectif épithète porte la marque quand il n'est pas précédé d'un déterminant.
b. Tous les adjectifs indéfinis se comportent comme des adjectifs épithètes.
c. Les adjectifs épithètes précédés de *kein* ou *keine* ont les mêmes terminaisons que l'adjectif épithète non précédé d'un déterminant.
d. Les articles partitifs « du, de la, des » ne se traduisent pas en allemand.

2 ▶ Ajoutez la terminaison convenable aux adjectifs épithètes suivants.

A – D-Mark, ade!
a. Ein halbes Jahrhundert lang war die D-Mark Garant für wachsend... Wohlstand.
b. Im Jahr 2001 müssen die Deutsch... von einer Epoche grandios... Erfolge Abschied nehmen.
c. Den Euro betrachten viel... Deutsch... als unsicher...Währung.
d. Es waren doch schwer... Zeiten, als die D-Mark geboren wurde.
e. Die Marktwirtschaft beruht auf freiwillig... Leistung der Einzeln... .
f. Ludwig Erhard, der Wirtschaftsreformer, hat sein Konzept gegen alliiert... Einwände durchgesetzt.

B – Der Einsturz der Twin Towers
a. Attentäter ermorden Tausend... unschuldig... Zivilisten und richten furchtbar... Unheil an.
b. Amerika wird durch eine Serie feig... Terrorattacken angegriffen.
c. Dicht... Qualm und gewaltig... Rauchwolken wälzen sich durch die Straßen.
d. Weinend... Menschen taumeln durch die Straßen.
e. Bürgermeister Rudolph Giuliani tröstet Überlebend... .
f. Die Feuerwehrleute werden zu neu... Helden der Nation.

C – Barbaren gegen Buddha
a. Die Taliban Islamisten zerstören weltberühmt... Buddha-Statuen.
b. Rund 1500 Jahre lang haben die Kolosse zahlreich... Reisend... fasziniert.
c. Im Nationalmuseum von Kabul besichtigen die Journalisten leer... Räume: keine Spur von wertvoll... Kulturzeugnissen aus fünf Jahrtausenden.
d. Nicht wenig... Exil-Afghanen argwöhnen, dass Osama Bin Laden dahinter steckt.
e. Immer wieder sind geschmuggelt... Altertümer im Ausland aufgetaucht.
f. Diese Kulturgüter sind von reich... Sammlern und Museen angeboten worden.

D – Am 2. Dezember 2001 wird die Alte Nationalgalerie in Berlin wieder eröffnet
a. Nach vierjährig... Schließung wirkt die Nationalgalerie „kühl, klar und pompös, so wie sich die Preußen selbst sahen".
b. Golden... Sitzbänke wurden restauriert.
c. Generaldirektor Schuster hat sich als stilsicher... Schützer des Denkmals erwiesen.
d. Dort können wir idyllisch... Landschaften von Caspar David Friedrich, dunkl... Fabrikstudien von Menzel und Skulpturen muskulös... Diskuswerfer bewundern.
e. Aber zahlen will keiner! Ein Prominent..., auf dessen generös... Geste alle warten, erscheint nicht.
f. Der Kulturstaatsminister bittet um die Hilfe von reich... Sponsoren. Bundeskanzler Gerhard Schröder sagte ab.

29 La rection des adjectifs

De nombreux adjectifs entraînent obligatoirement un cas précis, qu'ils soient ou non suivis d'une préposition. Cette rection des adjectifs demande un bon effort de mémoire. Vous trouverez ici les adjectifs les plus usuellement employés dans la communication.

● **Adjectifs non suivis de préposition**

À l'accusatif
– ***alt sein*** (être âgé de)
Ex. : *Ich bin 18 Jahre alt.* J'ai 18 ans.
– ***weit sein*** (être distant de)
Ex. : *Das Rathaus ist 500 Meter weit.* L'Hôtel de ville est à 500 mètres.
– ***wert sein*** (qui vaut)
Ex. : *Berlin ist eine Reise wert.* Berlin vaut le voyage.

Au datif
– ***ähnlich sein*** (être semblable)
Ex. : *Der Sohn ist dem Vater ähnlich.* Le fils ressemble au père.
– ***dankbar sein*** (être reconnaissant)
Ex. : *Sie ist ihrer Freundin dankbar.* Elle est reconnaissante à son amie.
– ***nützlich sein*** (être utile)
Ex. : *Du bist mir sehr nützlich.* Tu m'es très utile.
– ***überlegen sein*** (être supérieur à)
Ex. : *Er ist seiner Frau überlegen.* Il est supérieur à sa femme.

Au génitif
– ***sich*** (dat.) ***einer Sache bewußt sein*** (être conscient de)
Ex. : *Dieser berühmte Arzt ist sich seiner Verantwortung bewusst.*
    Ce célèbre médecin est conscient de sa responsabilité.

● **Adjectifs suivis de préposition**

À l'accusatif
– ***an*** *gewöhnt sein* (être habitué à)
Ex. : *Er ist jetzt an seine schwere Arbeit gewöhnt.*
    Il est habitué maintenant à son travail pénible.
– ***auf*** *eifersüchtig sein* (être jaloux de)
Ex. : *Sie ist auf ihren Mann eifersüchtig.* Elle est jalouse de son mari.
– ***auf*** *stolz sein* (être fier de)
Ex. : *Der Lehrer ist auf seine Schüler sehr stolz.* Le professeur est fier de ses élèves.
– ***für*** *dankbar sein* (être reconnaissant de)
Ex. : *Ich bin für deine Hilfe sehr dankbar.* Je suis très reconnaissant de ton aide.
– ***für*** *verantwortlich sein* (être responsable de)
Ex. : *Mein Nachbar ist für diesen Unfall verantwortlich.*
    Mon voisin est responsable de cet accident.
– ***gegen*** *empfindlich sein* (être sensible à)
Ex. : *Unsere Großmutter ist gegen die Sonne empfindlich.*
    Notre grand-mère est sensible au soleil.
– ***gegen*** *streng sein* (être sévère vis-à-vis de)
Ex. : *Er ist streng gegen sich selbst.* Il est sévère vis-à-vis de lui-même.

– *in* verliebt sein (être amoureux de)
Ex. : *Er ist in Ingrid, seine Kollegin, verliebt.* Il est amoureux d'Ingrid, sa collègue.
– *über* enttäuscht sein (être déçu par)
Ex. : *Wir sind über sein Verhalten enttäuscht.* Nous sommes déçus par son comportement.
– *über* erstaunt, glücklich, traurig sein (être étonné, heureux, triste de)
Ex. : *Die Familie ist über die Nachricht glücklich.*
    La famille est heureuse de la nouvelle.

Au datif
– *an* arm, reich sein (être riche, pauvre en)
Ex. : *Dieses Produkt ist reich/arm an Vitaminen.*
    Ce produit est riche/pauvre en vitamines.
– *an* interessiert sein (être intéressé par)
Ex. : *Ich bin an diesem Projekt nicht interessiert.* Je ne suis pas intéressé par ce projet.
Attention ! *Sich für etwas interessieren.* S'intéresser à quelque chose.
– *an* schuldig sein (être coupable de)
Ex. : *Wer ist an diesem Verbrechen schuldig?* Qui est coupable de ce crime ?
– *mit* einverstanden sein (être d'accord avec qqch ou qqn)
Ex. : *Sie ist mit mir immer einverstanden.* Elle est toujours d'accord avec moi.
– *mit* fertig sein (avoir fini qqch)
Ex. : *Bist du mit deiner Aufgabe fertig?* As-tu terminé ton devoir ?
– *von* abhängig sein (être dépendant de)
Ex. : *Wir sind von unserem Vater abhängig.* Nous dépendons de notre père.
– *von* müde sein (être fatigué par, de)
Ex. : *Sie ist von der langen Vorlesung müde.* Elle est fatiguée de la longue conférence.
– *zu* entschlossen sein (être décidé à)
Ex. : *Bist du zu dieser langen Reise entschlossen?* Es-tu décidé à (faire) ce long voyage ?
– *zu* freundlich, höflich sein (être aimable, poli avec qqn)
Ex. : *Unser Nachbar ist freundlich zu uns.* Notre voisin est aimable avec nous.

„Die Familie ist über die Nachricht glücklich."

30 La comparaison

Il existe trois comparatifs : celui de **supériorité**, d'**égalité** et d'**infériorité**.

● **Comparatif de supériorité**

Formation : adjectif/adverbe + „**-er**" (comportant l'inflexion pour certains adjectifs monosyllabiques) + **als**.
Ex. : *Diese Illustrierte ist interessanter als jene.*
   Ce magazine est plus intéressant que celui-là.
   Meine Mutter ist jünger als ihre Kusine. Ma mère est plus jeune que sa cousine.

On peut parfois trouver **denn** à la place de *als* :
– devant *je* au sens positif de « jamais » ;
Ex. : *Wir arbeiten mehr denn je.* Nous travaillons plus que jamais.
– pour éviter la répétition de *als*.
Ex. : *Sie ist bekannter als Sängerin denn als Pianistin.*
   Elle est plus connue comme chanteuse que comme pianiste.

Les adjectifs monosyllabiques prenant l'inflexion forment souvent des **paires antinomiques** : *alt/jung, dumm/klug, kalt/warm, kurz/lang, schwach/stark...* + *krank, schwarz, groß, nah...*
L'adjectif au comparatif de supériorité peut être **soit attribut soit épithète**.
S'il est **attribut**, il est invariable et fait partie du groupe verbal.
Ex. : *jünger sein* (être plus jeune).
S'il est **épithète**, il fait partie du groupe nominal et a une fonction désignative ; il met en relief l'un des deux éléments d'une paire.
Ex. : *Dort sehen Sie die jüngere unserer beiden Töchter.*
   Vous voyez là-bas la plus jeune de nos deux filles.

● **Comparatif d'égalité**

Formation : *so* (ou *ebenso*) + adjectif ou adverbe + *wie*.
Ex. : *Roman läuft so schnell wie sein Bruder.* Roman court aussi vite que son frère.
   Luise ist so geschickt wie ihre Schwester. Luise est aussi adroite que sa sœur.
L'adjectif peut aussi être **épithète**.
Ex. : *Du kannst ein so großes Stück Fleisch doch nicht essen!*
   Tu ne peux manger un si gros morceau de viande !

● **Comparatif d'infériorité**

Formation : *nicht so* + adjectif ou adverbe + *wie*.
Ex. : *Diese Villa ist nicht so teuer wie jene.* Cette villa-ci n'est pas aussi chère que celle-là.
Si l'adjectif est **épithète**, on emploie alors **weniger ... als** (moins ... que).
Ex. : *Sie haben eine weniger teure Villa gekauft als die, die sie besichtigt hatten.*
   Ils ont acheté une villa moins chère que celle qu'ils avaient visitée.
Attention ! un certain nombre de comparatifs sont **irréguliers**.

Gut	**besser** (meilleur)	*Das ist besser!* C'est mieux !
Gern	**lieber** (de préférence)	*Sie trinkt lieber Weißwein als Rotwein.* Elle préfère boire du vin blanc que du vin rouge.
Hoch	**höher** (plus haut)	*Wir wollen nicht höher klettern.* Nous ne voulons pas grimper plus haut.
Viel	**mehr** (plus)	*Ich habe mehr Seiten geschrieben als du.* J'ai écrit plus de pages que toi.

VOCABULAIRE P. 150
Les climats

CORRIGÉS P. 172

1 ▸ Vrai ou faux ?
   a. Après un comparatif d'égalité, « que » se traduit par *wie*.
   b. Tous les adjectifs monosyllabiques prennent une inflexion au comparatif de supériorité.
   c. Le comparatif de supériorité peut remplacer parfois le superlatif français.
   d. Il existe des comparatifs irréguliers.

2 ▸ Comparez les énoncés suivants en utilisant le comparatif de supériorité et l'élément entre parenthèses.
   a. Die Donau (2 850 km) / der Rhein (1 320 km) (lang sein).
   b. Es gab Ausländer in der DDR / Ausländer in der BRD (wenig).
   c. Die Seebäder an den deutschen Küsten / die an der Riviera (eine kurze Sommersaison haben).
   d. Westeuropa / Osteuropa (ein gemäßigtes Klima haben).
   e. Auf den höchsten Gipfeln der bayerischen Alpen / in Schleswig-Holstein (es schneit oft).
   f. In den Alpen / in den Tälern (das Klima ist hart).
   g. In den Großstädten / auf dem Land (Die Luftverschmutzung ist stark).
   h. Der Westen Deutschlands / der Osten (dicht besiedelt sein).
   i. Sylt (99 qkm) / Rügen (930 qkm) (eine kleine Insel sein).

3 ▸ Traduisez en français.
   a. Ich traf seine Mutter, eine ältere Dame.
   b. Seine beiden Söhne arbeiten im Ausland, der jüngere in Luxemburg, der ältere in der Schweiz.
   c. Mein Wagen ist mehr dunkelblau als schwarz.
   d. Er achtet mehr denn je darauf.
   e. Er ist doppelt so reich wie ich.
   f. Immer mehr Leute fahren zum Wintersport.
   g. Er verdient weniger Geld als sie.

4 ▸ Comment décrire poétiquement l'élue de son cœur ? Employez un comparatif de supériorité.
   a. Ihre Augen / der Himmel (blau sein).
   b. Ihre Haare / Kohle (schwarz sein).
   c. Ihre Stimme / der Gesang der Nachtigall (sanft sein).
   d. Ihre Lippen / die Erdbeeren (rot sein).
   e. Ihr Parfum / die Rose (süß sein).
   f. Ihre Haut / eine Blütenknospe (zart sein).

5 ▸ Traduisez en allemand.
   a. Aujourd'hui, il fait plus froid qu'hier.
   b. Ils préfèrent aller à la montagne.
   c. C'est beaucoup mieux.
   d. Sylt est plus petite que Rügen.

31 Le superlatif

Lorsque l'on compare plus de deux éléments, on emploie le **superlatif**.
Deux formations possibles pour l'adjectif au superlatif :
– si l'adjectif est épithète : **article + adjectif +** „**-ste**" **+ marque de la déclinaison** ;
Ex. : *Meine schönsten Ferienerinnerungen.* Mes plus beaux souvenirs de vacances.
Mutti hat das angenehmste Hotel gewählt. Maman a choisi l'hôtel le plus agréable.
– si l'adjectif est attribut : **am + adjectif +** „**-sten**".
Ex. : *Diese Ferienerinnerungen sind am schönsten.*
Ces souvenirs de vacances sont les plus beaux.

On observe les mêmes constructions pour les **adverbes**.
Ex. : *Von uns allen läuft Andrea am schnellsten.*
De nous tous c'est Andrea qui court le plus vite.

Wer kann am meisten trinken? Qui peut boire le plus ?

Von diesen drei Männern kocht Manfred am besten.
Des trois hommes c'est Manfred qui cuisine le mieux.

Comme au comparatif de supériorité, les adjectifs/adverbes monosyllabiques prennent une inflexion.
Certains sont irréguliers :

	Épithète déclinable	**Forme adverbiale**
Gut (bon)	der, die, das beste	am besten
Gern (volontiers)	der, die, das liebste	am liebsten
Hoch (haut)	der, die, das höchste	am höchsten
Nah (proche)	der, die, das nächste	am nächsten
Oft (souvent)	der, die, das häufigste	am häufigsten
Viel (beaucoup)	der, die, das meiste	am meisten

Ex. : *Die meisten Urlauber denken an Spanien.*
La plupart des vacanciers pensent à l'Espagne.

Spanien wird im Sommer am meisten besichtigt.
C'est l'Espagne que l'on visite le plus l'été.

Für Konzerte geben die Jugendlichen am meisten aus.
C'est pour les concerts que les jeunes dépensent le plus.

Hunger ist der beste Koch. (Proverbe)
La faim est le meilleur cuisinier.

Attention ! certains adjectifs/adverbes terminés par *-d, -t, -ß, -s, -z, -x* (à l'exception de *groß*), les participes présents ainsi que les participes passés en „*-et*", prennent un „*e*" euphonique.
Ex. : *Das älteste und interessanteste Gemälde von Dürer ist in Nürnberg zu sehen.*
Le tableau le plus ancien et le plus intéressant de Dürer est à voir à Nuremberg.
Der heißeste Monat des Jahres.
Le mois le plus chaud de l'année.
Mais : *Der größte Maler unserer Zeit.*
Le plus grand peintre de notre temps.

VOCABULAIRE P. 150
En Allemagne

CORRIGÉS P. 172

1 ▶ Vrai ou faux ?
a. Le superlatif sert à comparer plus de deux éléments.
b. Il n'existe pas de superlatif irrégulier.
c. L'adjectif épithète et l'adverbe forment leur superlatif de la même façon.
d. *Am häufigsten* est le superlatif de *viel*.

2 ▶ Mettez l'adjectif ou l'adverbe entre parenthèses au superlatif.
a. Die 1386 gegründete Heidelberger Universität ist die (alt) Universität Deutschlands.
b. Aber München beherbergt die (groß) deutsche Universität.
c. Bis heute ist Berlin Europas (groß) Industriestandort.
d. In der Schweiz sind Friedrich Dürrenmatt und Max Frisch die (bedeutend) Dramatiker.
e. Der (umsatzstark) deutsche Medienkonzern ist die Bertelmanns AG.
f. Die (bekannt) Ferienstraße ist die Romantische Straße.
g. Unter den neuen Bundesländern ist Sachsen am (dicht) besiedelt, am (stark) industrialisiert.
h. Zu den (schön) Landschaften Deutschlands zählt das sagenumwobene Rheintal zwischen Bingen und dem Siebengebirge.
i. Rügen ist Deutschlands (groß) Insel.
j. Frankfurt am Main ist Sitz der (viel) deutschen Großbanken.
k. Hamburg ist der (wichtig) Seehafen Deutschlands.
l. Das Bundesland Bremen ist das (klein) Land Deutschlands.
m. Die Zugspitze ist der (hoch) Berg Deutschlands.
n. Die Renaissance ist am (rein) in Augsburg vertreten.
o. Deutsch ist die Sprache, in die am (viel) übersetzt wird.
p. Der Rhein ist die (wichtig) Verkehrsachse in Nord-Süd-Richtung.

3 ▶ Traduisez en français.
a. In Deutschland ist der allerhöchste Berg die Zugspitze.
b. Das Schlimmste ist, wenn man nicht weiß warum.
c. Am liebsten liest sie Abenteuerromane.
d. Ob Norden, Süden, Osten, Westen, in der Heimat ist es am besten.

4 ▶ Comment décrire l'élue de son cœur ? Utilisez un superlatif.
a. Ihre Augen sind blauer als der bl... Himmel.
b. Ihre Haare sind schwärzer als die schw... Kohle.
c. Ihre Stimme ist sanfter als der s... Gesang der Nachtigall.
d. Ihre Lippen sind roter als die r... Erdbeeren.
e. Ihr Parfum ist süßer als die s... Rose.
f. Ihre Haut ist zarter als die z... Blütenknospe.

5 ▶ Traduisez en allemand.
a. Les tempêtes les plus violentes.
b. Le chemin le plus long.
c. Le prochain village.
d. Le sapin le plus élevé.
e. La saison la plus chaude.

32 Les pronoms interrogatifs

● Pronoms interrogatifs invariables

Was? (que ?) ne s'applique qu'aux choses.
Ex. : *Was kannst du mir darüber sagen?* Que peux-tu me dire à ce sujet ?
Wie? (comment ?) Ex. : *Wie geht es dir?* Comment vas-tu ?
– *Wie*? suivi d'un adjectif. Ex. : *Wie alt sind Sie?* Quel âge avez-vous ?
– *Wie*? suivi d'un adverbe.
Ex. : *Wie oft gehst du ins Kino pro Monat?* Combien de fois par mois vas-tu au cinéma ?
Wie viel? (combien ?)
Ex. : *Wie viel kostet dieser Artikel?* Combien coûte cet article ?
Wann? (quand ?)
Ex. : *Wann warst du in Berlin?* Quand étais-tu à Berlin ?
– *Seit wann*? (depuis quand ?)
Ex. : *Seit wann arbeitest du für diese Firma?*
    Depuis quand travailles-tu pour cette société ?
– *Bis wann*? (jusqu'à quand ?)
Ex. : *Bis wann habt ihr Ferien?* Jusqu'à quand êtes-vous en vacances ?
Wo? (où ? locatif) Ex. : *Wo bleibt er denn?* Mais où peut-il donc être ?
– *Wohin*? (où ? directionnel)
Ex. : *Wohin gehst du mit diesem Korb?* Où vas-tu avec ce panier ?
– *Bis wohin*? (jusqu'où ?)
Ex. : *Bis wohin führt dieser Weg?* Jusqu'où ce chemin conduit-il ?
– *Woher*? (d'où ? provenance)
Ex. : *Woher kommt diese Rapmusik?* D'où vient cette musique de rap ?
Warum? (pourquoi ?)
Ex. : *Warum willst du nicht kommen?* Pourquoi ne veux-tu pas venir ?
– *Warum* appelle une réponse formulée avec *weil*, conjonction de subordination.
Ex. : *Ich will nicht kommen, weil ich müde bin* (parce que je suis fatigué).
Wozu? (dans quel but ?)
Ex. : *Wozu machst du Überstunden?* Dans quel but fais-tu des heures supplémentaires ?
– *Wozu* appelle une réponse formulée avec *um … zu …* .
Ex. : *Ich mache Überstunden, um mir eine schöne Reise leisten zu können* (pour pouvoir m'offrir un beau voyage).

● Pronoms interrogatifs déclinables

Wer? (qui ?)
Ex. : *Wer hat diesen Brief geschickt?* Qui a envoyé cette lettre ?
– *Wen*? (COD)
Ex. : *Wen haben Sie gerufen?* Qui avez-vous appelé ?
– *Wem*? (à qui ?)
Ex. : *Wem hast du dieses Buch geschenkt?* À qui as-tu offert ce livre ?
– *Wessen*? (génitif, rarement employé)
Ex. : *Wessen Computer ist das?* C'est l'ordinateur de qui ?
Wer? ne se décline qu'au singulier.
Welch- er, -e, -es? (lequel ? laquelle ? lesquel(le)s ?) se décline comme l'article *der*.
Ex. : *Welchen Wagen fährst du am liebsten? den Opel oder den Volkswagen?*
    Quelle voiture préfères-tu conduire, l'Opel ou la Volkswagen ?
Attention ! il existe un pronom *welches*?, attribut, qui est indéclinable et invariable.
Ex. : *Welches ist deine Lieblingsfarbe?* Quelle est ta couleur préférée ?
Was für ein? / *Was für*? (quelle sorte de) se décline comme l'article *ein*.
Ex. : *Was für ein Tier ist das? Ein Affe?* Quelle sorte d'animal est-ce ? Un singe ?

VOCABULAIRE P. 151
Les best-sellers

CORRIGÉS P. 173

1 ▸ **Vrai ou faux ?**
   a. Tous les pronoms interrogatifs se déclinent.
   b. *Wer* ne se décline qu'au singulier.
   c. On peut répondre à *Wozu?* par *weil* ou par *um ... zu ...* .
   d. *Was für ein* se décline sur *ein*.

2 ▸ **Complétez les phrases suivantes par l'interrogatif qui convient.**
   a. ... gehst du? Ins Kino?
   b. ... gehst du hin? Mit Kerstin?
   c. Ihr wollt euch also einen Film ansehen, ...? *Das Leben ist schön* von Roberto Benigni?
   d. ... Film ist das? Ein trauriger Film?
   e. ... hat dir den Film empfohlen? Kerstin?
   f. ... warten wir jetzt? Auf deinen Bruder?
   g. ... Uhr soll er kommen? Um 16 Uhr?
   h. ... wohnt er dort? Seit zwei Jahren?
   i. ... dauert der Film? Zwei Stunden?
   j. ... geht ihr ins Kino? Jede Woche?

3 ▸ **Des informations concernant Billy Wilder ont été effacées. Quelles questions poser pour les retrouver ?**
   a. *Der Spiegel* berichtete erstmals 19XX über den Filmemacher.
   b. Er drehte einen Film mit Marlene DietXXX.
   c. Er hat in BerlXXX Filme gedreht.
   d. Seine alten FilXXX schaute er sich ungern an.
   e. *Manche mögen's hXXX* ist der Lieblingsfilm der meisten Leute.
   f. AmXXX März 2002 starb Billy Wilder in Bevelly Hills.
   g. Er war 9XXX Jahre alt.

4 ▸ **Posez la question portant sur le mot souligné.**
   a. *Der Vorleser*, <u>Schlinks</u> Roman, ist das erfolgreichste Werk nach *der Blechtrommel*.
   b. Schlinks Held erzählt <u>den Lesern</u> von seiner Geliebten Hanna Schmitz.
   c. Als Jugendlicher verliebt er sich in <u>...</u> .
   d. Aber Hanna Schmitz entpuppt sich als <u>ehemalige KZ-Aufseherin</u>.
   e. Dieser Roman ist <u>eine Romanfiktion</u> von einem jungen Jurastudenten.
   f. Der Held erkennt <u>seine ehemalige Geliebte</u> wieder.
   g. Die Bücher von Schlink und Grass verkaufen sich <u>bestens</u>.
   h. Boris Chlebnikow hat die neue Grass-Novelle *Im Krebsgang* <u>ins Russische</u> übertragen.
   i. In dieser Novelle wird erzählt, wie ein sowjetisches U-Boot <u>die Gustloff</u> torpediert hat.
   j. Die Versenkung des deutschen Flüchtlingsschiffes forderte <u>rund 9000</u> überwiegend zivile Opfer.

5 ▸ **Traduisez en allemand.**
   a. Quand vas-tu au théâtre ?
   b. Avec qui y vas-tu ?
   c. À quelle heure commence la représentation ?
   d. Combien de temps dure-t-elle ?

33 Les pronoms indéfinis

On emploie les pronoms indéfinis pour désigner des personnes ou des choses dont on ne connaît pas clairement l'identité.

Man (on) n'existe qu'au nominatif.
Ex. : *Wenn man sich dieses Gemälde ansieht, ist man überwältigt.*
Quand on regarde cette peinture, on reste muet.
Aux autres cas, on emploie **einer**, décliné à l'accusatif et au datif.
Ex. : *Hier kann einem nichts geschehen.* Ici rien ne peut vous arriver.
La forme « on » française est très souvent rendue en allemand par une forme passive (voir leçon 55, page 118).

Einer, **eines**, **eine** (l'un de..., quelqu'un)
Ex. : *Einer meiner Kollegen hat die Stelle gewechselt.*
Un de mes collègues a changé de poste.

Keiner, keines, keine (aucun(e) de...)
Ex. : *Wir haben keinen gesehen.* Nous n'en avons vu aucun.

Jeder (chacun)
Ex. : *Jedem das Seine!* À chacun son dû, le sien !

Jemand (quelqu'un) et **niemand** (personne) sont le plus souvent invariables mais peuvent aussi être déclinés (plus rare) : *jemanden, niemanden* (acc.), *jemandem, niemandem* (dat.).
Ex. : *Ist hier jemand? Ich sehe niemand(en).* Y a-t-il quelqu'un ici ? Je ne vois personne.

Jedermann (tout le monde) ne prend une marque qu'au génitif.
Ex. : *Es ist nicht jedermanns Geschmack.* Ce n'est pas le goût de tout le monde.

Etwas (quelque chose) et **nichts** (rien) sont invariables. Dans la langue parlée, on trouve souvent *was* à la place de *etwas* (voir leçon 44, page 94).
Ex. : *Ich will dir was sagen.* Je veux te dire quelque chose.

Einige (quelques-uns), **mehrere** (plusieurs), **viele** (beaucoup), sont considérés comme des adjectifs. Ils suivent la déclinaison de l'adjectif non précédé de déterminant (voir leçon 28, page 62).
Ex. : *Wir haben einige alte preiswerte Bücher.*
Nous avons quelques vieux livres de valeur.

„*Sie arbeiten mit mehreren ausländischen Kollegen.*"

VOCABULAIRE P. 151
En ville

CORRIGÉS P. 173

1 ▸ **Vrai ou faux ?**
   a. *Man* n'existe qu'au nominatif.
   b. *Jemand* est toujours invariable.
   c. *Jeder* se décline sur *der*.
   d. *Etwas* et *nichts* peuvent être suivis d'un adjectif substantivé.

2 ▸ **Complétez les phrases suivantes par le pronom indéfini qui convient.**
   a. Niemand hat mir e... gesagt: ich weiß n... .
   b. Die a... wissen immer a... .
   c. Aber ich habe dir nur w... Gutes zu erzählen!
   d. Ja, aber fast a... wussten Bescheid.
   e. Wieso? Hier sieht m... nie j... . Hör mal! Es ist nicht j... Sache.

3 ▸ **Complétez les phrases suivantes par *einer, eine, eines, einen* ou *keinen*.**
   a. Hier gibt es viele Radwege. Ja, bei uns ist auch ... .
   b. In unserem Stadtviertel werden viele alte Häuser renoviert. Ja, hier wird auch ... renoviert.
   c. Diese Straße ist gut beleuchtet. Es gibt viele Straßenlaternen. Ja, sogar in dieser Gasse ist auch ... .
   d. Hier sieht man viele Spielplätze. Ja, ich sehe auch ... in dieser Straße.
   e. Die Nachbarn haben einen schönen Nussbaum. Ja, ich möchte auch ... .
   f. Au! ... ist mir auf die Füße getreten. Wer? Ich sehe ... .

4 ▸ **Complétez les phrases suivantes par le pronom interrogatif qui convient.**
   a. Siehst du hier Schulen? Nein, ich sehe ... .
   b. Gibt es hier viele Grünanlagen? Nein, nur ... .
   c. Hast du dir einen Stadtplan gekauft? Nein, ...
   d. Siehst du in der Nähe einen Taxistand? Nein, ...
   e. Hast du noch einen Fahrkartenblock? Nein, ...

5 ▸ **Traduisez en français.**
   a. Jedem das Seine.
   b. Er hat einiges auf Lager.
   c. Keiner kann mir das Wasser reichen.
   d. Alles zu seiner Zeit.
   e. Nicht jeder hat das Glück.
   f. Einer nach dem anderen, bitte!
   g. Die Kälte geht einem bis unter die Haut.

6 ▸ **Traduisez en allemand.**
   a. Personne ne veut faire ce travail.
   b. Cela peut vous arriver tous les jours.
   c. On en parle déjà.
   d. Y a-t-il quelque chose de nouveau ?

34 Les pronoms interrogatifs adverbiaux

Un grand nombre de verbes et d'adjectifs régissent un complément prépositionnel (voir la rection des adjectifs page 64 et la rection des verbes page 122).
Ex. : *Sie erzählt oft von ihrem Aufenthalt in Pau.*
Elle parle souvent de son séjour à Pau.
Sie erinnert sich gern an ihre Ferien in Frankreich.
Elle aime se souvenir de ses vacances en France.

● **Groupe prépositionnel interrogatif**

Lorsque le complément prépositionnel concerne une **chose**, le pronom interrogatif se forme en : **wo** + préposition commençant par une consonne
ou **wor** + préposition commençant par une voyelle.

Ces pronoms interrogatifs sont **invariables** (c'est pourquoi on les appelle adverbiaux). Ils remplacent **was**.
Ex. : *Wovon erzählt sie oft?* De quoi parle-t-elle souvent ?
Woran erinnert sie sich gern? De quoi aime-t-elle se souvenir ?

Attention ! si le complément prépositionnel concerne une **personne**, on ne peut pas employer un pronom interrogatif adverbial. On utilise la **préposition** qui accompagne le verbe ou l'**adjectif suivi de wer** décliné.
Ex. : *Sie erinnert sich gern an ihre Freunde.*
Elle aime se souvenir de ses amis.
An wen erinnert sie sich gern?
De qui aime-t-elle se souvenir ?
Sie erzählt oft von ihrem Onkel.
Elle parle souvent de son oncle.
Von wem erzählt sie oft?
De qui parle-t-elle souvent ?
Diese Eltern sind stolz auf ihren Sohn.
Ces parents sont fiers de leur fils.
Auf wen sind sie stolz? Auf ihn.
De qui sont-ils fiers ? De lui ?

● **Groupe prépositionnel démonstratif**

À ces pronoms interrogatifs – *woran? wofür? womit? wovor?* etc. – correspondent des groupes prépositionnels démonstratifs formés en :
   da + préposition commençant par une consonne
ou **dar** + préposition commençant par une voyelle.
Ces pronoms démonstratifs sont **invariables**. On les appelle donc « démonstratifs adverbiaux ». Ils remplacent **das**.
Ces groupes prépositionnels démonstratifs concernent les **choses**.
Ex. : *Mein Bruder ist verantwortlich für die Schülerzeitung.*
Mon frère est responsable du journal de l'école.
Mein Bruder ist dafür verantwortlich. Mon frère en est responsable.

Sie erzählt oft von ihrem Aufenthalt in Pau. Sie erzählt oft davon.
Elle parle souvent de son séjour à Pau. = Elle en parle souvent.
Sie erinnert sich gern an ihre Ferien in Frankreich. Sie erinnert sich gern daran.
Elle aime se souvenir de ses vacances en France. = Elle aime s'en souvenir.

VOCABULAIRE P. 152
Bribes de conversations

CORRIGÉS P. 174

1 ▸ Vrai ou faux ?
  a. Certains verbes se construisent avec une préposition.
  b. Le pronom interrogatif adverbial s'utilise pour les personnes.
  c. Le pronom interrogatif adverbial commence toujours par *wor-*.
  d. Les pronoms interrogatifs adverbiaux sont invariables.

2 ▸ Voici quelques bribes de conversations. Ajoutez dans un premier temps les pronoms adverbiaux manquants, puis complétez les questions posées par une personne qui serait arrivée au cours de la conversation.

  a. Das Theater? Natürlich interessiere ich mich …!
  – … interessiert sie sich?
  – Wann findet die nächste Vorführung statt? Ich freue mich schon … .
  – … freut sie sich schon?
  – Was steht auf dem Spielprogramm? Ich kann mich nicht … erinnern.
  – … kann sie sich nicht erinnern?

  b. Am 21. März 2002 bekam *Harry Potter und der Feuerkelch* den Publikumspreis auf der Leipziger Buchmesse. Die deutschen Leser haben nämlich … abgestimmt.
  – … haben die deutschen Leser abgestimmt?

  c. Ferien auf dem Bauernhof? Ich hätte nie … gedacht. Ich muss aber … verzichten. Unsere Kinder fahren lieber ans Meer. Sie schwärmen … .
  – … schwärmen sie?

  d. Kein Auto? Warum hast du … verzichtet?
  – Was! … hast du verzichtet?

  e. Die Jugendweihe? Sie wurde zum ersten Mal 1954 in der atheistischen DDR gefeiert. Jeder Jugendliche musste … teilnehmen, sonst durfte er nicht Abitur machen. Jetzt sehnen sich viele Ostdeutsche … .
  – … sehnen sich viele Ostdeutsche?

  f. 2002 starb die große Dame des deutschen Nachkriegs-Journalismus, Marion Gräfin Dönhoff. Sie setzte sich oft mit Fragen von Verantwortung und Moral in der Demokratie auseinander.
  – … setzte sie sich oft auseinander?
  – Sie setzte sich auch aktiv für die Aussöhnung mit Polen und Russland ein.
  – … setzte sie sich aktiv ein?
  – Ach so, wir könnten … einen Artikel in unserer Schulzeitung schreiben.
  – … könntet ihr einen Artikel schreiben?

3 ▸ Complétez les questions suivantes.
  a. … staunt ihr?
  b. … müssen wir besonders achten? Auf diese Maschine?
  c. … verstehst du nichts?
  d. … diskutieren sie? Über den Film von Wim Wenders?
  e. … protestieren sie? Gegen die Kernkraftwerke?
  f. … denkst du? An die Ferien am Meer?
  g. … träumt er? Von den Seychellen?
  h. … denkst du nach?
  i. … bereitet sie sich vor?
  j. … muss er verzichten?
  k. … ist nichts mehr zu ändern?

35 En / y (1)

● Traductions de « en »

Le pronom « en »

Dans cette fonction, « en » se traduit par les pronoms indéfinis **k-einer**, **k-eine**, **k-eines**.
Ex. : Hat sie eine Stelle? Nein, sie hat keine gefunden. / Ja, sie hat eine gefunden.
A-t-elle une place ? Non, elle n'en a pas trouvé. / Oui, elle en a trouvé une.
Hast du ein Flugticket? Nein, ich habe noch keins. / Ja, ich habe schon eins.
As-tu un billet d'avion ? Non, je n'en ai pas encore. / Oui, j'en ai déjà un.

Avec une quantité imprécise au pluriel, on emploie **welche** ou **keine**.
Ex. : Haben Sie noch Flaschen im Keller? Ja, ich habe welche. Nein, ich habe keine.
Avez-vous encore des bouteilles à la cave ? Oui, j'en ai. Non, je n'en ai pas.

Si l'on emploie des pronoms indéfinis, « en » n'est pas employé en allemand.
Ex. : Wie viele Ferienfotos hast du? Ich habe einige, mehrere, viele.
Combien de photos de vacances as-tu ? J'en ai quelques-unes, plusieurs, beaucoup.

Si le pronom « en » désigne une partie d'un ensemble que l'on montre, on emploie **davon**.
Ex. : Das ist eine französische Spezialität. Möchtest du davon?
C'est une spécialité française. En veux-tu ?
Diese Spargel sind billig. Ich möchte drei Pfund davon.
Ces asperges sont bon marché. J'en voudrais trois livres.

Si le verbe ou l'adjectif régit le génitif, on emploie **dessen**.
Ex. : Sie rühmt sich ihrer Tat: sie rühmt sich dessen.
Elle se vante de son action : elle s'en vante.
Ich bin mir dessen nicht bewusst. Je n'en ai pas conscience.

Suivant la rection du verbe ou de l'adjectif, on emploie **da(r) + préposition** ou **préposition + pronom**.
Ex. : Du hast einen neuen Computer. Bist du damit zufrieden?
Tu as un nouvel ordinateur. En es-tu content ?
Der Sohn hat sein Examen bestanden. Die Eltern freuen sich darüber.
Le fils a réussi son examen. Les parents s'en réjouissent.
Sie sind sehr stolz auf ihn. Ils en sont très fiers (du fils).

Avec certains verbes transitifs en allemand, on emploie **es**.
Ex. : Wir können es nicht entbehren. Nous ne pouvons pas nous en passer.
Wir brauchen es. Nous en avons besoin.

« En » + complément de temps

On emploie **im** pour les saisons, les mois et les années.
Ex. : Im Winter (en hiver), Im November (en novembre), Im Jahre 2012 (en 2012), ou l'année seule : 2012.

● Quelques expressions utiles à retenir

– *auf Deutsch, auf Englisch*: en allemand, en anglais ;
– *aus Silber, aus Plastik*: en argent, en plastique ;
– *mit einem Wort*: en un mot ;
– *im Ganzen*: en tout.

VOCABULAIRE P. 152
Échange de vues

CORRIGÉS P. 175

1 ▶ Traduisez ces expressions de la vie courante en français.

a. Es kommt nicht in Frage.
b. Sie hat davon eine unbestimmte Vorstellung.
c. Das haben sie uns nebenbei gesagt.
d. Was sagst du dazu?
e. Dir läuft schon das Wasser im Mund zusammen, nicht wahr?
f. Wir müssen die Konsequenzen daraus ziehen.
g. Das hat er sich sofort gedacht.
h. Mach dir keine Sorgen!
i. Ich kann ihn nicht davon abhalten.
j. Das wirst du schon überleben!
k. Was können wir daraus schließen?
l. Bitte, erzähl niemandem davon!
m. Ich habe die Grammatik satt.
n. Soweit sind wir noch nicht.
o. Haben Sie den Eindruck, in den Wind zu reden?
p. Ich höre zum ersten Mal davon.
q. Sie werden Ihren Ohren nicht trauen.
r. Der Computer ist in schlechtem Zustand.
s. Wir fahren (gehen) jetzt in die Stadt.
t. Sollen wir darüber lachen oder weinen?

2 ▶ Traduisez en allemand.

a. Y vas-tu maintenant ?
b. Je n'y crois pas.
c. Ils m'y forcent.
d. Vous y perdez beaucoup.
e. En ce temps-là, les conditions de vie étaient dures à supporter.
f. Peux-tu t'en contenter ?
g. Elle se disait en elle-même qu'elle avait beaucoup de chance.
h. Il passe ses vacances en Corse.
i. Restez-y !
j. En bateau, il oublie ses soucis.
k. Il s'y entend.
l. Que veux-tu que j'y fasse ?
m. Il aimait en rêver.
n. Elle commence à s'y faire.
o. Mets ce paquet en lieu sûr.
p. Quand ? En avril ?
q. Il est en bonne santé.
r. Notre voiture est en panne.
s. Il voit tout en noir.
t. En bon démocrate, je m'incline.

36 En / y (2)

● Traductions de « en » + participe présent

Lorsque le participe présent n'a pas de complément, on utilise le participe I (participe présent) seul (voir leçon 53, page 114).
Ex. : *Sie kam singend herbei.* Elle s'approcha en chantant.
Si le participe présent n'a pas de complément, « en » + participe présent se rendra par **beim** + **infinitif substantivé**.
Ex. : *Beim Schwimmen hat er dreimal Wasser geschluckt.* En nageant il a bu trois fois la tasse.
Si le participe présent a un complément, il faut construire une **seconde proposition** et utiliser **und** comme coordination.
Ex. : *Sie sagte und lachte: „Ich habe im Lotto gewonnen".*
     Elle dit en riant : « J'ai gagné au loto ».
Si **« en » + participe présent** met en évidence **deux actions simultanées**, l'allemand utilise une proposition subordonnée introduite par **während** (pendant que).
Ex. : *Während sie den Pullover strickte, sah sie sich einen Western an.*
     En tricotant le pullover, elle regardait un western.
Si **« en » + participe présent** souligne un **événement unique**, on emploie **als**.
Ex. : *Als er das Zimmer betrat, bekam er einen Herzinfarkt.*
     En entrant dans la pièce, il eut un infarctus.
Si **« en » + participe présent** exprime le **moyen** (au moyen de), on emploie **indem**.
Ex. : *Indem man deutsche Rapsongs hört, lernt man die Wörter richtig aussprechen.*
     En écoutant des chansons rap allemandes, on apprend à bien prononcer les mots.
Si **« en » + participe présent** exprime une **hypothèse** ou une **condition**, on recourt à la **subordonnée avec wenn**.
Ex. : *Wenn du fließend Deutsch sprichst, kannst du dich um einen Posten in Deutschland bewerben.* En parlant allemand couramment, tu peux briguer un poste en Allemagne.
Si **« en » + participe présent** est associé au verbe **kommen** (venir), ce dernier est suivi du participe II (participe passé) du verbe.
Ex. : *Er kam gelaufen.* Il vint en courant.
Le verbe allemand de la proposition qui exprime un **déplacement** peut parfois se rendre en français par « **en** » + **participe présent**.
Ex. : *Sie läuft die Treppe hinab.* Elle descend l'escalier en courant.

● Traductions de « y »

« Y » traduit le lieu

Lorsque « y » exprime le **lieu où l'on se trouve** (locatif) : **dort**.
Ex. : *Ich bleibe dort.* J'y reste.
     Ich kenne mich in Tübingen aus: ich habe dort drei Jahre gewohnt.
     Je connais Tübingen comme ma poche : j'y ai habité trois ans.
Lorsque « y » exprime le **lieu vers lequel on se dirige** (directionnel) : **hin** ou **dorthin**.
Ex. : *Du kannst doch nicht so weit zu Fuß gehen! Ich fahre dich lieber dorthin.*
     Tu ne peux quand même pas aller si loin à pied ! Je préfère t'y emmener en voiture.

Le pronom « y »

Lorsque « y » est un démonstratif adverbial (voir leçon 34, page 74), complément d'un verbe ou d'un adjectif (rection).
Ex. : *Denk nicht daran!* N'y pense pas ! *Du solltest darauf verzichten!* Tu devrais y renoncer !
     Ich bin darauf gefasst. Je m'y attends. *Bist du daran gewöhnt?* Y es-tu habitué ?

Quelques expressions utiles

Ex. : *Ich kann nichts dafür.* Je n'y peux rien. – *Ich komme nicht dazu.* Je n'y arrive pas. –
     Los! On y va !

VOCABULAIRE P. 152
Échange de vues

CORRIGÉS P. 175

1 ▶ Vrai ou faux ?
a. L'allemand ne dispose d'aucun mot correspondant au français « en » et « y ».
b. « En » et « y » se traduisent toujours de la même façon.
c. Lorsque « y » exprime un lieu vers lequel on se dirige, il ne se traduit pas.
d. Avec certains verbes transitifs, « en » se traduit par es.

2 ▶ Complétez les phrases suivantes.

A
a. Ich denke oft an meine Kindheit zurück. Und du? Denkst du auch ...? Ja, ich erinnere mich ... .
b. Die gute alte Zeit! Ja, ich träume noch immer ... .

B
a. Jazz? Er interessiert sich ... .
b. Hat er CDs von Miles Davis? Ja, er hat ... .
c. Er hatte auch viele Poster. Aber ... bleibt nichts übrig.

C
a. Er fährt mit dem Wagen ... und nicht mit dem Zug.
b. Und wie war sein Aufenthalt in Wien? Erzähl mir mal ... .
c. Er ist ... drei Wochen geblieben.

3 ▶ Traduisez en français.
a. Ich war nicht dabei.
b. Er glaubt, er sei der Größte.
c. Geh mal hin!
d. Er gewöhnt sich langsam daran.
e. Was kann ich da schon machen?
f. Wir mögen die freundliche Art an ihr.
g. Sie wiegt das Kind in den Schlaf.
h. Er weiß immer so lustige Sachen.

4 ▶ Traduisez en allemand.
a. En avril, les jours allongent.
b. Il est en voyage.
c. Il y est finalement arrivé.
d. Ce livre ? J'en ai besoin.
e. Quand ? Samedi en huit.
f. Il l'écouta en silence.
g. As-tu un bic ? Oui, j'en ai un.
h. Il en est malade.

37 Seulement

Il y a deux manières de traduire « seulement » ou « ne... que » : **erst** et **nur**.
Les deux adverbes **erst** et **nur** sont restrictifs, que ce soit au sujet d'une quantité ou du temps.

● *Erst*

Repère temporel
Erst (seulement) a le sens de « pas avant », « pas plus tôt que », « pas plus tard que ». Le point de vue exprimé est subjectif.
Ex. : *Sie wollen ihre Wohnung erst in sechs Monaten kaufen.*
Ils ne veulent acheter leur appartement que dans six mois (et non dans trois mois comme l'interlocuteur semble l'exprimer).
Wann besucht er uns? – Erst Mittwoch.
Quand va-t-il nous rendre visite ? – Mercredi seulement (pas avant mercredi).
Dieser Nachmittag scheint mir ohne Ende: Es ist erst 16 Uhr!
Cet après-midi me semble sans fin : il n'est que 16 heures ! (J'aimerais qu'il soit plus tard.)

Repère quantitatif (à un moment donné sur l'échelle du temps)
Ex. : *Als ich die Frau meines Kollegen kennenlernte, war sie erst 23 Jahre alt.*
Lorsque je fis la connaissance de la femme de mon collègue, elle n'avait que 23 ans.
Heute haben sie erst eine Tochter.
À ce jour ils n'ont qu'une fille (il se peut qu'ils aient un autre enfant).
Der Lehrer will zehn Seiten und ich habe erst vier Seiten geschrieben.
Le professeur souhaite (obtenir) dix pages et j'ai écrit seulement quatre pages (le reste va venir).

● *Nur*

Nur s'applique à une **quantité définitive**.
Ex. : *Über dieses Thema haben wir nur zwei Seiten schreiben können.*
Nous n'avons pu écrire que deux pages sur ce sujet (en tout et pour tout).
Ich habe nur 10 Euro in der Tasche. J'ai seulement 10 euros dans la poche.
Sie kann nur zwei Stunden bei ihrer Mutter bleiben.
Elle ne peut rester que deux heures auprès de sa mère (et pas plus).

Nur s'applique aussi à une **durée**.
Ex. : *Die Fahrt hat nur eine Stunde gedauert.* Le trajet n'a duré qu'une heure.

„Wir haben nur noch eine Viertelstunde zu warten."

VOCABULAIRE P. 153
Méli-mélo

CORRIGÉS P. 175

1 ▸ Vrai ou faux ?
a. Il existe deux façons en allemand de traduire « seulement ».
b. Ces deux façons s'utilisent indifféremment.
c. Nur indique une quantité définitive.
d. Erst indique un point dans le temps.

2 ▸ Complétez les phrases suivantes par *erst* ou *nur*.
a. Im Sommer trägt sie ... Weiß.
b. Die Sendung begann ... um 23 Uhr und dauerte ... eine halbe Stunde.
c. Er darf nicht wählen, er ist ... 16.
d. Ich kann nicht ins Kino gehen, ich habe ... noch drei Mark!
e. Was! Du bist ... gegen Mittag aufgewacht!
f. ... viel später verstand er alles.
g. Es ist ... Ende September, und schon friert es!
h. Sein Mantel kostete ihn ... 20 Euro.
i. Sie gehen spazieren, so oft sie ... können.
j. Sie tut alles, was er ... will.
k. Hättest du das ... nicht gesagt!
l. Er kam ... , als alles vorbei war.
m. Es war ... ein Traum.
n. Sie ist schön, ... müsste sie klüger sein.
o. Er hat es ... dank der Unterstützung seiner Freunde geschafft.
p. In Berlin verkehrt er ... mit wenigen Menschen.
q. Sie ist ... 40 und sie denkt ... an den Ruhestand!
r. Er ruft seine Mutter ... dann an, wenn er etwas braucht.
s. Sie arbeitet ... drei Tage in der Woche.

3 ▸ Traduisez en allemand.
a. Pourquoi ne me dis-tu cela que maintenant ?
b. Ça ne fait que deux mois que j'apprends le russe.
c. Nos vacances n'ont duré qu'une semaine.
d. Il n'a que très peu de temps.
e. Je trouve ce roman policier formidable bien que je n'en aie lu que trente pages.
f. Ils n'habitent là que depuis trois semaines.
g. Je ne peux vous le dire que demain.
h. Ils ne sont restés que dix minutes.
i. Cette représentation était réservée aux enfants.
j. Je ne la reverrai qu'après Pâques.
k. Je ne les rencontre que rarement.
l. Ce cours de langue n'a duré qu'une demi-heure.
m. Si tu n'aimes pas ça, n'en dégoûte pas les autres.

38 Plus ... plus, moins ... moins

● Plus ... plus

Construction :
je + 1re subordonnée comparative (subordonnée conjonctive) **+ virgule + desto**
(ou um so) + 2^e subordonnée comparative (comparatif + verbe + sujet + compléments).

L'ordre des propositions est impératif.
Ex. : *Je länger er vor seinem Computer sitzt, desto mehr nervt ihn seine Familie.*
Plus il passe de temps (assis) devant son ordinateur, plus il est énervé avec les siens.

« Plus » se traduit par *je mehr* lorsqu'il n'est pas suivi par un adjectif.
Ex. : *Je mehr der Hund vom Nachbarn bellt, um so (desto) unruhiger ist unsere Katze.*
Plus le chien du voisin aboie, plus notre chat est agité.

On trouve de temps à autre des **constructions sans verbe avec une double construction en *je***.
Ex. : *Je älter, je klüger.* Plus on vieillit, plus on devient malin.
Je mehr Gewalt, je mehr Gefahr. Plus il y a de violence, plus il y a de danger.

● Moins ... moins

Construction :
Je weniger + 1re subordonnée comparative + virgule + desto weniger + 2^e subordonnée comparative (verbe + sujet + compléments éventuels).
Ex. : *Je weniger er verdient, desto weniger Geld gibt er aus.*
Moins il gagne, moins il dépense d'argent.
Je weniger Autos fahren, desto (um so) unverschmutzter ist die Luft in der Stadt.
Moins il y a de voitures en circulation, moins l'air est pollué en ville.

● Autres tournures

Plus ... moins, moins ... plus
Ex. : *Je mehr sie ausgibt, desto weniger spart sie.*
Plus elle dépense, moins elle économise.
Je weniger der Politiker spricht, desto interessierter ist das Publikum.
Moins le politicien parle, plus le public est intéressé.

De plus en plus, de moins en moins
Ex. : *Immer mehr Schüler lernen Spanisch.* De plus en plus d'élèves apprennent l'espagnol.
Roswitha, du wirst immer schöner! Roswitha, tu es de plus en plus belle !
Junge Leute finden heute immer weniger Arbeitsplätze.
De nos jours, les jeunes trouvent de moins en moins de travail.

La plupart, le plus souvent (invariable)
Employé comme adjectif, « la plupart de(s) » se traduit par **meist**.
Ex. : *Die meisten Studenten fürchten sich vor dem Examen.*
La plupart des étudiants redoutent l'examen.
Meistens haben sie in der mündlichen Prüfung Lampenfieber.
Le plus souvent ils ont le trac à l'oral.

VOCABULAIRE P. 153
Bon sens populaire

CORRIGÉS P. 176

1 ▸ Vrai ou faux ?
a. La première proposition a la structure d'une subordonnée.
b. La deuxième proposition a aussi la structure d'une subordonnée.
c. *Desto* ou *um so* ont des emplois similaires.
d. *Mehr* est le comparatif de supériorité de *gern*.

2 ▸ Traduisez en français.
a. Je mehr er am Computer arbeitet, desto mehr lassen seine Augen nach.
b. Je länger die Reise dauert, desto unruhiger werden die Kinder.
c. Die Gäste sind meistens Ingenieure.
d. Je älter er wird, desto vernünftiger wird er auch.
e. Je mehr er hat, desto mehr will er.
f. Je lauter das Baby schreit, desto nervöser wird die Mutter.
g. Je weniger er ihn sieht, desto besser fühlt er sich.
h. Je mehr Geld, desto mehr Sorgen.
i. Das geschieht meistens im Winter.
j. Die meisten Studenten wissen nicht, wie sie sich ernähren sollen.
k. Das meiste davon habe ich vergessen.
l. Je weniger er trainiert, desto mehr rostet er ein.
m. Das meiste Geld ist dafür draufgegangen.

3 ▸ Traduisez en allemand.
a. La vie devient de plus en plus chère.
b. Plus les élèves bavardent, moins ils travaillent.
c. Plus il y a de voitures, plus j'ai peur.
d. Plus les footballeurs jouent bien, plus les spectateurs sont enthousiastes.
e. La plupart des garçons aiment jouer au football.
f. De plus en plus d'enfants savent nager.
g. Les gens vont de moins en moins au cinéma.
h. Plus il fait chaud, moins j'ai envie de travailler.

„Je mehr Geld, desto mehr Sorgen."

39 Es

Le pronom **es** a de multiples fonctions. Il ne se décline pas.

Es sert de **sujet aux verbes impersonnels**.
Ex. : *Es zieht, es donnert, es schneit, es regnet.*
Il y a des courants d'air, il tonne, il neige, il pleut.

Employé avec *sein* et *werden*, **es** sert à préciser la **date**, le **temps**, l'**heure**, les **saisons**.
Ex. : *Es ist Sonntag, es wird kalt, es ist 5 Uhr, es ist Nacht, es ist Winter.*
C'est dimanche, il commence à faire froid, il est cinq heures, il fait nuit, c'est l'hiver.

Es accompagne certaines **locutions verbales**.
Ex. : *Es geht mir gut* (je vais bien), *es gibt* (il y a), *es geht um* (il s'agit de), *es klingelt* (on sonne), *es fällt mir schwer* (c'est difficile pour moi), *es freut mich* (cela me réjouit), *es ist schade* (c'est dommage), etc.

Es est **complément dans certaines locutions**.
Ex. : *Ich habe es eilig* (je suis pressé), *ich nehme es an* (je suppose), *ich weiß es nicht* (je ne le sais pas).

Es est **pronom personnel**, sujet ou complément.
Ex. : *Das ist mein neues Fahrrad. Es hat tolle Reifen.*
C'est ma nouvelle bicyclette. Elle a des pneus formidables.
Hörst du das Flugzeug? Ja, ich höre es.
Entends-tu l'avion ? Oui, je l'entends.

Es est interchangeable avec ***das***.
Ex. : *Ich soll nach Berlin fahren, aber es (ou das) steht noch nicht auf der Tagesordnung.*
Je dois aller à Berlin mais ce n'est pas encore inscrit à l'ordre du jour.

Es est **explétif**, en première place.
Ex. : *Es kommt jemand zu uns.* = *Jemand kommt zu uns.* Quelqu'un vient vers nous.
Es sind zwanzig Stühle in diesem Raum. Dans cette pièce il y a vingt chaises.
Es hat sich ein Unfall ereignet. Un accident s'est produit.
Es wird die ganze Nacht getanzt (forme passive impersonnelle).
On danse toute la nuit.

Es est **obligatoire lorsqu'il anticipe une subordonnée**, en particulier avec les verbes suivants :
Ex. : *Ich finde es..., dass...*   Je trouve que...
Ich halte es...   Je considère que...
Ich halte es nicht aus...   Je ne supporte pas...
Ich kann es nicht unterlassen...   Je ne peux m'empêcher de...
Ich übernehme es...   Je prends sur moi de...

Es est présent dans des **constructions idiomatiques** avec le verbe ***lassen***.
Ex. : *Hier lässt es sich leben!* On vit bien ici !
Ou dans d'autres tournures :
Ex. : *Auf dem Sofa sitzt es sich bequem.*
On est bien assis sur le divan.

VOCABULAIRE P. 154
Potins autour d'une tasse de café

CORRIGÉS P. 176

1 ▸ Vrai ou faux ?
a. *Es* occupe des fonctions très différentes.
b. *Es* n'occupe jamais la première place.
c. *Es* accompagne certaines locutions verbales.
d. *Es* est toujours invariable.

2 ▸ Faut-il ajouter le pronom *es* ? Si oui, où ?
a. Wovon ist die Rede?
b. Ich betrachte als wichtig, dass die Kollegen Bescheid wissen.
c. Hier wird immer sehr spät gearbeitet.
d. Öffne die Tür! Ich bin.
e. Die Angestellten haben satt, hier regnet oft.
f. Wir finden schade, dass die neue Sekretärin blau macht.
g. Ich halte für dumm, sich so zu benehmen.
h. Ihr Vater war effizient, sie ist nicht. Sie wird bereuen.
i. Im Büro ist gestohlen worden, aber keiner will gewesen sein.
j. In diesem Unternehmen wimmelt von Geschäftemachern.
k. Auf der Party ist recht langweilig gewesen.
l. Der Buchhalter hat eilig.
m. Der Chef will nur das Beste für ihn. Ja, er meint nur gut mit ihm.
n. Wird sich zeigen, ob er Recht hat.
o. Mir fiel schwer, auf diesen Posten zu verzichten.

3 ▸ Traduisez en allemand.
a. Il s'est passé quelque chose de grave.
b. Il est arrivé un accident.
c. On cria beaucoup.
d. Il faisait déjà nuit et il neigeait.
e. Les passants ont entrepris de secourir les blessés.

4 ▸ Traduisez en français.
a. Es drängt ihn uns zu sagen, dass er befördet wurde.
b. Es ist nicht ausgeschlossen, dass er jetzt viel Geld verdient.
c. Er kann es noch so weit bringen, dass er bald sein eigenes Unternehmen gründen wird.
d. Was! Das bringt's nicht.
e. Hoffentlich macht es Ihnen nichts aus!
f. Es friert mich auf dem Land.
g. Alle denken es, aber niemand sagt es.
h. Es freut mich, dass du mitkommst.
i. Ich glaube es nicht.
j. Es stimmt.
k. Hier riecht es nach Käse.

40 Le régime des prépositions

Il y a trois grands groupes de prépositions : les prépositions suivies de l'**accusatif**, les prépositions suivies du **datif** et celles suivies du **génitif**.

● Prépositions suivies de l'accusatif
Durch (à travers)
Ex. : *Sie läuft durch den Wald.* Elle traverse la forêt en courant.
Für (pour)
Ex. : *Bist du für ihn und gegen sie?* Es-tu pour lui et contre elle ?
Gegen (contre, vers + notion de temps)
Ex. : *Gegen 11 Uhr.* Vers 11 heures.
Ohne (sans)
Ex. : *Er ist ohne seine Fahrkarte gereist.* Il a voyagé sans son billet.
Um (autour de, à + heure)
Ex. : *Um das Haus gibt es drei Bäume.* Il y a trois arbres autour de la maison.

● Prépositions suivies du datif
Aus (hors de)
Ex. : *Sie kommen aus der Stadt.* Ils viennent de la ville.
Bei (près de, chez quelqu'un quand on y est)
Ex. : *Bei wem wohnst du in Deutschland?* Chez qui habites-tu en Allemagne ?
Mit (avec)
Ex. : *Mit diesem Grammatikbuch mache ich keine Fehler.*
Je ne fais pas de faute avec ce livre de grammaire.
Nach (après, vers, à + ville ou pays sans article)
Ex. : *Nach dem Abendessen gibt es eine Überraschung.*
Après le dîner il y aura une surprise.
Dieser Zug fährt nach München.
Ce train va à Munich.
– *nach Hause* (à la maison, quand on y va).
Seit (depuis)
Ex. : *Seit einem Monat regnet es nicht mehr.* Il ne pleut plus depuis un mois.
Von (de la part de)
Ex. : *Das Paket ist von den Großeltern.* Le paquet vient des grands-parents.
Zu (chez quelqu'un, quand on y va)
Ex. : *Jetzt will ich zu meiner Kusine.* Je vais voir ma cousine maintenant.
– *zu Hause* (à la maison, quand on y est).

● Prépositions suivies du génitif (les plus employées)
(An)Statt (au lieu de)
Ex. : *Statt eines Mopeds hat er ein Fahrrad gekauft.*
Il a acheté une bicyclette au lieu d'une mobylette.
Trotz (malgré)
Ex. : *Wir sind trotz des schlechten Wetters spazierengegangen.*
Nous sommes sortis nous promener malgré le mauvais temps.
Während (pendant)
Ex. : *Ich habe während des Winters viel ferngesehen.*
Pendant l'hiver j'ai beaucoup regardé la télévision.
Wegen (à cause de)
Ex. : *Wegen seines kranken Vaters muss er zu Hause bleiben.*
Il doit rester à la maison à cause de son père malade.

VOCABULAIRE P. 154
Lutte contre la criminalité

exercices

CORRIGÉS P. 177

1 ▸ **Vrai ou faux ?**
   a. Certaines prépositions sont toujours suivies de l'accusatif.
   b. Certaines prépositions sont toujours suivies du datif.
   c. *Zu* se construit avec l'accusatif.
   d. *Zu Hause* s'emploie quand je vais à la maison.

2 ▸ **Êtes-vous pour ou contre ? Prenez position sur les sujets proposés.**
„Ich bin für / gegen..."
die Null-Toleranz, die Todesstrafe, der Straferlass, die Abschaffung des Wehrdiensts, die Autorität der Erwachsenen, das Recht des Stärkeren, die Verjährung.

3 ▸ **Complétez les phrases suivantes par une préposition suivie de l'accusatif.**
   a. „Null-Toleranz" heißt die neue Devise der Berliner Polizei. Sie geht ... jed... Art von Kriminalität härter vor.
   b. Berlin ist beispielhaft ... ein... wirksamere Verbrechensbekämpfung.
   c. Eine stärkere Polizeipräsenz sorgt ... mehr Ordnung.
   d. Obwohl viele Bürger total ... d... Vorschlag der Null-Toleranz sind, müssen sie ihn doch akzeptieren.

4 ▸ **Complétez les phrases suivantes par une préposition suivie du datif.**
   a. Die Kriminalität hat auch in Berlin zugenommen. Die Polizei reagiert darauf ... d... Strategie der Null-Toleranz, die ... einig... Jahren in New York praktiziert wird.
   b. Die Aufgaben der Polizei haben sich ... d... Wiedervereinigung vervielfacht.
   c. ... d... Gelegenheitsdieben hätten die Detektive die meiste Arbeit. ... dies... Gruppe zählen auch die Jugendlichen, denen der Diebstahl ... ihr... Clique als eine Art Mutprobe abverlangt wird.
   d. 30 Prozent der Ladendiebe sind ... Angaben der Polizei Jugendliche.
   e. Die Detektive sind ... Aufdecken ... Ladendiebstählen am erfolgreichsten.
   f. Sie beobachten einen Dieb ... d... Tat und nehmen ihn fest.

5 ▸ **Complétez les phrases suivantes par une préposition suivie du génitif.**
   a. Die Polizei verklagt den Jugendlichen ... Diebstahls.
   b. ... d... Wachsamkeit der Detektive gelingt es vielen Dieben, an den Kassen vorbeizugehen, ohne zu bezahlen.
   c. ... d... Hauptgeschäftszeit gibt es mehr Diebstähle.
   d. Die Diebe wohnen oft ... d... Stadtmitte.
   e. ... d... Null-Toleranz möchten viele junge Missetäter mehr Nachsicht und Verständnis.

6 ▸ **Traduisez en allemand.**
   a. Il vint chez moi vers neuf heures.
   b. Je suis contre cette proposition.
   c. Il a heurté un lampadaire.
   d. Sans ton aide, il aurait des ennuis.
   e. Il parla au policier.

41 Les prépositions spatiales

Ces prépositions introduisent des **compléments situés dans l'espace**. On dit aussi qu'elles sont « mixtes » car elles se construisent tantôt avec l'**accusatif**, tantôt avec le **datif**, en fonction de l'**intention** qu'exprime le verbe de la phrase. Elles sont au nombre de neuf : *an, auf, hinter, in, neben, über, unter, vor, zwischen*.

● Régime des prépositions

Le régime de ces prépositions est le suivant. Elles sont suivies :
– de l'**accusatif** quand le complément est **directionnel**.
Ex. : *Er setzt sich neben den Baum.* Il s'asseoit près de l'arbre.
La question posée sera introduite par **Wohin?** ;

– du **datif** quand le complément est de type **locatif**.
Ex. : *Er sitzt neben dem Baum.* Il est assis près de l'arbre.
La question posée sera introduite par **Wo?**

● Prépositions spatiales

An (à, au)
Ex. : *Geh an die Tür und mache sie auf!* Va à la porte et ouvre-la !
Sie steht an der Tür. Elle se tient à la porte.

Auf (sur, dans + une institution comme la banque, la poste, ou des lieux découverts tels le marché, une rue, une île)
Ex. : *Sie geht jeden Montag auf die Post.* Tous les lundis elle va à la poste.
Auf der Post wartet man immer lange. On attend toujours longtemps à la poste.

Hinter (derrière)
Ex. : *Hinter dem Haus steht ein Kirschbaum.* Il y a un cerisier derrière la maison.

In (dans)
Ex. : *Fahr vorsichtig in die Garage hinein!* Entre prudemment dans le garage !
In der Garage ist es sehr dunkel. Il fait très sombre dans le garage.

Neben (à côté de)
Ex. : *Sie setzt sich also neben den Fahrer.* Elle s'asseoit donc près du chauffeur.
Sie will immer neben dem Fahrer sitzen. Elle veut toujours être assise près du chauffeur.

Über (au-dessus de)
Ex. : *Häng dieses Bild bitte nicht über den Eingang!*
N'accroche pas ce tableau au-dessus de l'entrée s'il te plaît !

Unter (au-dessous de)
Ex. : *Unter dem Haus habe ich einen kleinen Keller gebaut.*
J'ai construit une petite cave sous la maison.

Vor (devant)
Ex. : *Vor dem Haus spielen die Kinder gern.* Les enfants aiment jouer devant la maison.

Zwischen (entre)
Ex. : *Wir legen uns in den Schatten zwischen die Linde und die Tanne.*
Nous nous allongeons à l'ombre entre le tilleul et le sapin.

VOCABULAIRE P. 155
Changement d'air

CORRIGÉS P. 177

1 ▸ Vrai ou faux ?
a. Il existe en allemand deux façons de demander « Où ? ».
b. À une question *Wo?* répond obligatoirement un complément directionnel.
c. Pour exprimer que l'on va chez quelqu'un, on emploie la préposition *zu*.
d. Pour dire que l'on va à la maison, on emploie aussi la préposition *zu*.

2 ▸ Complétez par une préposition suivie du cas qui convient.
a. Sie fahren ... Berlin.
b. Wir verbringen unseren Urlaub ... d... Land.
c. Fahrt ihr ... d... Berge?
d. Wir bleiben ... Paris.
e. Die Nachbarn fahren ... Meer.
f. Meine Kollegin fliegt ... d... Türkei.
g. Ich fahre ... mein... Freunden.
h. Sie wohnen ... Luxemburg.
i. Meine Mutter bleibt ... Hause.
j. Mein Bruder bleibt... sein... Freunden.
k. Sie wohnen ... d... Land. Sie können sich ... d... Sonne legen.
l. Sie bleiben nicht ... Berlin, sie fahren lieber ... d... Süden.
m. Sie liegen den ganzen Tag ... Strand.
n. Wohin gehen sie? Sie wissen es nicht, das ist eine Fahrt ... Blaue.
o. Unsere Zimmer liegen ... d... Südseite.
p. Sie sind ... Rio geflogen.
q. Dieser Tanker fährt ... fremd... Flagge.
r. Der Zug läuft ... d... Bahnhof ein.
s. Was machst du allein ... d... Stadt? Ich gehe ... Kino, dann esse ich ... Restaurant, nachher fahre ich ... Hause und arbeite ... Computer. Manchmal übernachte ich ... Freunden.
t. Ich kaufe einmal in der Woche ... Supermarkt ein. Es fällt mir schwer, ... ein... Kasse zu warten.
u. Nächstes Jahr fliege ich ... Indien.
v. Er ist urlaubsreif, deshalb hat er eine Villa ... Korsika gemietet.
w. Das Schwimmbad befindet sich ... Altmarkt.
x. Wohnst du immer noch ... d... Beethovenstraße?
y. Er sitzt den ganzen Tag ... sein... Arbeit gebeugt.
z. Wo verbringen sie ihren Urlaub? ... ein... schönen Bungalow ... ein... Insel?

3 ▸ Complétez les phrases suivantes.
a. Ich gehe ... d... Garten. / Ich spiele ... Garten.
b. Ich gehe ... Hause. / Ich bleibe lieber ... Hause.
c. Ich gehe ... mein... Freund. / Ich bleibe ... mein... Freund.
d. Ich fliege ... Afrika. / Ich arbeite ... Afrika.
e. Ich fahre ... d... Süden. / Ich verbringe meine Ferien ... Süden.
f. Ich fliege ... d... USA. / Ich bleibe ... d ... USA.
g. Ich fahre ... d... Land. / Ich bleibe ... d ... Land.
h. Ich fahre ... d... See. / Ich bin ... d...... See.
i. Ich gehe ... d... Supermarkt. / Ich kaufe ... Supermarkt ein.

42 Le directionnel et le locatif

La langue allemande marque une opposition de sens très forte entre :
– le lieu vers lequel on se dirige, le **point de direction**. Dans ce cas, on emploie un **complément directionnel** ;
Ex. : *Wohin geht sie? Sie geht auf den Markt.* (accusatif) Où va-t-elle ? Elle va au marché.
– et le lieu où l'on est et **où se situe l'action dont on parle**. Dans ce cas, on emploie un **complément locatif**.
Ex. : *Wo verbringt ihr eure Ferien? Wir verbringen unsere Ferien an der See.* (datif)
 Où passez-vous vos vacances ? Nous passons nos vacances à la mer.

● **Le directionnel et le locatif se distinguent**
– par une opposition de **prépositions**, soit locatives, soit directionnelles ;

Locatives	Directionnelles
bei *Hans wohnen* habiter chez Hans	**zu** *Ingrid fahren* aller (en véhicule) chez Ingrid
zu *Hause sein* être à la maison	**nach** *Hause gehen* aller à la maison
in *Deutschland arbeiten* travailler en Allemagne	**nach** *Spanien fliegen* aller en Espagne en avion

– par une opposition d'**interrogatifs** ;
Wo? (Où ?) et **Wohin?** (Où ?) servent d'indicateurs pour la relation qui s'établit.
À une question **Wo?** répond obligatoirement un énoncé décrivant une **relation locative**.
Ex. : *Wo haben Sie Französisch studiert?* Où avez-vous étudié le français ?
 In Frankreich? In Bordeaux? In der Schule? En France ? À Bordeaux ? À l'école ?
À une question **Wohin?** répond obligatoirement un énoncé décrivant une **relation directionnelle**.
Ex. : *Wohin fliegen die Zugvögel im Herbst?*
 Où les oiseaux migrateurs partent-ils en automne ?
 Nach Afrika, in den Süden. En Afrique, dans le sud.

– par une opposition de **cas**.
Le choix du cas que l'on va employer détermine la nature de la relation.
S'il s'agit d'une **relation entre une activité et un espace circonscrit**, on emploie le **datif**.
Ex. : *Sie wohnen in einer wunderschönen Villa.* Ils habitent une magnifique villa.
S'il s'agit d'un **lieu considéré comme un point d'arrivée**, on emploie l'**accusatif**.
Ex. : *Jedes Jahr fahren sie in den Süden.* Chaque année ils partent dans le sud.

● **Opposition « locatif-directionnel »**
L'opposition « **locatif-directionnel** » est traduite soit par le changement des cas après les prépositions appelées « spatiales », ou parfois « mixtes » (voir leçon 41, page 88) ; soit par le changement des prépositions elles-mêmes.
Si l'on utilise un **nom commun**, c'est l'**article** qui varie et qui indique l'idée de locatif ou de directionnel selon qu'il est au datif ou à l'accusatif.
Ex. : *Leg dich doch auf die Bank!* (= relation directionnelle) Allonge-toi donc sur le banc !
 Er liegt gemütlich auf der Bank. (= relation locative)
 Il est allongé confortablement sur le banc.
Dans le cas des **noms propres** jamais accompagnés d'article (Franz, Italien…), seule la préposition change.
Ex. : *Geh doch zu Franz! Er wartet auf dich.* Va donc chez Franz ! Il attend ta visite.
 Du darfst aber nicht bei ihm übernachten. Mais tu ne peux pas passer la nuit chez lui.

VOCABULAIRE P. 155
À la maison

exercices

CORRIGÉS P. 178

1 ▸ Vrai ou faux ?
  a. Ces prépositions sont suivies tantôt du datif tantôt de l'accusatif.
  b. Les prépositions avec un complément de type directionnel sont suivies du datif.
  c. Les prépositions avec un complément de type locatif sont suivies de l'accusatif.
  d. Zu avec un complément de type directionnel est suivi de l'accusatif.

2 ▸ Complétez par une préposition suivie du cas qui convient.
  a. Die Kinder spielen gern ... Garten.
  b. Sie haben ihr Zelt v... d... Haus aufgebaut.
  c. Sie legen sich gern ... d... Sonne.
  d. Die Mutter hängt die Wäsche ... d... Leine.
  e. Ein Flugzeug fliegt ... d... Haus hinweg.
  f. Plötzlich regnet es. Sie laufen alle ... Haus.
  g. ... Flur ziehen alle ihre schmutzigen Schuhe aus.
  h. Die Mutter bereitet das Essen ... d... Küche zu.
  i. ... Esszimmer deckt Robert schnell den Tisch.
  j. Seine Schwester hängt wie immer ... Telefon und hilft ihm nicht.
  k. Robert stellt die Gläser n... d... Teller und legt das Besteck ... d... richtigen Platz. Er legt das Brot ... d... Korb.
  l. Die Katze schläft ... d... Tisch ... d... Teppich.
  m. Die Kinder gehen ... Fenster und blicken ... d... Straße, sie warten ... d... Großeltern.
  n. Es hat eben geläutet. Die Kinder laufen ... d... Tür.
  o. Die Großeltern stehen ... d... Tür. Die Großmutter stützt sich ... ein... Stock. Sie kommen zum Essen.
  p. Dann setzen sie sich ... d... Tisch. Robert sitzt ... d... Großmutter und d... Großvater.
  q. Die Katze versteckt sich h... d... Sofa.

3 ▸ Où aller pour ... ?
  a. Ich will duschen: ich gehe ... Badezimmer.
  b. Ich will frühstücken: ich gehe ... Küche.
  c. Ich will schlafen: ich gehe ... Schlafzimmer.
  d. Ich will fernsehen: ich gehe ... Wohnzimmer.
  e. Ich will Wein holen: ich gehe ... Keller.
  f. Ich will ein Telegramm abschicken: ich gehe ... d... Post.

4 ▸ Où trouver ... ?
  a. Wo steht dein Wagen? ... d... Garage.
  b. Wo steht die Kaffeemaschine? ... d... Küche.
  c. Wo liegt mein Kuli? N... d... Telefon.
  d. Wo ist mein Buch? A... d... Bett.

5 ▸ Accusatif ou datif ?
  a. Leg die Zeitung auf d... Tisch.
  b. Die Kinder lesen auf d... Teppich.
  c. Hans arbeitet ... Wohnzimmer.
  d. Dann will er in d... Park gehen, um Fußball zu spielen.
  e. Wollt ihr ... Computer arbeiten?

43 Les compléments et les adverbes de temps

● **Compléments de temps**

Ils sont introduits par : ***im**, **am**, **um***.

Im s'emploie avec les **mois**, les **saisons**, les **années**, les **époques**.
Ex. : *Im August verbringen wir eine Woche am Meer.*
En août nous passons une semaine à la mer.
Im Winter sind die Nächte am längsten.
C'est en hiver que les nuits sont les plus longues.
Im Jahre 2012. En 2012. (On ne peut pas écrire ou dire : *im 2012!*)
Im 20. Jahrhundert. Au 20ᵉ siècle.

Nächst (prochain) et ***letzt*** (dernier) s'emploient à l'**accusatif** sans complément.
Ex. : *Nächste Woche, letztes Jahr, nächsten Montag.*
La semaine prochaine, l'année dernière, lundi prochain.

Am s'emploie pour les **jours** ou les **parties du jour**.
Ex. : *Am Freitag habe ich Französischunterricht.* Le vendredi, j'ai cours de français.
Am Abend gehe ich immer spät zu Bett und am Morgen bin ich müde.
Le soir, je me couche toujours tard et le matin, je suis fatigué.

Um permet d'indiquer l'**heure**.
Ex. : *Wir erwarten sie morgen Abend um 18 Uhr.*
Nous les attendons demain soir à 18 heures.
Mais : vers 18 heures = ***gegen*** *18 Uhr.*

● **Traduction de « il y a » et « depuis »**

Vor + **datif** permet de traduire « **il y a** » + une **donnée temporelle**.
Ex. : *Vor drei Jahren haben wir Sie kennengelernt.*
Il y a trois ans que nous avons fait votre connaissance.

Seit + **datif** permet de traduire « **depuis** » comme **date**, **point de départ d'une action**, permettant d'évaluer une durée.
Ex. : *Unser Sohn lebt seit vier Monaten in Deutschland.*
Notre fils vit en Allemagne depuis quatre mois.

● **Adverbes de temps**

Il faut garder en mémoire qu'ils occupent souvent la **place 1** de la phrase. Ils sont suivis du verbe, en **place 2.**
Parmi les très nombreux **adverbes de temps** on utilise souvent : *heute* (aujourd'hui) *morgen* (demain), *morgen früh* (demain matin), *gestern* (hier), *bald* (bientôt), *jetzt* (maintenant), *manchmal* (parfois), *oft* (souvent), *sofort* (immédiatement).

Pour indiquer et classer une **succession d'événements chronologiques**, on emploie :
erstens, zweitens, drittens... (premièrement, deuxièmement, troisièmement...),
zuerst (d'abord), *dann* (alors, ensuite), *zuletzt* (finalement).

VOCABULAIRE P. 156
Le temps

CORRIGÉS P. 179

1 ▶ Vrai ou faux ?
a. *Am* s'emploie pour les saisons.
b. *Um* sert à préciser l'heure.
c. « Il y a » + une donnée temporelle se traduit par *es gibt*.
d. « 2012 » se traduit par *im 2012*.

2 ▶ Complétez par une préposition suivie du cas qui convient.
a. ... Ostern besuchte uns meine Großmutter.
b. Jahr ... Jahr schenkt sie uns Eingemachtes.
c. Vom Morgen ... Abend arbeitet sie in ihrem Garten.
d. ... des Winters bleibt sie im Süden.
e. ... einer Woche war sie in Palermo.
f. Ihr Enkel kam ... d... Nacht ... ersten Mai zur Welt.
g. ... 21. Jahrhundert können die Leute auf große Fortschritte hoffen.
h. Sie rief mich ... frühen Abend an.
i. Sie konnte erst spät ... d... Nacht in Berlin ankommen.
j. Sie wird ... Tag vor Ostern da sein.
k. W... d... erst... Jahre fiel es ihr schwer, in einer Großstadt zu leben.
l. ... d... Dauer hat sie sich daran gewöhnen müssen.
m. ... einig... Jahren wohnt sie in einer schönen Villa.
n. ... Einbruch der Nacht schließt sie die Tür zu und sieht fern.
o. Aber schon ... Tagesanbruch steht sie auf.
p. ... ein... Monat fliegt sie nach Hamburg.
q. ... jetzt ist sie regelmäßig dorthin geflogen.

3 ▶ Traduisez en allemand.
a. Parfois je me demande comment elle réussit à concilier carrière et vie de famille.
b. Le mercredi, ils vont au cinéma.
c. La semaine prochaine, ils prennent l'avion pour Milan (*Mailand*).
d. Récemment, ils sont allés à Berlin.
e. Charlemagne mourut en 814.
f. Les vacances commencent dans un mois.

„Bei Nacht sind alle Katzen grau."

44 *Etwas* (quelque chose) / *nichts* (rien)

● Emploi

Comme en français, les pronoms indéfinis ***etwas*** et ***nichts*** sont **invariables**.
Ex. : *Sie haben mir etwas für dich in den Koffer gepackt.*
　　　Ils m'ont mis quelque chose pour toi dans la valise.
　　　Warum sagst du, dass du nichts gehört hast?
　　　Pourquoi dis-tu que tu n'as rien entendu ?

Lorsque ***etwas*** ou ***nichts*** sont suivis d'un **adjectif**, ce dernier devient **substantif**. Il prend donc une **majuscule** et porte une **marque neutre forte** (de type 2), n'étant précédé d'aucun article.
Ex. : *Etwas Unerhörtes.* Quelque chose d'inouï.
　　　Nichts Wunderschönes. Rien de magnifique.
　　　Wer hat etwas Anderes anzubieten? Qui a quelque chose d'autre à offrir ?
　　　Wir haben nichts Anderes vorzuschlagen. Nous n'avons rien d'autre à proposer.

● Cas particuliers

Lorsque l'adjectif ***ander-*** (autre) suit *etwas*, il ne prend pas de majuscule.

Quand ***etwas*** ou ***nichts*** sont précédés d'une préposition régie par un cas particulier, c'est l'**adjectif qui porte la marque du cas**.
Ex. : *Sie möchten die Mahlzeit mit etwas Gutem anfangen.* (ici *mit* + datif)
　　　Ils aimeraient commencer le repas par quelque chose de bon.

Lorsque ***etwas*** ou ***nichts*** sont les **antécédents d'un pronom relatif**, celui-ci devient ***was***.
Ex. : *Ich suche etwas, was mir gefällt.* Je cherche quelque chose qui me plaise.
　　　Hast du nichts gefunden, was dir gut steht? N'as-tu rien trouvé qui t'aille bien ?

Pour traduire « **rien que** » : **nichts als** (synonyme de *nur*).
Ex. : *Mit meiner Tochter habe ich nichts als Ärger.*
　　　Avec ma fille, je n'ai que des contrariétés.

„*Hast du etwas gehört?*
– *Nein, ich habe nichts gehört.*"

VOCABULAIRE P. 156
Des petits riens

exercices

CORRIGÉS P. 179

grammaire

1 ▸ Vrai ou faux ?
a. *Etwas* et *nichts* sont invariables.
b. L'adjectif qui les suit ne se décline pas.
c. Le pronom relatif ayant pour antécédent *etwas* ou *nichts* est *was*.
d. *Nichts als* est synonyme de *nur*.

2 ▸ Traduisez en français.
a. Einen Kuchen backen? Nichts Einfacheres als das!
b. Ihr streitet euch für nichts und wieder nichts!
c. Mit ihm hat man nichts als Ärger.
d. Womit hast du den Salat gewürzt? – Ich? Mit nichts Besonderem.
e. Um nichts in der Welt.
f. So etwas macht man nicht.
g. Mach dir nichts daraus!
h. Aus nichts wird nichts.
i. Er ist zu faul, er bringt es zu nichts.
j. Das ist doch wenigstens etwas! Ja, besser als nichts.
k. Das ist nichts wert.
l. Entweder das oder nichts!
m. Man bekommt nichts geschenkt.
n. Es gibt nichts, was mich davon abhalten könnte.
o. Das bringt alles nichts!

3 ▸ Traduisez en allemand.
a. Il ne veut rien faire. Il ne suit pas. Rien de surprenant !
b. Sabine ? Elle ne s'intéresse qu'au sport.
c. Je n'ai jamais rien vu de plus beau.
d. Quelle misère ! On ne peut rien y faire.
e. J'aimerais te demander quelque chose.
f. Connais-tu le roman de Remarque : *À l'ouest, rien de nouveau* ?
g. Je ne sais rien de nouveau.
h. Il ne parle de rien d'autre.
i. Il lui a offert quelque chose de fantastique.
j. Elle m'a dit quelque chose que je ne peux pas croire.
k. Il n'arrive à rien.
l. Rien ne me plaît.
m. J'ai eu de leurs nouvelles.
n. Ça ne te regarde pas !
o. C'était quelque chose de très inhabituel.
p. Pour des clopinettes.
q. Veux-tu un peu de café ?
r. Il n'en est rien !
s. Désirez-vous autre chose ?
t. C'est loupé.

45 Les verbes

Comme en français, les verbes allemands sont :
– **transitifs** (lorsqu'ils peuvent être suivis d'un complément d'objet direct, COD) ;
Ex. : *Sie kauft einen Wagen.* Elle achète une voiture.
– **intransitifs** (lorsqu'ils ne peuvent pas être suivis d'un COD).
Ex. : *Er lacht.* Il rit.

Ils peuvent être également **réfléchis** lorsqu'ils sont accompagnés d'un pronom complément qui représente la même personne que le sujet.
Ex. : *Du versteckst dich.* Tu te caches.   *Ich setze mich.* Je m'assieds.

Certains verbes, dits **impersonnels**, ne se conjuguent qu'à la troisième personne du singulier avec le pronom „*es*" comme sujet.
Ex. : *Es regnet.* Il pleut.   *Es klingelt.* On sonne à la porte.

On trouve en allemand deux grandes catégories de verbes : les verbes appelés « **faibles** », qui sont des verbes réguliers, et une bonne centaine de verbes appelés « **forts** », qui sont des verbes irréguliers. Autant les verbes faibles ne posent pas de problème particulier, autant il est indispensable d'apprendre par cœur les temps simples des verbes forts (voir liste page 128). Il existe aussi une catégorie particulière de verbes faibles : les verbes **faibles irréguliers**.

● Verbes faibles

La conjugaison des verbes faibles ne présente pas de difficulté.
Ex. : *arbeiten* (travailler), *glauben* (croire), *hören* (entendre), *machen* (faire), *studieren* (étudier), etc.

Présent de l'indicatif
Au présent de l'indicatif, on ajoute au radical des verbes faibles les terminaisons suivantes : *-e*, *-st*, *-t*, *-en*, *-t*, *-en*.
Ex. : *glauben* (croire) : *ich glaube, du glaubst, er glaubt, wir glauben, ihr glaubt, sie glauben*.

Pour les verbes dont le radical se termine par *-d*, *-t*, *-m*, *-n*, l'ajout d'un „*e*" dit euphonique s'impose.
Ex. : *Er arbeitet.* Il travaille.   *Du rechnest.* Tu calcules.

Prétérit (équivalent de l'imparfait ou du passé simple en français)
Au prétérit, on ajoute au radical des verbes faibles les terminaisons suivantes : *-te*, *-test*, *-te*, *-ten*, *-tet*, *-ten*.
Ex. : *sagen* (dire) : *ich sagte, du sagtest, er sagte, wir sagten, ihr sagtet, sie sagten*.

Parfait (équivalent du passé composé en français)
Lorsque la première syllabe de l'infinitif est accentuée, le **participe passé** se construit avec : *ge* + **radical du verbe** + (*e*)*t*.
Ex. : *machen* (faire) : *ge-mach-t* (fait).
Les verbes faibles étant pour la plupart transitifs, l'**auxiliaire** utilisé au parfait est **haben** (avoir).
Ex. : *Du hast deine Aufgaben gemacht.* Tu as fait tes devoirs.
Sie hat die Wahrheit gesagt. Elle a dit la vérité.

● Verbes forts
Leur particularité réside dans le changement de voyelle de leur radical.

Présent de l'indicatif
Les verbes forts présentent les mêmes terminaisons que les verbes faibles au présent de l'indicatif. Deux catégories se présentent : celle des verbes forts en „*a*", comme *fahren* (aller, conduire) et celle des verbes forts en „*e*" bref ou long, comme *werfen* (lancer) ou *lesen* (lire).
Ex. : *fahren* : *ich fahre, du fährst, er fährt, wir fahren, ihr fahrt, sie fahren*.
werfen (*e* bref) : *ich werfe, du wirfst, er wirft, wir werfen, ihr werft, sie werfen*.
lesen (*e* long) : *ich lese, du liest, er liest, wir lesen, ihr lest, sie lesen*.

Prétérit (équivalent de l'imparfait ou du passé simple en français)
On ajoute au radical du prétérit les terminaisons suivantes : **-Ø**, **-st**, **-Ø**, **-en**, **-t**, **-en**.
Ex. : *fahren* : *ich fuhrØ, du fuhrst, er fuhrØ, wir fuhren, ihr fuhrt, sie fuhren*.

Parfait (équivalent du passé composé en français)
Lorsque la première syllabe de l'infinitif du verbe est accentuée, le participe passé se construit avec : **ge** + **radical** (avec ou sans changement de voyelle) + **en**.
Ex. : *kommen* (venir) : *ge-komm-en*.   *trinken* (boire) : *ge-trunk-en*.

L'auxiliaire utilisé est **haben** (avoir) ou **sein** (être) avec cependant des constructions différentes du français (voir leçon 51, page 110).
Ex. : *Er hat ein Glas Cola getrunken, hat sein Auto genommen und ist nach Hause gefahren.*
Il a bu un verre de coca, a pris sa voiture et est rentré chez lui.

● Cas particuliers

Verbes faibles irréguliers
Ils présentent à la fois le changement de voyelle au radical du prétérit et du participe (comme les verbes forts) et la terminaison „**-t**" du participe (comme les verbes faibles).
Ex. : *bringen* (apporter, amener) : *wir bringen, wir brachten, wir haben gebracht*.
denken (penser) : *er denkt, er dachte, er hat gedacht*.
kennen (connaître) : *ich kenne, ich kannte, ich habe gekannt*.

Verbes faibles ou forts qui commencent par l'un des préfixes suivants inaccentués :
ge-, miss-, zer-, be-, er-, ent-, emp-, ver-
(Pour bien mémoriser ces préfixes, pensez à la phrase en français : « J'ai mis Cerbère en enfer ».)
Ces verbes ne prennent pas le préfixe „**ge**" au participe passé.
Ex. : *besuchen* (rendre visite à) : *Øbesucht*.
erklären (expliquer) : *Øerklärt*.
gelingen (réussir) : *Øgelungen*.
verlieren (perdre) : *Øverloren*.

Il en va de même pour les verbes qui se terminent en „**-ieren**", avec une racine étrangère.
Ex. : *manipulieren* (manipuler) : *Ømanipuliert*.
transportieren (transporter) : *Øtransportiert*.
telefonieren (téléphoner) : *Øtelefoniert*.

Verbes précédés d'un préfixe accentué
Le „**ge**" du participe passé se place entre le préfixe et le verbe.
Ex. : *Wer hat die Tür aufgemacht?* Qui a ouvert la porte ?

VOCABULAIRE P. 133
Le sport

CORRIGÉS P. 180

1 ▶ Vrai ou faux ?

a. Tous les verbes forts changent de voyelle à la deuxième et à la troisième personnes du singulier au présent de l'indicatif.
b. Les verbes terminés en „-ieren" ne prennent jamais „ge-" au participe passé.
c. Au prétérit, les première et troisième personnes du singulier ont des formes identiques.
d. Les participes passés se construisent toujours avec „ge-" devant leur radical.

2 ▶ Complétez les formes verbales suivantes.

a. Wer gewinn…?
b. Kenn… ihr die Mannschaften?
c. Woher komm… dieser Spieler?
d. Warum läuf… er nicht schneller?
e. Warum antwort… du mir nicht?
f. Wie heiß… der Stürmer?
g. I… er Ausländer?
h. Red… nicht alle zusammen!
i. Warum pfeif… die Leute diesen Spieler aus?
j. Warum w… der Verteidiger vom Platz verwiesen?

3 ▶ Quelle est la deuxième personne du singulier du présent de l'indicatif des verbes suivants ?

a. werfen : du…
b. laufen : …
c. baden : …
d. springen : …
e. fahren : …
f. rennen : …
g. reiten : …
h. verfehlen : …
i. schlagen : …
j. tauchen : …
k. kraulen : …
l. fechten : …

4 ▶ Mettez les phrases suivantes au prétérit.

a. Der Stürmer schießt ein Tor.
b. Der Schiedsrichter führt den Anstoß aus.
c. Die Mannschaften spielen unentschieden.
d. Der Golfspieler nimmt einen Ball in die Hand.
e. Die Bälle unterscheiden sich in Größe und Härte.
f. Langsam rollt der Ball los.
g. Man muss trainieren, um gut zu sein.
h. Es gibt viele Möglichkeiten, sein Können zu beweisen.

5 ▶ Mettez les phrases suivantes au parfait.

a. Die Freizeit-Industrie bringt neue Arbeitsplätze.
b. Der ehemalige Leistungssportler unterrichtet Schüler im Trampolinspringen.
c. Von Trendsportarten will der Sportlehrer nichts wissen.
d. Viele Schüler finden den Schulsport langweilig.
e. Die Bedürfnisse der Schüler bleiben unberücksichtigt.
f. Der Freizeitsport bestimmt das Sportverständnis der Mehrheit.
g. Nicht nur Erwachsene leiden unter Bewegungsmangel.
h. Jugendliche treffen sich in einem Vorort von München zum Skateboarden.

46 Le préfixe verbal

● **Préfixe verbal séparable**

Le radical (ou base verbale) de certains verbes est précédé d'une particule (ou **préfixe verbal**) telle que *auf*, *zu*, *mit*, etc. Comme le préfixe est accentué, le verbe, quand il est conjugué, se sépare de son préfixe verbal.

Dans un groupe infinitif, dans une phrase affirmative ou interrogative
À l'infinitif, le préfixe est soudé au verbe : il forme d'ailleurs avec le verbe un groupe infinitif. Mais dans une phrase affirmative (énonciative) ou interrogative, le préfixe est détaché du verbe, qui occupe la première ou la deuxième place dans la proposition. Observons le verbe suivant : ***auf**stehen* (se lever).
Ex. : *Um 8 Uhr 'aufstehen.* Se lever à 8 heures. (groupe infinitif)
    Sie steht um 8 Uhr 'auf. Elle se lève à 8 heures. (phrase affirmative-énonciative)
    Wer steht um 8 Uhr 'auf? Qui se lève à 8 heures ? (phrase interrogative)

À l'impératif
Lorsque le verbe est en première place à l'impératif, le préfixe garde sa place en fin de proposition, après les compléments.
Ex. : *Steh doch endlich 'auf!* Lève-toi enfin !

Au parfait et dans une subordonnée infinitive
L'élément „*ge*" du participe passé (appelé aussi participe II) comme la particule „*zu*" de l'infinitif s'insère entre le préfixe et le radical du verbe : dans les deux cas, la construction est identique.
Ex. : *Sie ist endlich um 8 Uhr aufgestanden.* Elle s'est finalement levée à 8 heures.
    Sie hat keine Lust, um 8 Uhr aufzustehen. Elle n'a pas envie de se lever à 8 heures.

● **Préfixe verbal inséparable**

Un préfixe inaccentué, comme ***er**-zählen* (raconter) ou ***ver**-lieren* (perdre), ne se trouve jamais séparé du verbe. Au cours de l'apprentissage, il est indispensable de mémoriser les caractéristiques de chaque préfixe.
Au **parfait**, le participe II (participe passé) du verbe ne prend pas la marque „*ge*". Quant à la marque „*zu*" de l'infinitif, elle n'est pas soudée au verbe.
Ex. : *Opa erzählt von seinen Rekorden.* Grand-père parle de ses records.
    Opa hat von seinen Rekorden erzählt. Grand-père a parlé de ses records.
    Um den Sportler nicht aus den Augen zu verlieren, …
    Pour ne pas perdre le sportif de vue, …

Sie ist endlich um 8 Uhr aufgestanden.

Sie hat keine Lust, um 8 Uhr aufzustehen.

VOCABULAIRE P. 133
Le sport

exercices

CORRIGÉS P. 180

conjugaison

1 ▸ Vrai ou faux ?
a. Quand le préfixe verbal est accentué, il est séparable.
b. À l'impératif, le préfixe verbal reste soudé au verbe.
c. Quand le préfixe verbal est inaccentué, il est inséparable.
d. Il existe des verbes à préfixe soit séparable, soit inséparable.

2 ▸ Dans la liste suivante, quels sont les verbes dont le préfixe verbal est séparable ?
aufstellen, gewinnen, verlieren, austragen, besiegen, erleiden, aufgeben, erhalten, anfeuern, zujubeln, auspfeifen, zurückbleiben, einholen, überspringen, ausführen, abstürzen, abwerfen, unterliegen.

3 ▸ Donnez le participe passé de tous les verbes de la liste précédente.

4 ▸ Formez des phrases au présent de l'indicatif en utilisant les verbes entre parenthèses.
a. Der Bergsteiger (abstürzen).
b. Das Pferd den Jungen (abwerfen).
c. Die Fans den armen Spieler (auspfeifen).
d. Der Skifahrer die Skier (anschnallen).
e. Der Radrennfahrer die Führung (übernehmen).
f. Der Schiedsrichter den Anstoß (ausführen).
g. Leider der junge Radrennfahrer (zurückbleiben).
h. Seine Fans ihm (zujubeln).
i. Der Sieger den Pokal (erhalten).

5 ▸ Formez une proposition infinitive avec le groupe entre parenthèses.
a. Er hatte Lust (den Pokal erhalten).
b. Er wollte (einen Rekord aufstellen).
c. Er hatte die Hoffnung aufgegeben (den Gegner einholen).
d. Er hatte vor (die Führung übernehmen).
e. Er möchte (am Spiel teilnehmen).
f. Er war sicher (sein Können beweisen).
g. Er beschloss (sein Idol anfeuern).
h. Er sah (das Pferd den Reiter abwerfen).
i. Er hatte keine Lust (auf den Wettkampf verzichten).
j. Die Bergsteiger sollen nicht vergessen (sich anseilen).
k. Er freut sich (ihn haushoch geschlagen haben).

6 ▸ Traduisez en allemand.
a. Le sportif s'entraîne tous les jours.
b. Les supporters acclament les joueurs.
c. Jouez-vous au football ?
d. Il fait de la moto pendant les vacances.
e. Elle lance son cerf-volant.

47 Les temps

On peut distinguer les **temps simples** des **temps composés**.
Les temps simples sont : le **présent de l'indicatif**, le **prétérit**, le **présent des subjonctifs I et II**.
Les temps composés sont : le **parfait**, le **plus-que-parfait** et le **futur**. Ils font appel à un **auxiliaire** : *sein*, *haben* ou *werden*.

● Temps simples

Présent de l'indicatif
Pour les conjugaisons du présent de l'indicatif : voir pages 97, 98, 104, 106, 108 et 110.
Attention ! les verbes de modalité (voir page 24) n'ont pas de terminaison spécifique à la première et à la troisième personne du singulier.
Ex. : *ich darf* (j'ai l'autorisation de), *sie will* (elle veut).

Prétérit
Pour les conjugaisons du prétérit : voir pages 97, 98, 104, 106 et 108.

Présent des subjonctifs I et II
Pour les conjugaisons du présent des subjonctifs I et II : voir leçon 54, page 116.
On utilise le présent du subjonctif I pour le **style indirect**.
Le présent du subjonctif II (équivalent du conditionnel présent en français) est le **mode de l'irréel**.

● Temps composés

Ils font appel à un **auxiliaire** : *haben*, *sein* ou *werden* (voir leçon 51, page 110).

Parfait
Le parfait se forme à partir de l'auxiliaire *haben* ou *sein* au présent de l'indicatif, complété par le **participe II** (participe passé) qui se place en fin de phrase.
Ex. : *Sie haben lange miteinander gesprochen und sind die ganze Zeit auf dem Sportplatz geblieben.* Ils ont bien discuté et sont restés longtemps sur le terrain de sport.

Plus-que-parfait
Le plus-que-parfait se forme à partir de l'auxiliaire *haben* ou *sein* au prétérit. Comme pour le parfait, le **participe II**, faible ou fort, se place en fin de phrase.
Ex. : *Wir waren nach Heidelberg gefahren und hatten gegen ihre Mannschaft sehr gut gespielt.* Nous étions allés à Heidelberg et avions très bien joué contre leur équipe.

Futur
Le futur se forme à partir de l'auxiliaire *werden* au présent de l'indicatif : *ich werde, du wirst, er wird, wir werden, ihr werdet, sie werden* (attention aux formes irrégulières des deuxième et troisième personnes du singulier !), suivi de la **forme infinitive** du verbe. Cette forme infinitive se place en fin de phrase.
Ex. : *Ich kann es dir sagen: sie werden so bald wie möglich trainieren.*
Je peux te le dire : ils s'entraîneront dès que possible.

D'une manière générale, le futur est assez peu employé en allemand du fait des indicateurs de temps (adverbes) qui précisent l'idée du futur. Le présent de l'indicatif peut souvent avoir une valeur de futur proche.
Ex. : *Der Trainer kommt morgen. Nächste Woche haben wir ein Fußballspiel.*
L'entraîneur viendra demain. Nous aurons un match de football la semaine prochaine.

VOCABULAIRE P. 133
Le sport

CORRIGÉS P. 181

1 ▸ Vrai ou faux ?

a. Le futur est, en allemand, un temps composé.
b. Le présent du subjonctif II des verbes faibles présente des formes identiques à celles du prétérit de l'indicatif.
c. Il n'y a aucune exception au présent du subjonctif I.
d. Les verbes de modalité n'ont pas de marque à la première et à la troisième personne du singulier du présent de l'indicatif.

2 ▸ Mettez à la bonne place et au présent de l'indicatif les verbes entre parenthèses.

a. Er einen Rekord brechen (wollen).
b. Der Marathonlauf in fünf Minuten (anfangen).
c. Ihr schon atemlos (sein)?
d. Der Läufer am Staffellauf (teilnehmen).
e. Das Kanu ihm (gefallen).
f. Du mitmachen (dürfen)?
g. Er gern Eis (laufen).
h. Er jeden Tag trainieren (müssen).
i. Du den Puck der Eishockeyspieler (sehen)?

3 ▸ Mettez les phrases suivantes au prétérit.

a. Sie schwimmen über den Fluss.
b. Borussia gewinnt 2 zu 0.
c. Sie reiten heute 10 km.
d. Unsere Mannschaft siegt mühelos.
e. Sie treiben regelmäßig Sport.
f. Sie will frische Luft schnappen.
g. Warum gibt er den Ball nicht ab?
h. Der Spieler wärmt sich auf.
i. Er fährt aufs offene Meer hinaus.

4 ▸ Voici des formes verbales à la troisième personne du singulier. Classez-les selon les temps suivants : présent de l'indicatif ; prétérit de l'indicatif ; présent du subjonctif I ; présent du subjonctif II ; parfait ; plus-que-parfait.

warf ; nähme ; las ; führe ; ritt ; ist gelaufen ; wirft ; focht ; liest ; lief ; gewinne ; fährt ; liefe ; weiß ; war gefahren ; ist gegangen ; verlöre ; ging ; hatte verloren ; wisse ; ficht ; bräche ; ist geritten ; schlüge ; wüsste.

„Eile mit Weile."

48 Les verbes faibles

Tous les **verbes faibles** suivent ce modèle.
Prenons par exemple le verbe **kaufen** (acheter). Auxiliaire : *haben* ; participe présent : *kaufend* ; participe passé : *gekauft* ; infinitif passé : *gekauft haben*.

Présent	Prétérit	Parfait
Ich kaufe	Ich kaufte	Ich habe … gekauft
Du kaufst	Du kauftest	Du hast … gekauft
Er/sie/es kauft	Er/sie/es kaufte	Er/sie/es hat … gekauft
Wir kaufen	Wir kauften	Wir haben … gekauft
Ihr kauft	Ihr kauftet	Ihr habt … gekauft
Sie kaufen	Sie kauften	Sie haben … gekauft

Futur	Plus-que-parfait	Impératif
Ich werde … kaufen	Ich hatte … gekauft	Kauf!
Du wirst … kaufen	Du hattest … gekauft	Kauft!
Er/sie/es wird … kaufen	Er/sie/es hatte … gekauft	Kaufen Sie!
Wir werden … kaufen	Wir hatten … gekauft	
Ihr werdet … kaufen	Ihr hattet … gekauft	
Sie werden … kaufen	Sie hatten … gekauft	

Subjonctif I Présent	Subjonctif I Passé	Subjonctif I Futur
Ich kaufe	Ich habe … gekauft	Ich werde …kaufen
Du kaufest	Du habest … gekauft	Du werdest … kaufen
Er/sie/es kaufe	Er/sie/es habe … gekauft	Er/sie/es werde … kaufen
Wir kaufen	Wir haben … gekauft	Wir werden … kaufen
Ihr kaufet	Ihr habet … gekauft	Ihr werdet … kaufen
Sie kaufen	Sie haben … gekauft	Sie werden … kaufen

Subjonctif II Présent	Subjonctif II Passé	Subjonctif II Futur
Ich kaufte	Ich hätte … gekauft	Ich würde … kaufen
Du kauftest	Du hättest … gekauft	Du würdest … kaufen
Er/sie/es kaufte	Er/sie/es hätte … gekauft	Er/sie/es würde … kaufen
Wir kauften	Wir hätten … gekauft	Wir würden … kaufen
Ihr kauftet	Ihr hättet … gekauft	Ihr würdet … kaufen
Sie kauften	Sie hätten … gekauft	Sie würden … kaufen

VOCABULAIRE P. 134
Les loisirs

exercices

CORRIGÉS P. 181

1 ▶ Vrai ou faux ?
   a. Le futur utilise toujours l'auxiliaire *haben*.
   b. On forme le participe présent en ajoutant un „-d" à l'infinitif.
   c. Le participe passé d'un verbe faible se termine toujours par un „-t".
   d. Le prétérit de l'indicatif et le présent du subjonctif II d'un verbe faible présentent les mêmes formes.

2 ▶ Formez des phrases au présent de l'indicatif en utilisant le verbe entre parenthèses.
   a. Die Urlauber (sich ausruhen).
   b. Ein Mann eine Angel (zusammensetzen).
   c. Am Sonntag er (angeln).
   d. Jeden Sommer wir in der Bretagne (zelten).
   e. Andere gern im Gebirge (wandern).
   f. Ich über das Programm (sich informieren).
   g. Ihr oft Radio (hören)?
   h. Nein, wir lieber Fußball (spielen).

3 ▶ Mettez les phrases suivantes au prétérit.
   a. Du setzt die Angel zusammen.
   b. Der Jäger sucht das Wild.
   c. Sie räuchern den gefangenen Fisch.
   d. Die Urlauber faulenzen den ganzen Tag.
   e. Sie zeigen Freunden ihre Fotos.
   f. Sie entwickeln ihre Filme selbst.

4 ▶ Mettez les phrases suivantes au parfait.
   a. Sie zerstreuen sich.
   b. Die Kinder spielen gern im Freien.
   c. Sie interessiert sich für deine Briefmarkensammlung.
   d. Er mogelt immer.
   e. Kaufst du einen Billardtisch?
   f. Sie sagt uns gern wahr.
   g. Das macht mir Spaß.

5 ▶ Mettez les phrases suivantes à l'impératif.
   a. Ihr sollt nicht auf den Baum klettern.
   b. Ihr sollt euch anseilen.
   c. Du sollst schwimmen lernen.
   d. Du sollst keinen Bauchklatscher machen.
   e. Du sollst die Karten mischen.
   f. Herr Moos, Sie sollten die Spielregeln beachten.
   g. Du sollst dich entschuldigen.
   h. Sie sollten Ferien machen, Herr Moos.
   i. Du sollst deine Reifen aufpumpen.
   j. Du sollst öfter basteln.
   k. Du sollst dieses Foto vergrößern.
   l. Du sollst im Takt tanzen.

conjugaison

49 Les verbes forts

Les **verbes forts** ont tous la voyelle du radical de l'infinitif qui change au prétérit et, pour certains, également au participe passé.
De plus, deux familles de verbes forts présentent une modification du radical de l'infinitif au présent de l'indicatif (deuxième et troisième personnes du singulier).
Les verbes en „e" changent leur „e" en „i" bref ou „ie" long.
Ex. : g**e**ben (donner) : ich gebe, du gibst, er gibt…
    s**e**hen (voir) : ich sehe, du siehst, er sieht…
Les verbes en „a" changent leur „a" en „ä".
Ex. : schl**a**fen (dormir) : ich schlafe, du schläfst, er schläft…

Prenons par exemple le verbe **singen** (chanter) : s**a**ng, ges**u**ngen.
Auxiliaire : haben ; participe présent : sing**e**nd ; participe passé : ges**u**ngen ; infinitif passé : gesungen haben.

Présent	Prétérit	Parfait
Ich singe	Ich sang	Ich habe … gesungen
Du singst	Du sangst	Du hast … gesungen
Er/sie/es singt	Er/sie/es sang	Er/sie/es hat … gesungen
Wir singen	Wir sangen	Wir haben … gesungen
Ihr singt	Ihr sangt	Ihr habt … gesungen
Sie singen	Sie sangen	Sie haben … gesungen

Futur	Plus-que-parfait	Impératif
Ich werde … singen	Ich hatte … gesungen	Sing!
Du wirst … singen	Du hattest … gesungen	Singt!
Er/sie/es wird … singen	Er/sie/es hatte … gesungen	Singen Sie!
Wir werden … singen	Wir hatten … gesungen	
Ihr werdet … singen	Ihr hattet … gesungen	
Sie werden … singen	Sie hatten … gesungen	

Subjonctif I Présent	Subjonctif I Passé	Subjonctif I Futur
Ich singe	Ich habe … gesungen	Ich werde … singen
Du singest	Du habest … gesungen	Du werdest … singen
Er/sie/es singe	Er/sie/es habe … gesungen	Er/sie/es werde … singen
Wir singen	Wir haben … gesungen	Wir werden … singen
Ihr singet	Ihr habet … gesungen	Ihr werdet … singen
Sie singen	Sie haben … gesungen	Sie werden … singen

Subjonctif II Présent	Subjonctif II Passé	Subjonctif II Futur
Ich sänge	Ich hätte … gesungen	Ich würde … singen
Du sängest	Du hättest … gesungen	Du würdest … singen
Er/sie/es sänge	Er/sie/es hätte … gesungen	Er/sie/es würde … singen
Wir sängen	Wir hätten … gesungen	Wir würden … singen
Ihr sänget	Ihr hättet … gesungen	Ihr würdet … singen
Sie sängen	Sie hätten … gesungen	Sie würden … singen

VOCABULAIRE P. 134
Les loisirs

CORRIGÉS P. 182

1 ▶ Vrai ou faux ?
a. Le participe passé des verbes forts se termine toujours par „-en".
b. L'auxiliaire d'un verbe fort au parfait est toujours *sein*.
c. La voyelle du radical de l'infinitif d'un verbe fort ne change jamais.
d. Certains verbes forts ont un présent de l'indicatif régulier.

2 ▶ Formez des phrases au présent de l'indicatif en utilisant le verbe entre parenthèses.
a. Das Kind seinen Drachen steigen (lassen).
b. Du Seil (springen)?
c. Jeden Sonntag er Rad (fahren).
d. Er seinem Hobby (nachgehen).
e. Das Kind nur das Spielen im Kopf (haben).
f. Warum er keine Spielregel (einhalten)?
g. Er in die Pedale (treten).
h. Sie nicht gern beim Spiel (verlieren).
i. Er mit Pfeil und Bogen (schießen).
j. Er mir den Ball (zuwerfen).

3 ▶ Donnez l'infinitif des participes passés suivants.
gelaufen, gesprungen, gefahren, teilgenommen, ferngesehen, geworfen, geschlagen, eingehalten, nachgegangen, getreten, gestiegen, verloren, gewonnen, geschossen.

4 ▶ Donnez-en la troisième personne du singulier du parfait.

5 ▶ Mettez au prétérit les phrases suivantes.
a. Die Spieler bleiben unbesiegt.
b. Sie gewinnen 3 zu 1.
c. Sie geben einen Empfang.
d. Sie laden viele Freunde ein.
e. Sie sitzen dicht gedrängt wie die Heringe.
f. Einige essen viel und trinken noch mehr!
g. Er fährt Motorrad.
h. Ich verliere immer beim Spiel.
i. Sie gehen auf die Jagd.

6 ▶ Transposez les phrases suivantes à l'impératif.
a. Du sollst mir den Ball zuwerfen.
b. Du sollst nicht so schnell fahren.
c. Du sollst bitte den Fuß vom Pedal nehmen.
d. Du sollst in die Pedale treten.
e. Ihr sollt dieses Spiel nicht verlieren.
f. Du sollst deinen Drachen steigen lassen.
g. Du sollst nicht den ganzen Tag schlafen.
h. Du sollst fair sein.
i. Ihr sollt mehr Fische fangen.
j. Du sollt nicht mit leeren Händen zurück kommen.

conjugaison

50 Les verbes faibles irréguliers

On les appelle « **irréguliers** » car ils se différencient des autres verbes faibles. Ils sont **faibles** car ils prennent les terminaisons des verbes faibles au prétérit et le „**-t**" au participe passé. Ils sont aussi **forts** car leur voyelle du radical change.
Ex. : b*r*ingen (apporter) : br**a**chte, gebr**a**cht.
d**e**nken (penser) : d**a**chte, ged**a**cht.
r**e**nnen (courir) : r**a**nnte, ger**a**nnt.

Deux exceptions
Les verbes **senden** (envoyer) et **wenden** (tourner) conservent deux formes différentes aux temps du passé :
– s**e**nden, s**e**nd**ete**, ges**e**ndet : soit un prétérit et un participe passé faibles,
ou bien s**e**nden, s**a**ndte, ges**a**ndt ;
– w**e**nden, w**e**nd**ete**, gew**e**ndet,
ou bien w**e**nden, w**a**ndte, gew**a**ndt.
Cette dernière forme est surtout employée avec le pronom réfléchi *sich* avec le sens de s'adresser à quelqu'un, se tourner vers quelqu'un.

● Liste des verbes faibles irréguliers

brennen	brannte	gebrannt	cuire, brûler
bringen	brachte	gebracht	apporter, amener
denken	dachte	gedacht	penser
kennen	kannte	gekannt	connaître
nennen	nannte	genannt	nommer
rennen	rannte	gerannt (+ sein)	courir
senden	sandte, sendete	gesandt, gesendet	envoyer, émettre
wenden	wandte, wendete	gewandt, gewendet	tourner
wissen*	wusste	gewusst	savoir

* **Attention !** à sa conjugaison irrégulière au présent de l'indicatif : *ich weiß, du weißt, er weiß, wir wissen, ihr wisst, sie wissen.*

● Conjugaison

Prenons par exemple les verbes *bringen* et *rennen*.

	Présent de l'indicatif		**Prétérit**		**Parfait**	
Ich	bringe	renne	brachte	rannte	habe gebracht	bin gerannt
Du	bringst	rennst	brachtest	ranntest	hast gebracht	bist gerannt
Er, sie, es	bringt	rennt	brachte	rannte	hat gebracht	ist gerannt
Wir	bringen	rennen	brachten	rannten	haben gebracht	sind gerannt
Ihr	bringt	rennt	brachtet	ranntet	habt gebracht	seid gerannt
Sie	bringen	rennen	brachten	rannten	haben gebracht	sind gerannt

Remarque : Le présent du subjonctif II des verbes *brennen* (brûler), *kennen* (connaître), *nennen* (nommer) et *rennen* (courir) est irrégulier : *brennte, kennte, nennte, rennte*.

VOCABULAIRE P. 135
La société

CORRIGÉS P. 182

1 ▸ **Vrai ou faux ?**
   a. Le présent de l'indicatif des verbes faibles irréguliers est régulier.
   b. Les verbes faibles irréguliers ont à la fois des formes faibles et des formes fortes.
   c. Tous les parfaits des verbes faibles irréguliers ont haben pour auxiliaire.
   d. Tous les verbes faibles irréguliers conservent deux formes au prétérit et au participe passé.

2 ▸ **Quel verbe irrégulier manque-t-il dans les phrases suivantes ? Conjuguez-le au présent.**
   a. In dieser Stadt … ich niemanden.
   b. Ich heiße Clemens, aber meine Freunde … mich Clem.
   c. Für meine Aufenthaltserlaubnis muss ich mich an die Botschaft … .
   d. Ich … auch einen Wohnungsnachweis mit.
   e. Meine Mutter … mir alle anderen nötigen Papiere.
   f. Ich … nämlich daran, hier weiterzustudieren.
   g. Muss ich noch lange zu den Ämtern … ?
   h. Warum öffnet dieses Büro nicht sofort? Ich … vor Ungeduld.

3 ▸ **Voici des formes verbales à la troisième personne du singulier. À quel temps sont-elles ?**

	Présent de l'indicatif	Prétérit	Présent du subjonctif I	Présent du subjonctif II
dächte	☐	☐	☐	☐
brenne	☐	☐	☐	☐
wendete	☐	☐	☐	☐
rennt	☐	☐	☐	☐
sende	☐	☐	☐	☐
dachte	☐	☐	☐	☐
brannte	☐	☐	☐	☐
wendet	☐	☐	☐	☐
bringt	☐	☐	☐	☐
denke	☐	☐	☐	☐
kennt	☐	☐	☐	☐
brennte	☐	☐	☐	☐
sandte	☐	☐	☐	☐
denkt	☐	☐	☐	☐
brächte	☐	☐	☐	☐
kenne	☐	☐	☐	☐
rannte	☐	☐	☐	☐
nennte	☐	☐	☐	☐
brachte	☐	☐	☐	☐
nenne	☐	☐	☐	☐
sendete	☐	☐	☐	☐
wandte	☐	☐	☐	☐
kannte	☐	☐	☐	☐
sendet	☐	☐	☐	☐
bringe	☐	☐	☐	☐
brennt	☐	☐	☐	☐

conjugaison

51 Les trois auxiliaires : *haben, sein, werden*

Haben (avoir), **sein** (être) et **werden** (devenir) sont tous les trois des **verbes** à part entière (c'est-à-dire qu'ils peuvent s'employer et se conjuguer comme de simples verbes) avant d'être des **auxiliaires** : *haben* et *sein* interviennent au parfait, au plus-que-parfait de l'indicatif et au passé des subjonctifs I et II, alors que *werden* intervient pour la formation du futur (simple, antérieur de l'indicatif et des subjonctifs I et II) et du passif.

● *Haben*

Haben est utilisé avec :
– les **verbes transitifs** (suivis d'un COD) ;
Ex. : *Hast du deine Aufgaben gemacht?* As-tu fait tes devoirs ?
– les **verbes indiquant une position** ;
Ex. : *Sie haben eine Viertelstunde gestanden.* Ils sont restés debout pendant un quart d'heure.
– les **verbes pronominaux et réfléchis** ;
Ex. : *Wir haben uns gestern getroffen.* Nous nous sommes rencontrés hier.
– les **verbes intransitifs qui indiquent un état**.
Ex. : *Wir haben nur zwei Stunden geschlafen.* Nous n'avons dormi que deux heures.

● *Sein*

Sein est utilisé avec :
– les **verbes intransitifs qui expriment un changement de lieu** ;
Ex. : *Ich bin in die Schule gekommen.* Je suis allé(e) à l'école.
– les **verbes intransitifs exprimant un changement d'état** ;
Ex. : *Mein Großvater ist schnell eingeschlafen.* Mon grand-père s'est endormi rapidement.
   Die Stadt von gestern ist anders geworden. La ville d'hier a changé (est devenue autre).
– les deux **verbes d'état** : **bleiben** (rester) et ***sein*** (être).
Ex. : *Wie lange seid ihr in der Schule geblieben?*
   Combien de temps êtes-vous resté(e)s à l'école ?
   Sie sind lange unsichtbar gewesen. Ils sont restés (ont été) longtemps invisibles.

● *Werden*

Werden est utilisé pour :
– **former le futur** : *werden* (auxiliaire conjugué au présent de l'indicatif) + **infinitif du verbe** ;
Ex. : *Er wird nicht zur Prüfung kommen.* Il ne viendra pas à l'examen.
– **former le passif** qui indique le déroulement ou la description d'une activité en cours :
werden (auxiliaire conjugué au présent de l'indicatif) + **participe passé du verbe**.
Ex. : *Für diese Meinungsumfrage werden viele Studenten befragt.*
   De nombreux étudiants ont été interrogés pour ce sondage.
Pour la formation des futurs des subjonctifs I et II, voir leçon 54, page 116.

● Indicatif présent des trois auxiliaires

	Haben	*Sein*	*Werden*
Ich	habe	bin	werde
Du	hast	bist	wirst
Er, sie, es	hat	ist	wird
Wir	haben	sind	werden
Ihr	habt	seid	werdet
Sie	haben	sind	werden

VOCABULAIRE P. 135
La société

CORRIGÉS P. 183

1 ▸ **Vrai ou faux ?**
   a. *Haben*, *sein* et *werden* ne sont utilisés que comme auxiliaires.
   b. *Werden* est l'auxiliaire du futur et du passif.
   c. L'auxiliaire utilisé pour les verbes pronominaux est toujours *sein*.
   d. L'auxiliaire *haben* est utilisé pour les verbes transitifs.

2 ▸ **Complétez par *haben*, *sein* ou *werden*.**
   a. Wer … Sie?
   b. Wie alt … Sie?
   c. … Sie Hobbys?
   d. Wie lange … Sie in der Mensa geblieben?
   e. Welche Fächer … Sie bevorzugt?
   f. Welche Branche … Sie wählen?
   g. Wissen Sie, dass die Universität Heidelberg 1386 gegründet …?

3 ▸ **Classez ces phrases en deux groupes : futur ou passif.**
   a. Werden wir in den nächsten Jahren neue Ideale finden können?
   b. Vielleicht wird die Gentechnologie einige Probleme lösen.
   c. Die Fragen werden klar gestellt.
   d. Die Theorie muss aber jetzt in die Praxis umgesetzt werden.
   e. Die Ethik muss strengstens beachtet werden.
   f. Das Leben wird durch die Fortschritte der Medizin einen neuen Sinn erhalten.

4 ▸ ***Haben*, *sein* et *werden* sont-ils, dans les phrases suivantes, des auxiliaires ou des verbes à part entière ?**
   a. Die Gentechnologie ist die Schlüsseltechnologie des 21. Jahrhunderts.
   b. Ihre Anwendungen sind zahlreich.
   c. Medikamente werden durch Biotechnologie hergestellt.
   d. Die Gentechnologie kann aber auch missbraucht werden.
   e. Politiker werden sich dieses Problems bewusst.
   f. Die Gesetzgebung wird feste Regeln festlegen, um jeden Missbrauch zu verhindern.
   g. Das Problem ist um so akuter, als dieser Kampf weltweit geführt werden muss.
   h. Die Gefahr wird immer größer.
   i. Aus ihren Plänen ist nichts geworden.
   j. Das wird zur fixen Idee.
   k. An ihrer Stelle würde ich das Angebot annehmen.

5 ▸ **Mettez les phrases suivantes à l'impératif.**
   a. Du sollst nicht so laut sein.
   b. Ihr sollt bessere Noten in Mathe haben.
   c. Ihr sollt aufmerksam sein.
   d. Du sollst nicht frech werden.
   e. Ihr sollt gehorsam werden.
   f. Du sollst gut gelaunt sein.
   g. Du sollst nicht rot werden.
   h. Herr Müller, Sie sollten nachsichtig sein.
   i. Frau Müller, Sie sollten geduldiger werden.

52 Les verbes de modalité

● Définition et emploi

Les **verbes de modalité** (ou auxiliaires de mode) sont au nombre de **six** (*dürfen, können, müssen, sollen, mögen* et *wollen*) et sont souvent employés en allemand.
Ils représentent trois concepts de base : **devoir**, **pouvoir** et **vouloir**.

Devoir
Müssen (la nécessité, la contrainte, l'obligation, la forte probabilité)
Ex. : *Er muss zu Hause bleiben.* Il doit rester à la maison.
     Ich muss jetzt essen. Il faut maintenant que je mange.

Sollen (l'obligation morale, la règle)
Ex. : *Du sollst nicht stehlen.* Tu ne dois pas voler.
     Soll ich ihm helfen? Est-ce que je dois l'aider ?

Pouvoir
Können (la capacité physique, intellectuelle)
Ex. : *Er kann Deutsch sprechen.* Il peut (dans le sens de savoir) parler allemand.
     Du kannst diesen Text übersetzen. Tu peux traduire ce texte.

Dürfen (la permission, l'autorisation)
Ex. : *Dürfen wir anfangen?* Pouvons-nous (avons-nous le droit de) commencer ?
     Du darfst meinen Computer benützen. Tu peux utiliser mon ordinateur.

Vouloir
Wollen (la volonté, l'intention)
Ex. : *Er will einen Hund kaufen.* Il veut acheter un chien.
     Wir wollen in Paris bleiben. Nous voulons rester à Paris.

Mögen (le désir, le souhait, le fait d'apprécier)
Ex. : *Ich mag meine Sportlehrerin.* J'aime bien ma prof de sport.
     Ich möchte ihr helfen. J'aimerais bien l'aider.

● L'idée de probabilité

Les verbes de modalité peuvent aussi exprimer la **probabilité**, à des degrés différents (voir leçon 17, page 40).

Certitude
Ex. : *Er muss um 7 Uhr ankommen.* Il doit arriver à 7 heures.

Grande probabilité
Ex. : *Er dürfte um 7 Uhr ankommen.*
     Il devrait arriver à 7 heures, selon toute vraisemblance.

Possibilité
Ex. : *Er kann um 7 Uhr ankommen.* Il se peut qu'il arrive à 7 heures.

Supposition
Ex. : *Er soll um 7 Uhr ankommen.* On dit qu'il va arriver à 7 heures.

Invraisemblance
Ex. : *Er will um 7 Uhr ankommen.* Il pense (pouvoir) arriver à 7 heures.

VOCABULAIRE P. 135
L'éducation

exercices

CORRIGÉS P. 183

1 ▸ Vrai ou faux ?
a. Au présent de l'indicatif, les première et troisième personnes du singulier des verbes de modalité sont identiques.
b. Les verbes de modalité perdent leur inflexion aux personnes du singulier du présent de l'indicatif.
c. Leur infinitif complément est toujours précédé de *zu*.
d. Tous ces verbes peuvent prendre des sens particuliers en fonction de la modalisation des énoncés (voir leçon 17, page 40).

2 ▸ Complétez par le verbe de modalité qui convient au présent de l'indicatif.
a. Eine internationale Studie, die bald offiziell vorgestellt werden …, belegt es: Deutsche Schüler sind nur noch Mittelmaß.
b. Jeder fünfte Schüler … nämlich nicht sicher lesen.
c. Deshalb … diese Schüler nicht gut mitkommen.
d. Die Regierung … Geld in die Bildung investieren, sonst … sich die Situation nicht bessern.
e. Was … man da machen?

3 ▸ Complétez par le verbe de modalité qui convient au prétérit.
a. Die Faulenzer … Unfug treiben, um den Unterricht zu stören.
b. Das … sie aber nicht!
c. Da … sie nachsitzen.
d. Sie … sich nicht mehr dieser verdammten Disziplin beugen.

4 ▸ Comment dire la même chose avec un verbe de modalité ?
a. <u>Es heißt</u>, dass dieser Schüler viel nachzuholen hat.
b. Da er Radau gemacht hat, <u>ist er jetzt gezwungen</u>, das Versäumte nachzuholen.
c. <u>Es ist ihm unmöglich</u>, sich am Unterricht zu beteiligen.
d. <u>Er hat sowieso vor</u>, nächstes Jahr die Schule zu verlassen.
e. Jeden Tag <u>hat</u> er Lust die Schule zu schwänzen.
f. <u>Er lehnt es ab</u>, seine Wissenslücken zu ausfüllen.
g. Er <u>hört gern</u> Rap.
h. Er <u>behauptet</u>, dass er überfordert ist.
i. <u>Vielleicht</u> spielt er noch beim Nachbarn.
j. Er <u>hatte doch nicht die Erlaubnis</u>, nach draußen zu gehen.

5 ▸ Transposez les phrases suivantes au parfait.
a. Er muss Fortschritte machen.
b. Das kann er nicht!
c. Die Eltern sollen ihm helfen.
d. Sie wollen sein Bestes.
e. Er will nichts davon wissen.
f. Er muss aber an die Arbeit.
g. Das weiß er!
h. Wir wissen uns in guten Händen.
i. Sie soll sich deswegen keine Gedanken machen.
j. Was will er von euch?
k. Wir müssen lachen.
l. Für seine Schwächen kann er doch nichts!

conjugaison

53 L'impératif, les participes présent (participe I) et passé (participe II)

● L'impératif

L'**impératif** sert à exprimer l'**ordre**, le **conseil**, la **prière**. Il se forme à partir du radical du verbe à l'infinitif : **lern**-en (apprendre), **schreib**-en (écrire), **diktier**-en (dicter).

Deuxième personne du singulier
On utilise le **radical du verbe à l'infinitif** auquel on peut ajouter un „**-e**" (facultatif).
Ex. : *Lern(e) doch! Schreib(e) schneller!* Apprends donc ! Écris plus vite !
Ce „**-e**" est obligatoire :
– pour les verbes dont le radical impose au présent de l'indicatif la présence d'un „-e" dit euphonique ;
Ex. : *Zeichne!* Dessine !   *Antworte!* Réponds !   *Finde!* Trouve !
– pour les verbes qui se terminent par „**-eln**" tels que : *handeln* (agir), *sammeln* (collectionner) dont le „-e" du radical est élidé à la première personne du présent de l'indicatif : *Handle!* Agis !
Exception : Les verbes forts en „-e" changent leur voyelle du radical comme au présent de l'indicatif et ne prennent jamais de „-e" final.
Ex. : *Gib mal her!* Donne !   *Nimm einen Bleistift!* Prends un crayon !

Deuxième personne du pluriel
On ajoute „**-t**" ou „**-et**" au radical du verbe, comme au présent de l'indicatif.
Ex. : *Diktiert langsamer! Antwortet gut!* Dictez plus lentement ! Répondez bien !

Première personne du pluriel et formule de politesse
On utilise la forme du présent de l'indicatif, suivie du pronom. Les pronoms *wir* et *Sie* sont obligatoires.
Ex. : *Lesen wir!* Lisons !   *Lesen Sie!* Lisez !
Attention ! l'auxiliaire *sein* (être) est particulier.
Ex. : *Sei vorsichtig! Seid vorsichtig! Seien Sie vorsichtig!*
    Sois prudent ! Soyez prudents ! Soyez prudent ! (forme de politesse)

● Le participe présent (participe I)

Le **participe présent** se forme toujours en ajoutant „**-d**" à l'infinitif du verbe.
Ex. : *singen = singend* : (en) chantant, *schlafen = schlafend* : (en) dormant.
On l'utilise aussi comme adjectif épithète : *das singende Kind*, l'enfant chantant (= qui chante).
Le participe présent est utile pour construire une proposition qualificative (voir leçon 16, page 38).

● Le participe passé (participe II)

Le **participe passé** est formé à partir du **radical d'un verbe** soit « faible » soit « fort ».
Verbes faibles : *lernen = **ge**- lern -**t** = gelernt.*
Ex. : *Hast du die Lektion auswendig gelernt?* As-tu appris la leçon par cœur ?
Verbes forts : *schlafen = **ge**- schlaf -**en** = sans changement de voyelle du radical ;
        singen = **ge**- sung -**en** = avec changement de voyelle du radical.*
Ex. : *Wir haben lange geschlafen.* Nous avons dormi longtemps.
    Du hast zu schnell gesungen. Tu as chanté trop vite.

VOCABULAIRE P. 136
L'environnement

CORRIGÉS P. 184

1 ▸ Vrai ou faux ?
a. L'impératif se forme à partir du radical du verbe à l'infinitif.
b. L'impératif ne présente aucune exception à la première personne du pluriel et à la forme de politesse.
c. Les verbes en „-ieren" n'ont pas de marque „-ge" au participe passé.
d. L'impératif de *werden* est régulier.

2 ▸ Mettez aux trois formes de l'impératif les groupes infinitifs suivants.
a. Sich nicht mit der Umweltverschmutzung abfinden.
b. Uns auf die Luftverpestung aufmerksam machen.
c. Konkrete Beispiele geben.
d. Weniger verschmutzen.
e. Lösungen vorschlagen.
f. Erklären, was für ein Gas Ozon ist.
g. Kein Risiko eingehen.
h. Die öffentlichen Verkehrsmittel benutzen.
i. Das Auto mit einem Katalysator ausstatten.

3 ▸ Transposez l'ordre directement à l'impératif.
a. Ihr sollt den Fluss nicht vergiften.
b. Ihr sollt umweltfreundlich sein.
c. Der Direktor soll die Gewässer rein halten.
d. Ihr sollt die Schönheit der Natur entdecken.
e. Der Minister soll die Konsequenzen aus der Katastrophe ziehen.
f. Ihr sollt euch zusammenschließen.
g. Du sollst nichts wegwerfen.
h. Du sollst die Natur schützen.
i. Du sollst Luft schnappen.
j. Der Bürgermeister soll die Entsorgungsprobleme lösen.
k. Ihr sollt die Küste nicht zerstören.
l. Ihr sollt die Umweltverschmutzung verringern.
m. Der Politiker soll auf seinen Plan verzichten.
n. Ihr sollt den menschlichen Aspekt berücksichtigen.
o. Du sollst dem Umweltschutz Vorrang geben.

4 ▸ Quel est le participe passé des verbes suivants ?
ausstatten, benutzen, eingehen, entdecken, erklären, geben, halten, lösen, sein, vergiften, verringern, verschmutzen, verzichten, vorschlagen, wegwerfen, zerstören, ziehen.

5 ▸ Traduisez en français.
a. Stehendes Gewässer.
b. Das ausgetretene Öl.
c. Eine steigende Anzahl.
d. Die auftretende Ölpest.
e. Der alles vernichtende Stoff.
f. Die verseuchten Orte.
g. Die selten gewordenen Elemente.

conjugaison

54 Les subjonctifs I et II

● Subjonctif I

Le **subjonctif I** est principalement utilisé dans le **discours indirect** (voir leçon 13, page 32). On peut aussi le trouver dans la subordonnée concessive et dans certaines formulations. Ex. : *Möge sie bald heiraten!* Puisse-t-elle bientôt se marier !

Présent
Comme à l'impératif, le **présent** du subjonctif I se forme à partir du radical de l'infinitif du verbe ou de l'auxiliaire. Il prend les terminaisons suivantes : **-e, -est, -e, -en, -et, -en**, que le verbe soit faible ou fort. L'auxiliaire *sein* (aux personnes du singulier) est la seule exception.
Ex. : sehen (voir) : *ich sehe, du **sehest**, er sehe, wir sehen, ihr **sehet**, sie sehen*.
     wollen (vouloir) : *ich **wolle**, du **wollest**, er **wolle**, wir wollen, ihr **wollet**, sie wollen*.
     sein (être) : *ich **sei**, du **seist**, er **sei**, wir **seien**, ihr **seiet**, sie **seien***.
(Les formes en gras indiquent les changements par rapport au présent de l'indicatif.)

Futur
Le **futur** du subjonctif I se forme avec l'auxiliaire **werden** conjugué au présent du subjonctif I *(ich werde, du **werdest**, er **werde**, wir werden, ihr werdet, sie werden)*, suivi du **verbe à l'infinitif**. Ex. : *ich werde feiern* (futur simple). Je vais fêter.

Passé
Le **passé** du subjonctif I se forme avec l'auxiliaire **haben** (ich habe, du **habest**, er **habe**, wir haben, ihr **habet**, sie haben) ou **sein** conjugué au présent du subjonctif I, suivi du **participe II** (participe passé). Ex. : *du habest gegessen* (forme peu usitée).

● Subjonctif II

Le **subjonctif II** correspond au conditionnel en français. On peut aussi le trouver dans certaines propositions (*als ob*, voir leçon 8, page 22).

Présent
Pour les **verbes faibles**, le **présent** du subjonctif II présente les mêmes formes que celles du prétérit.
Ex. : machen (faire) : *ich machte, du machtest, er machte, wir machten…*
Pour les **verbes forts**, le **présent** du subjonctif II se forme sur le radical du prétérit auquel on ajoute : **-e, -est, -e, -en, -et, -en** et une inflexion sur „a", „o" et „u". Parmi les verbes de modalité, seuls *wollen* et *sollen* ne prennent pas d'inflexion au subjonctif II.
Ex. : nehmen (prendre) : *ich nähme, du nähmest, er nähme, wir nähmen, ihr nähmet, sie nähmen*.
     können (prendre) : *ich könnte, du könntest, er könnte, wir könnten, ihr könntet, sie könnten*.

Futur
Le **futur** du subjonctif II se forme avec l'auxiliaire **werden** conjugué au présent du subjonctif II *(ich würde, du würdest, er würde, wir würden, ihr würdet, sie würden)*, suivi du **verbe à l'infinitif**.
Ex. : *ich würde feiern* (futur simple). Je fêterai.

Passé
Le **passé** du subjonctif II correspond au conditionnel passé en français. Il se forme avec l'auxiliaire **haben** (ich hätte, du hättest, er hätte, wir hätten, ihr hättet, sie hätten) ou **sein** (ich wäre, du wärest, er wäre, wir wären, ihr wäret, sie wären) conjugué au présent du subjonctif II, suivi du **participe II** (participe passé).
Ex. : *du hättest gegessen*. Tu aurais mangé.   *Wir wären gekommen*. Nous serions venus.

VOCABULAIRE P. 136
Conversation ordinaire

exercices

CORRIGÉS P. 184

1 ▶ **Vrai ou faux ?**

a. Chaque subjonctif a trois temps.
b. Le subjonctif allemand s'emploie dans les mêmes cas que le subjonctif français.
c. Pour exprimer une condition, on emploie indifféremment le subjonctif I ou le subjonctif II.
d. Le subjonctif I sert à transposer le discours direct au discours indirect à l'écrit.

2 ▶ **Mettez au discours indirect les propos de la mère d'Andreas.**

Andreas' Mutter kam an und fragte mich:
„Wie geht's Ihnen? Sind Sie im Hotel abgestiegen? Brauchen Sie ein Auto? Wie lange wollen Sie bei Ihrer Tante wohnen? Bleiben Sie am Wochenende in München? Sollen wir Ihnen helfen?"

3 ▶ *Ich würde mich freuen, wenn ich…* **Finissez cette phrase en utilisant les groupes infinitifs suivants.**

a. Meine Kusine besuchen können.
b. Zwei Wochen bei meiner Schwester verbringen.
c. Selbstständig sein.
d. Mit ihr zusammenleben.
e. Mit netten Leuten in Beziehungen stehen.
f. Meine Kollegen besser kennen.

4 ▶ *Er tut, als ob er…* **Finissez cette phrase en utilisant les groupes infinitifs suivants.**

a. Sich nicht festlegen wollen.
b. Kein stichhaltiges Argument vorbringen können.
c. Mir seine Eltern nicht vorstellen wollen.
d. Die Sprache verloren haben.
e. Alle Brücken hinter sich abbrechen.

5 ▶ **Voici des formes verbales du présent à la troisième personne du singulier. De quel subjonctif s'agit-il : I ou II ?**

könnte ; bräche ; müsse ; fiele ; kennte ; verstünde ; kenne ; breche ; solle ; verlöre ; falle ; würde ; sei ; hätte ; werde ; wollte ; könne.

conjugaison

« Tel père, tel fils. »

„Der Apfel fällt nicht weit vom Stamm."

55 Le passif personnel

En allemand, on utilise beaucoup plus régulièrement le passif qu'en français. Le passif existe sous deux formes : une **forme personnelle** et une **forme impersonnelle**. Tout verbe ayant un complément d'objet à l'accusatif peut être employé au passif personnel.

● Formation

Construction : *werden* + **participe II** (participe passé) du verbe.

La **structure du passif** est celle de la structure active inversée (le sujet de la forme active devient le complément d'agent à la forme passive et le COD se transforme en sujet) :

– **forme active** :　　Der Großvater　　　　***erzählt***　　　　alte Geschichten.
　　　　　　　　　　　　SUJET　　　　　　　　VERBE　　　　　　COD
　　　　　　　　　　　Le grand-père　　　　　raconte　　　　　de vieilles histoires.

– **forme passive** :　Alte Geschichten　　　***werden***　　　***von*** dem Großvater ***erzählt***.
　　　　　　　　　　　　SUJET　　　　　　　　VERBE　　　　　　C. D'AGENT
　　　　　　　　　　　De vieilles histoires　sont racontées　par le grand-père.

Von + datif introduit le complément d'agent, ***durch* + accusatif** le complément de moyen, d'instrument.
Ex. : *Der deutsche Wald ist durch den sauren Regen geschädigt worden.*
　　　La forêt allemande a été endommagée par les pluies acides.

Pour passer d'une forme active à une forme passive, il suffit de conjuguer ***werden*** au temps du verbe de la forme active.

	Forme active	Forme passive
Présent	Der Großvater **erzählt** alte Geschichten.	Alte Geschichten **werden** vom Großvater **erzählt**.
Prétérit	Der Großvater **erzählte** alte Geschichten.	Alte Geschichten **wurden** vom Großvater **erzählt**.
Parfait	Der Großvater **hat** alte Geschichten **erzählt**.	Alte Geschichten **sind** vom Großvater **erzählt worden**.
Plus-que-parfait	Der Großvater **hatte** alte Geschichten **erzählt**.	Alte Geschichten **waren** vom Großvater **erzählt worden**.
Futur	Der Großvater **wird** alte Geschichten **erzählen**.	Alte Geschichten **werden** vom Großvater **erzählt werden**.

Remarque : Au parfait et au plus-que-parfait, le participe passé de *werden* se transforme en ***worden*** (et non *geworden*).

Cas particuliers

Les verbes tels que ***bekommen***, ***besitzen*** et ***haben*** qui expriment la possession ne peuvent pas avoir de forme passive.

Dans certaines constructions, l'auxiliaire ***werden*** est remplacé par l'auxiliaire ***sein***. Ces constructions ne rendent donc pas compte d'une action en cours. Elles expriment une **constatation**.
Ex. : *Diese Villa ist von Obstbäumen umgeben.*
　　　Cette villa est entourée d'arbres fruitiers.

VOCABULAIRE P. 137
L'histoire

CORRIGÉS P. 185

1 ▸ Vrai ou faux ?
a. Le français emploie beaucoup plus le passif que l'allemand.
b. Le complément d'agent est toujours introduit par *von*.
c. L'auxiliaire du passif est *werden*.
d. Au passif, on retrouve en allemand les mêmes temps qu'en français.

2 ▸ Quelques rappels historiques. Transposez-les au passif en respectant bien les temps.
a. Vor dem Mauerbau hatten fast 3 Millionen Menschen die DDR verlassen.
b. Anfang 1967 nahm Bonn diplomatische Beziehungen auf.
c. 1973 unterzeichnen die Tschechoslowakei und die Bundesrepublik den Prager Vertrag.
d. Am 16. Mai 1974 hat Helmut Schmidt Willy Brandt im Amt des Bundeskanzlers abgelöst.
e. Ab 1982 setzte Helmut Kohl die enge Zusammenarbeit mit Paris und Washington fort.
f. Anfang 1988 nahm die DDR Anhänger der Friedensbewegung fest.
g. In Dresden trieb die Polizei eine Demonstration auseinander.
h. Am 9. November 1989 kündigte Schabowski die Öffnung der Grenzübergangsstellen an.
i. Im Dezember 1989 hatte das Volk Ceaucescu gestürzt.
j. Am 3. Oktober 1990 feiern Tausende Deutsche die Deutsche Einheit.
k. Die Politiker werden die Europäische Union weiter fortentwickeln.

3 ▸ Qui créa ou inventa quoi ? Retrouvez-le et reliez les inventions (créations) à leur inventeur (créateur) en utilisant au passif prétérit les verbes suivants : *bauen, entdecken, erfinden, eröffnen, gründen, komponieren, malen, schreiben.*

Was?	Wer?
Wilhelm Meisters Lehrjahre	Beethoven
die ultravioletten Strahlen	August Borsig
der Dynamo	Hundertwasser
die erste deutsche Lokomotive	Deutschland
ein Metallurgie-Unternehmen	Max Reinhardt
Fidelio	Siemens
eine Schauspielschule	Johann Ritter
die Insel der verlorenen Wünsche	Goethe
die Fußballweltmeisterschaft	Friedrich Krupp

4 ▸ Voici quelques formes verbales au passif (à la troisième personne du singulier).
a) De quel temps s'agit-il ? b) Traduisez-les en français.
a. Ist gesehen worden.
b. Wurde unterzeichnet.
c. Wird gewählt.
d. Wird vorgestellt werden.
e. War veröffentlicht worden.
f. Wird verbannt worden sein.

conjugaison

119

56 Le passif impersonnel

● **Formation**

Le **passif impersonnel** est très utile dans la vie de tous les jours : il correspond à la forme « on » + verbe, en français : on travaille, on joue, on danse, etc. Il permet donc de transposer au passif des verbes intransitifs (sans COD). Comme le passif personnel, le passif impersonnel se construit avec l'auxiliaire **werden** et le **participe II** (participe passé).
Ex. : *Es wird hier nicht geraucht.* On ne fume pas ici.
Am Wochenende wird getanzt. On danse le week-end.
Es wird bald geschlafen. On va bientôt dormir.

Le pronom impersonnel **es** sert de sujet au passif impersonnel mais il ne peut occuper que la première place de la phrase. **Es** disparaît obligatoirement lorsque la phrase commence par un complément, de sorte que le verbe au passif semble ne pas avoir de sujet.
Ex. : *Es wird um sieben gegessen = Um sieben wird gegessen.* On mange à 7 heures.

Le passif impersonnel existe aux mêmes temps que ceux du passif personnel : présent, prétérit, parfait. Le futur est plus rare.

	Forme active	Forme passive
Présent	Man **diskutiert** stundenlang über diese Frage. On discute de ce problème pendant des heures.	Es **wird** stundenlang über diese Frage **diskutiert**. Über diese Frage **wird** stundenlang **diskutiert**.
Prétérit	Man **diskutierte** stundenlang über diese Frage.	Es **wurde** stundenlang über diese Frage **diskutiert**. Über diese Frage **wurde** stundenlang **diskutiert**.
Parfait	Man **hat** stundenlang über diese Frage **diskutiert**.	Es **ist** stundenlang über diese Frage **diskutiert worden**. Über diese Frage **ist** stundenlang diskutiert **worden**.
Plus-que-parfait	Man **hatte** stundenlang über diese Frage **diskutiert**.	Es **war** stundenlang über diese Frage **diskutiert worden**. Über diese Frage **war** stundenlang **diskutiert worden**.
Futur	Man **wird** stundenlang über diese Frage **diskutieren**.	Es **wird** stundenlang über diese Frage **diskutiert werden**. Über diese Frage **wird** stundenlang **diskutiert werden**.

● **Cas particuliers**

Les verbes qui sont toujours **suivis d'un complément au datif** (*danken, helfen, gratulieren...*) gardent ce complément au même cas dans la phrase passive. Leur complément au datif ne peut devenir le sujet de la phrase au passif.

Man hat dem Sieger gratuliert. On a félicité le vainqueur.	Es ist dem Sieger gratuliert worden. Dem Sieger ist gratuliert worden.
Man muss diesen Arbeitslosen helfen. Il faut aider ces chômeurs.	Es muss diesen Arbeitslosen geholfen werden. Diesen Arbeitslosen muss geholfen werden.

VOCABULAIRE P. 137
Vie quotidienne d'un élève

exercices

CORRIGÉS P. 185

conjugaison

1 ▶ Vrai ou faux ?

a. Les Allemands aiment employer le passif impersonnel là où les Français emploient « on ».
b. Seuls les verbes transitifs peuvent s'employer au passif impersonnel.
c. Le passif impersonnel existe aux mêmes temps que ceux de la forme personnelle.
d. Les verbes qui se construisent avec un datif gardent ce datif dans la phrase passive.

2 ▶ Décrivez au passif impersonnel le déroulement de la vie d'un interne en utilisant les verbes proposés à l'infinitif.

a. (6 h 30) aufstehen: Um halb sieben…
b. (6 h 35) duschen: …
c. (7 h) frühstücken: …
d. (de 7 h 30 à 9 h) lernen: Von halb acht bis neun…
e. (de 9 h à 13 h) unterrichten: Von neun bis eins…
f. (13 h 15) essen: …
g. (l'après-midi) trainieren: Am Nachmittag…
h. (puis il travaille pour l'école) arbeiten: Dann…
i. (18 h) zu Abend essen: …
j. (de 19 h à 21 h) noch lernen: …
k. (21 h 30) schlafen: Dann Licht aus! Um halb zehn…

„In der Schule wird geschrieben,
In der Schule wird gelacht,
Bis der Lehrer pitsch, patsch macht!"

3 ▶ Traduisez en allemand.

a. À l'internat, il faut travailler dur.
b. On aide les élèves.
c. Certes, on félicite le bon élève.
d. Mais le professeur, on le remercie rarement.

4 ▶ Mettez les phrases suivantes à la forme active en utilisant *man*.

a. Es wird der Anstrengung der Schüler zugestimmt.
b. An ihre Zukunft wird gedacht.
c. Dem Trend wird gefolgt, schnellstens Geld zu verdienen.
d. Es muss zugegeben werden, dass viele Schüler teilnahmslos sind.
e. Es ist ihnen aber verziehen worden.
f. Über dieses Problem wird stundenlang diskutiert werden.

La rection des verbes

Un certain nombre de verbes allemands ont une construction particulière par rapport au français : soit ils sont **transitifs** lorsqu'en français ils sont intransitifs, soit ils font appel à un **cas particulier** ou à des **prépositions** qui entraînent, elles aussi, un cas précis. Ce problème linguistique fait largement appel à la mémoire. Nous ne donnons ici que les verbes les plus utilisés.

● **Les verbes qui ne sont pas suivis de prépositions**

À l'accusatif
Etwas/jdn brauchen (avoir besoin de qqch/qqn)
Ex. : *Ich brauche jeden Tag mein Mathebuch.*
      J'ai besoin de mon livre de maths tous les jours.

Etwas/jdn los/werden (se débarrasser de qqch/qqn)
Ex. : *Ich will mein altes Fahrrad loswerden.*
      Je veux me débarrasser de ma vieille bicyclette.

Jdn fragen (demander à qqn)
Ex. : *Willst du Mutti fragen?*
      Veux-tu demander à maman ?

Jdn sprechen (parler à qqn)
Ex. : *Ich möchte den Direktor sprechen.*
      J'aimerais parler au directeur.

Au datif
Jdm danken (remercier qqn)
Ex. : *Wir danken dir für das Geschenk.*
      Nous te remercions du cadeau.

Jdm folgen (suivre qqn)
Ex. : *Ich bin dieser Frau auf der Straße gefolgt.*
      J'ai suivi cette femme dans la rue.

Jdm glauben (croire qqn)
Ex. : *Ich habe es ihm nicht geglaubt.*
      Je ne l'ai pas cru.

Jdm gratulieren (féliciter qqn)
Ex. : *Wir haben dem Kandidaten herzlich gratuliert.*
      Nous avons chaleureusement félicité le candidat.

Jdm helfen (aider qqn)
Ex. : *Wer kann mir helfen?*
      Qui peut m'aider ?

Jdm zu/hören (écouter qqn)
Ex. : *Hört mir alle gut zu!*
      Écoutez-moi bien tous !

La rection des verbes

Au génitif
Il existe quelques verbes suivis du génitif mais leur emploi est devenu très peu fréquent :

sich erbarmen (avoir pitié de qqn)
Ex : *Wir erbarmen uns dieser alten Frau.*
    Nous avons pitié de cette pauvre femme.

● Les verbes suivis de prépositions à l'accusatif

An + accusatif
An jdn/etwas denken (penser à qqn/qqch)
Ex. : *Denkst du noch an die Ferien?*
    Penses-tu encore aux vacances ?

Sich an jdn/etwas erinnern (se souvenir de qqn/qqch)
Ex. : *Erinnerst du dich noch an diese Stadt?*
    Te souviens-tu encore de cette ville ?

Sich an jdn/etwas gewöhnen (s'habituer à qqn/qqch)
Ex. : *Ich gewöhne mich nicht an seine Methoden.*
    Je ne m'habitue pas à ses méthodes.

Auf + accusatif
Auf etwas achten (faire attention à qqch)
Ex. : *Achte bitte auf die Ampel!*
    Fais attention aux feux s'il te plaît !

Auf etwas/jdn an/kommen (dépendre de)
Ex. : *Es kommt auf das Wetter an.*
    Cela dépend du temps.

Auf etwas/jdn auf/passen (faire attention à)
Ex. : *Pass gut auf die Autos auf!*
    Fais bien attention aux voitures.

Sich auf etwas freuen (se réjouir à la pensée de)
Ex. : *Wir freuen uns auf unsere Reise.*
    Nous nous réjouissons à la pensée de notre voyage.

Auf etwas Lust haben (avoir envie de qqch)
Ex. : *Ich habe immer Lust auf Ferien.*
    J'ai toujours envie de vacances.

Auf etwas verzichten (renoncer à)
Ex. : *Ich habe auf diesen Posten verzichten müssen.*
    J'ai dû renoncer à ce poste.

Auf jdn/etwas warten (attendre)
Ex. : *Er wartet schon lange auf sein Paket.*
    Il attend son paquet depuis longtemps déjà.

La rection des verbes

Für + accusatif
Für etwas danken (remercier)
Ex. : *Ich habe Tante Emma für ihr Geschenk gedankt.*
　　　J'ai remercié Tante Emma de son cadeau.

Sich für etwas interessieren (s'intéresser à)
Ex. : *Die Schüler interessieren sich für Kunst.*
　　　Les élèves s'intéressent à l'art.

Für jdn/etwas sorgen (s'occuper de)
Ex. : *Sie sorgt allein für ihr Kind.*
　　　Elle s'occupe seule de son enfant.

Für jdn/etwas verantwortlich sein (être responsable de)
Ex. : *Die Eltern sind verantwortlich für ihre Kinder.*
　　　Les parents sont responsables de leurs enfants.

In + accusatif
In etwas geraten (tomber dans)
Ex. : *Sie ist in ein schlechtes Milieu geraten.*
　　　Elle est tombée dans un mauvais milieu.

In etwas übersetzen (traduire)
Ex. : *Kannst du diesen Text ins Englische übersetzen?*
　　　Peux-tu traduire ce texte en anglais ?

Sich in jdn verlieben (tomber amoureux)
Ex. : *Der Prinz hat sich in Schneewittchen verliebt.*
　　　Le prince est tombé amoureux de Blanche-Neige.

Sich in jdn/etwas verwandeln (se transformer en)
Ex. : *Die Prinzessin hat sich in eine Hexe verwandelt.*
　　　La princesse s'est transformée en sorcière.

Über + accusatif
Sich über etwas auf/regen (s'emporter contre)
Ex. : *Wir regen uns über die Ungerechtigkeit auf.*
　　　Nous nous emportons contre l'injustice.

Sich über etwas beklagen (se plaindre)
Ex. : *Warum beklagst du dich über diese Institution?*
　　　Pourquoi te plains-tu de cette institution ?

Über etwas diskutieren (discuter de)
Ex. : *Worüber habt ihr gestern zusammen diskutiert?*
　　　De quoi avez-vous discuté ensemble hier ?

Sich über etwas freuen (se réjouir de)
Ex. : *Wir freuen uns über seinen Erfolg.*
　　　Nous nous réjouissons de son succès.

La rection des verbes

Über etwas nach/denken (réfléchir à)
Ex. : *Hast du über das Problem nachgedacht?*
 As-tu réfléchi au problème ?

Über jdn/etwas schimpfen (pester contre)
Ex. : *Dieser Mann schimpft über seine Nachbarn.*
 Cet homme peste contre ses voisins.

Über etwas staunen (s'étonner de)
Ex. : *Warum staunst du über seine Mitbeteiligung?*
 Pourquoi t'étonnes-tu de sa participation ?

Sich über etwas unterhalten (s'entretenir de)
Ex. : *Wir unterhalten uns über die nächsten Wahlen.*
 Nous nous entretenons des prochaines élections.

Über etwas verfügen (disposer de)
Ex. : *Verfügst du über die Erlaubnis des Rektors?*
 Disposes-tu de l'autorisation du directeur ?

Sich über etwas wundern (s'étonner de)
Ex. : *Sie wundert sich über das Talent ihres Sohnes.*
 Elle s'étonne du talent de son fils.

Um + accusatif

Um etwas bitten (demander qqch)
Ex. : *Der Ausländer bittet um Auskunft.*
 L'étranger demande des renseignements.

Sich um etwas kümmern (s'occuper de)
Ex. : *Kümmere dich bitte um den Haushalt !*
 Assure s'il te plaît l'entretien de la maison !

Sich um etwas handeln (s'agir de)
Ex. : * *Es handelt sich um einen Witz.*
 Il s'agit d'une blague.
* C'est une forme impersonnelle avec „*es*" comme sujet apparent.

● Les verbes suivis de prépositions au datif

An + datif

An etwas arbeiten (travailler à)
Ex. : *Seit Monaten arbeitet sie an diesem Projekt.*
 Depuis des mois elle travaille à ce projet.

An etwas fehlen (manquer de)
Ex. : **Es fehlt an Lebensmitteln.*
 Il manque des vivres.
* Forme impersonnelle.

An etwas leiden (souffrir)
Ex. : *Mein Bruder leidet an Kopfschmerzen.*
 Mon frère souffre de maux de tête.

An etwas teil/nehmen (participer à)
Ex. : *Nimmst du an dem Kongreß teil?*
 Participes-tu au congrès ?

conjugaison

La rection des verbes

An etwas zweifeln (douter)
Ex. : *Ich zweifle am Erfolg meiner Bemühungen.*
Je doute du succès de mes efforts.

Aus + datif
Aus etwas bestehen (se composer de)
Ex. : *Der Text besteht aus zehn Seiten.* Le texte se compose de dix pages.

Aus etwas schließen (conclure)
Ex. : *Aus seiner Aussage können wir schließen, dass er Kandidat sein will.*
Nous pouvons conclure de son affirmation qu'il veut être candidat.

Mit + datif
Mit etwas an/fangen (commencer)
Ex. : *Ich fange immer mit der Mathearbeit an.*
Je commence toujours par le travail de mathématiques.

Mit etwas auf/hören (terminer)
Ex. : *Und ich höre mit Musikübungen auf.*
Et je termine par des exercices de musique.

Sich mit etwas begnügen (se contenter de)
Ex. : *Wir können uns mit einer einfachen Mahlzeit begnügen.*
Nous pouvons nous contenter d'un simple repas.

Sich mit etwas beschäftigen (s'occuper de)
Ex. : *Unser Kollege beschäftigt sich mit Physikproblemen.*
Notre collègue s'occupe de problèmes de physique.

Mit etwas enden (se terminer par)
Ex. : *Der Film endet mit einer schönen Szene.*
Le film se termine par une belle scène.

Mit jdm/etwas rechnen (compter sur)
Ex. : *Wir rechnen mit dir am Wochenende.*
Nous comptons sur toi pour le week-end.

Mit jdm/etwas vergleichen (comparer)
Ex. : *Vergleiche doch einen Franzosen mit einem Deutschen!*
Compare donc un Français et un Allemand !

Nach + datif
Nach etwas fragen (demander)
Ex. : *Dieser Tourist fragt nach dem Weg.*
Ce touriste demande son chemin.

Nach etwas riechen (sentir)
Ex. : *Dieses Parfüm riecht nach Lavendel.*
Ce parfum sent la lavande.

Nach etwas schmecken (avoir le goût de)
Ex. : *Dieser Wein schmeckt nach Zitrone.*
Ce vin a le goût de citron.

La rection des verbes

Von + datif

Von etwas ab/hängen (dépendre de)
Ex. : *Es hängt vom Wetter ab.*
  Cela dépend du temps.

Von jdm/etwas denken (penser de)
Ex. : *Was denkst du von diesem Schriftsteller?*
  Que penses-tu de cet écrivain ?

Von etwas erzählen (raconter, parler de)
Ex. : *Sie erzählt gern von ihren Reisen.*
  Elle aime parler de ses voyages.

Von jdm/etwas hören (entendre parler de, avoir des nouvelles de)
Ex. : *Hast du von deiner Freundin gehört?*
  As-tu eu des nouvelles de ton amie ?

Von etwas sprechen (parler de)
Ex. : *Ich will von diesem Problem nicht sprechen.*
  Je ne veux pas parler de ce problème.

Von etwas träumen (rêver de)
Ex. : *Träumst du auch von der Karibik?*
  Rêves-tu aussi des Caraïbes ?

Vor + datif

Vor etwas Angst haben (avoir peur)
Ex. : *Die Kinder haben Angst vor dem Wolf.*
  Les enfants ont peur du loup.

Vor etwas warnen (avertir, mettre en garde)
Ex. : *In der U-Bahn wird vor Taschendieben gewarnt.*
  Dans le métro on met en garde contre les pickpockets.

Vor etwas zittern (trembler)
Ex. : *Im Winter zittere ich vor Kälte.*
  En hiver je tremble de froid.

Zu + datif

Zu etwas dienen (servir à)
Ex. : *Dieser große Lastwagen dient zur Beförderung der Medikamente.*
  Ce grand camion sert au transport des médicaments.

Zu etwas ein/laden (inviter)
Ex. : *Wir laden Sie zum Geburtstag unseres Sohnes ein.*
  Nous vous invitons à l'anniversaire de notre fils.

Zu etwas gratulieren (féliciter)
Ex. : *Wir gratulieren Ihnen zur Geburt ihrer Tochter.*
  Nous vous félicitons pour la naissance de votre fille.

Zu etwas zwingen (forcer à)
Ex. : *Die ganze Familie zwingt den Großvater zur Ruhe.*
  Toute la famille force le grand-père à se reposer.

conjugaison

Les verbes forts irréguliers

Infinitif	Présent	Prétérit	Subjonctif II	Participe II	
befehlen	befiehlt	befahl	befähle	hat befohlen	commander
beginnen	beginnt	begann	begänne	hat begonnen	commencer
bieten	bietet	bot	böte	hat geboten	offrir
bitten	bittet	bat	bäte	hat gebeten	demander, prier
bleiben	bleibt	blieb	bliebe	ist geblieben	rester
brechen	bricht	brach	bräche	hat gebrochen	briser
dürfen	darf	durfte	dürfte	hat gedurft	avoir l'autorisation de
empfangen	empfängt	empfing	empfinge	hat empfangen	recevoir
empfehlen	empfiehlt	empfahl	empföhle	hat empfohlen	recommander
empfinden	empfindet	empfand	empfände	hat empfunden	éprouver
erschrecken	erschrickt	erschrak	erschräke	ist erschrocken	s'effrayer
essen	isst	aß	äße	hat gegessen	manger
fahren	fährt	fuhr	führe	ist gefahren / hat gefahren	aller / conduire
fallen	fällt	fiel	fiele	ist gefallen	tomber
fangen	fängt	fing	finge	hat gefangen	attraper
finden	findet	fand	fände	hat gefunden	trouver
fliegen	fliegt	flog	flöge	ist geflogen	voler (air)
fliehen	flieht	floh	flöhe	ist geflohen	fuir
fließen	fließt	floss	flösse	ist geflossen	couler
frieren	friert	fror	fröre	hat gefroren	geler
geben	gibt	gab	gäbe	hat gegeben	donner
gehen	geht	ging	ginge	ist gegangen	aller (à pied)
genießen	genießt	genoss	genösse	hat genossen	jouir de
geschehen	geschieht	geschah	geschähe	ist geschehen	se passer
gewinnen	gewinnt	gewann	gewönne	hat gewonnen	gagner
greifen	greift	griff	griffe	hat gegriffen	saisir
haben	hat	hatte	hätte	hat gehabt	avoir
halten	hält	hielt	hielte	hat gehalten	tenir
hängen	hängt	hing	hinge	hat gehangen	être suspendu
heißen	heißt	hieß	hieße	hat geheißen	s'appeler
helfen	hilft	half	hülfe	hat geholfen	aider

Les verbes forts irréguliers

Infinitif	Présent	Prétérit	Subjonctif II	Participe II	
kommen	kommt	kam	käme	ist gekommen	venir
können	kann	konnte	könnte	hat gekonnt	pouvoir
kriechen	kriecht	kroch	kröche	ist gekrochen	ramper
laden	lädt	lud	lüde	hat geladen	charger
lassen	lässt	ließ	ließe	hat gelassen	laisser
laufen	läuft	lief	liefe	ist gelaufen	courir
leiden	leidet	litt	litte	hat gelitten	souffrir
leihen	leiht	lieh	liehe	hat geliehen	prêter
lesen	liest	las	läse	hat gelesen	lire
liegen	liegt	lag	läge	hat gelegen	être couché
lügen	lügt	log	löge	hat gelogen	mentir
mögen	mag	mochte	möchte	hat gemocht	aimer, souhaiter
müssen	muss	musste	müsste	hat gemusst	être obligé
nehmen	nimmt	nahm	nähme	hat genommen	prendre
pfeifen	pfeift	pfiff	pfiffe	hat gepfiffen	siffler
raten	rät	riet	riete	hat geraten	conseiller
reißen	reißt	riss	risse	hat gerissen ist gerissen	arracher se déchirer
reiten	reitet	ritt	ritte	ist geritten	monter à cheval
riechen	riecht	roch	röche	hat gerochen	sentir
rufen	ruft	rief	riefe	hat gerufen	appeler
scheinen	scheint	schien	schiene	hat geschienen	briller, sembler
schieben	schiebt	schob	schöbe	hat geschoben	pousser
schießen	schießt	schoss	schösse	hat geschossen	tirer
schlafen	schläft	schlief	schliefe	hat geschlafen	dormir
schlagen	schlägt	schlug	schlüge	hat geschlagen	battre
schließen	schließt	schloss	schlösse	hat geschlossen	fermer
schneiden	schneidet	schnitt	schnitte	hat geschnitten	couper
schreiben	schreibt	schrieb	schriebe	hat geschrieben	écrire
schreien	schreit	schrie	schriee	hat geschrie(e)n	crier
schreiten	schreitet	schritt	schritte	ist geschritten	marcher
schweigen	schweigt	schwieg	schwiege	hat geschwiegen	se taire

Les verbes forts irréguliers

Infinitif	Présent	Prétérit	Subjonctif II	Participe II	
schwimmen	schwimmt	schwamm	schwömme	ist / hat geschwommen	nager
sehen	sieht	sah	sähe	hat gesehen	voir
sein	ist	war	wäre	ist gewesen	être
singen	singt	sang	sänge	hat gesungen	chanter
sinken	sinkt	sank	sänke	ist gesunken	sombrer
sitzen	sitzt	saß	säße	hat gesessen	être assis
sollen	soll	sollte	sollte	hat gesollt	devoir
sprechen	spricht	sprach	spräche	hat gesprochen	parler
springen	springt	sprang	spränge	ist gesprungen	sauter
stehen	steht	stand	stände	hat gestanden	être debout
stehlen	stiehlt	stahl	stäle	hat gestohlen	voler
steigen	steigt	stieg	stiege	ist gestiegen	monter
sterben	stirbt	starb	stürbe	ist gestorben	mourir
streiten	streitet	stritt	stritte	hat gestritten	se disputer
tragen	trägt	trug	trüge	hat getragen	porter
treffen	trifft	traf	träfe	hat getroffen	atteindre
treten	tritt	trat	träte	hat getreten ist gretreten	fouler aux pieds, entrer
tun	tut	tat	täte	hat getan	faire
vergessen	vergisst	vergaß	vergäße	hat vergessen	oublier
verlieren	verliert	verlor	verlöre	hat verloren	perdre
verzeihen	verzeiht	verzieh	verziehe	hat verziehen	pardonner
wachsen	wächst	wuchs	wüchse	ist gewachsen	pousser
waschen	wäscht	wusch	wüsche	hat gewaschen	laver
werben	wirbt	warb	würbe	hat geworben	recruter
werden	wird	wurde	würde	ist geworden	devenir
werfen	wirft	warf	würfe	hat geworfen	jeter
wissen	weiss	wusste	wüsste	hat gewusst	savoir
wollen	will	wollte	wollte	hat gewollt	vouloir
ziehen	zieht	zog	zöge	ist gezogen hat gezogen	aller, errer tirer
zwingen	zwingt	zwang	zwänge	hat gezwungen	obliger

Introduction au vocabulaire

● Graphie et prononciation

L'orthographe d'un mot allemand renseigne généralement sur sa prononciation.

Les voyelles, les diphtongues

	Se prononce
„ä"	comme la 3ᵉ personne du singulier du présent : est
„ai / ei"	aïe
„au"	a-o
„äu / eu"	oy
„ie"	i long
„ö"	eu
„u"	ou
„ü"	u

Les consonnes

	Se prononce
„ch" après a, o, u	son guttural comme dans ach, machen
„chs"	ks
„g"	gu
„h" en début de mot	h aspiré
„j"	i
„s"	z
„sch"	ch
„sp / st"	schp / scht
„ß"	ss
„v"	f
„w"	v

● Longueur des voyelles

Une **voyelle est longue** :
– lorsqu'elle est **suivie d'une seule consonne ou d'un h** ;
Ex. : *empfehlen* (recommander), *geben* (donner) : dans ces deux cas, le *e* se prononce *é*.
Remarque : les désinences de conjugaison n'entrent pas en ligne de compte. Il faut observer le verbe à l'infinitif.
– lorsque nous sommes en présence de **deux voyelles** ;
Ex. : *das Meer* (la mer) : les *ee* se prononcent *é* ; *das Boot* (le bateau) : les *oo* se prononcent comme le *o* du verbe français *poser* ;
– lorsque la voyelle est **suivie du ß.**
Ex. : *die Füße* (les pieds), *grüßen* (saluer), *die Straße* (la rue), *heißen* (s'appeler).
Une **voyelle est brève** lorsqu'elle est **suivie d'au moins deux consonnes**.
Ex. : *das Bett* (le lit) : le *e* se prononce *è* ; *wollen* (vouloir) : le *o* se prononce comme le *o* de l'adjectif français *folle*.
Exceptions : il existe bien sûr des exceptions qu'il convient d'apprendre lorsqu'on les rencontre.
Ex. : *das Pferd* (le cheval), *der Adler* (l'aigle) : les voyelles, bien que suivies de deux consonnes, sont longues.
Ob (si), *weg* (loin) : les voyelles, bien que suivies d'une seule consonne, sont brèves.

Vocabulaire

● **Accentuation**

L'**accent** se pose très souvent sur la **première syllabe d'un terme simple**.
Ex. : _arbeiten_ (travailler), der _Monat_ (le mois), die _Ameise_ (la fourmi).
Mais il existe de nombreuses **exceptions** comme : die Fo_re_lle (la truite), die Ga_ze_lle (la gazelle), Ber_lin_.
Il faut vérifier en outre l'accentuation des **mots d'origine étrangère**.
La finale de l'infinitif d'un verbe en -_en_ ou -_n_ n'est jamais accentuée.
Ex. : _singen_.
Les **préverbes sont accentués lorsqu'ils sont séparables**. Ils sont indiqués **en gras** dans le lexique.
Ex. : **fern**_sehen_ (regarder la télévision).
Les **préverbes sont inaccentués lorsqu'ils sont inséparables**.
Ex. : _vergessen_ (oublier)
L'accent d'une phrase porte sur l'**élément porteur de l'information** que votre interlocuteur veut vous communiquer.
Ex. : _Er fährt nach Berlin_. (Il va à Berlin) : C'est à Berlin qu'il va et c'est cette information que vous devez entendre.
   Er fährt nach Berlin. Il ne prend pas l'avion, il ira en train ou en voiture, c'est cette information que vous devez entendre.

● **Verbes forts**

Les **verbes forts** sont signalés dans le lexique de la façon suivante :
nehmen (_nahm, genommen_ ; _nimmt_) : prendre.
Nahm est la première ou la troisième personne du singulier du prétérit, _genommen_ est le participe passé, _nimmt_ est la troisième personne du singulier du présent de l'indicatif.
Si rien n'est indiqué après un verbe, c'est qu'il est faible, c'est-à-dire régulier.

● **Pluriel**

Le **pluriel** est indiqué dans le lexique entre parenthèses.
Ex. : _Fenster das_ (-) : la fenêtre.
Le signe „-" indique que ce mot ne change pas au pluriel : _die Fenster_.
Ex. : _Franzose der_ (n, n) : le Français.
Ces „n, n" ou pour certains mots „en, en" indiquent qu'il s'agit d'un masculin faible. Cela signifie que le mot prend toujours cette terminaison -_n_ ou -_en_, sauf au nominatif singulier.

Ex. : _Angestellte der_ (adjectif substantivé).
Ce mot, bien que substantif, se décline comme un adjectif épithète.

Ex. : _Name der_ (ns, n) : le nom.
Cette indication signifie qu'au singulier ce nom se décline de la façon suivante :
Nominatif : _der Name_,
Accusatif : _den Name**n**_,
Datif : _dem Name**n**_,
Génitif : _des Name**ns**_.

Ces quelques règles ne sont naturellement pas exhaustives, elles se proposent simplement de simplifier votre approche de la langue allemande.

Die Sportarten – Le sport

EXERCICES pp. 99, 101 et 103

abgeben (a, e ; i) : passer (la balle)
abstürzen : dévisser
abwerfen (a, o ; i) : désarçonner
anfangen (i, a ; ä) : commencer
anfeuern : encourager
anschnallen : chausser (ses skis)
Anstoß der : le coup d'envoi
atemlos : à bout de souffle
aufgeben (a, e ; i) : abandonner
aufstellen : établir (un record)
ausführen : donner (le coup d'envoi)
auspfeifen (pfiff aus, ausgepfiffen) : huer, siffler
austragen (u, a ; ä) : disputer (un match, une compétition)
baden : se baigner
Bedürfnis das (se) : le besoin
Bergsteiger der (-) : l'alpiniste
beschließen (o, o) : décider
besiegen : vaincre
bestimmen : déterminer
beweisen (ie, ie) : prouver
brechen (a, o ; i) : battre (un record)
einholen : rattraper (qqn)
Eis laufen (lief, gelaufen ; läuft) : patiner
erhalten (ie, a ; ä) : recevoir
erleiden (erlitt, erlitten) : subir (une défaite)
fechten (focht, gefochten ; er ficht) : faire de l'escrime
Freizeit die : les loisirs
Führung die : la tête (d'une course)
gewinnen (a, o) : gagner
Jugendliche der (adjectif substantivé) : l'adolescent, le jeune
Kanu das (s) : le canoë
Können das : le savoir-faire
kraulen : crawler
langweilig : ennuyeux
laufen (ie, au ; äu) : courir
Läufer der (-) : le coureur
leiden (litt, gelitten) : souffrir
Leistungssportler der (-) : le sportif de haut niveau
Luft die : l'air
Lust die : l'envie

Mannschaft die (en) : l'équipe
mühelos : sans peine
Pferd das (e) : le cheval
Pokal der (e) : la coupe
Puck der : le palet
Radrennfahrer der (-) : le coureur cycliste
regelmäßig : régulièrement
Reiter der (-) : le cavalier
Rekord der (e) : le record
rennen (rannte, gerannt) : courir
schießen (o, o) : tirer, marquer (un but)
schlagen (u, a ; ä) : battre
schöpfen : prendre (l'air)
schwimmen (a, o) : nager
sich **an**seilen : s'encorder
sich **auf**wärmen : s'échauffer
sich unterscheiden (ie, ie) von + datif : se distinguer de
Sieger der (-) : le vainqueur
Skifahrer der (-) : le skieur
Spiel das (e) : le match
springen (a, u) : sauter
Staffellauf der (¨-e) : la course de relais
Stürmer der (-) : l'avant
tauchen : plonger
teilnehmen (nahm teil, teilgenommen, er nimmt teil) an + datif : prendre part à
trainieren : s'entraîner
treiben (ie, ie) : faire (du sport)
überspringen (a, u) + acc. : franchir
unentschieden spielen : faire match nul
unterliegen (a, e) : s'incliner, être battu
unternehmen (unternahm, unternommen ; er unternimmt) : prendre (la tête d'une course)
verfehlen : rater
Verteidiger der (-) : l'arrière, le défenseur
verwiesen werden (wurde, geworden ; wird) von + datif : être expulsé de
verzichten auf + acc. : renoncer à
vorhaben (hatte vor, vorgehabt ; er hat vor) : avoir l'intention de
werfen (a, o ; i) : lancer
Wettkampf der (¨-e) : la compétition
zujubeln + datif : acclamer
zurückbleiben (ie, ie) : rester en arrière

vocabulaire

Vocabulaire

Die Freizeit – Les loisirs

EXERCICES pp. 105 et 107

Angel die (n) : la canne à pêche
angeln : pêcher
aufpumpen : gonfler (des pneus)
basteln : faire du bricolage
Bauchklatscher der (-) : le plat (faire un plat en plongeant)
Bogen der (- oder ¨-) : l'arc
Briefmarkensammlung die (en) : la collection de timbres
dicht gedrängt : serrés les uns contre les autres
Drache der (n, n) : le cerf-volant
einhalten (hielt ein, eingehalten ; er hält ein) : respecter, observer
einladen (lud ein, eingeladen ; er lädt ein) : inviter
Empfang der (¨-e) : la réception
entwickeln : développer
essen (aß, gegessen, er isst) : manger
Ferien die : les vacances
fernsehen (a, e ; ie) : regarder la télévision
Film der (e) : la pellicule, le film
Fisch der (e) : le poisson
Fuß der (¨-e) : le pied
gewinnen (a, o) : gagner
Hering der (e) : le hareng
im Freien : en plein air
Jäger der (-) : le chasseur
klettern : grimper
laufen (ie, au ; äu) : courir
mischen : mélanger
mogeln : tricher
nachgehen (ging nach, ist nachgegangen) + datif : se consacrer à
Pedal das (e) : la pédale
Pfeil der (e) : la flèche
räuchern : fumer (des viandes, des poissons)
Reifen der (-) : le pneu
schießen (o, o) : tirer
schlagen (u, a ; ä) : battre
Seil das (e) : la corde
sich **aus**ruhen : se reposer
sich zerstreuen : se distraire
Spaß der : le plaisir
springen (a, u) : sauter
steigen lassen (ie, a ; ä) : lancer (un cerf-volant)
trinken (a, u) : boire
unbesiegt : invaincu
vergrößern : agrandir
verlieren (o,o) : perdre
wahrsagen : dire la bonne aventure
werfen (a, o ; i) : lancer
Wild das : le gibier
zeigen : montrer
zusammensetzen : monter (une ligne)

Die Gesellschaft – La société

EXERCICES pp. 109 et 111

akut : aigu
Amt das (¨-er) : l'administration
Anwendung die (en) : l'application
Aufenthaltserlaubnis die (se) : le permis de séjour
aufmerksam : attentif
beachten : respecter, observer
bevorzugen : préférer
bewusst werden + gén. : prendre conscience de
bleiben (ie, ie) : rester
Botschaft die (en) : l'ambassade
bringen (brachte, gebracht) : apporter
denken (dachte, gedacht) : penser
erhalten (ie, a ; ä) : recevoir
festlegen : fixer (les règles)
Fortschritt der (e) : le progrès
frech : insolent
führen : mener (le combat, la vie)
geduldig : patient
Gefahr die (en) : le danger
gehorsam : obéissant
Gen das (e) : le gène
Gentechnologie die : le génie génétique
Gesetzgebung die (en) : la législation
gründen : fonder
gut gelaunt sein : être de bonne humeur
herstellen : produire
Kampf der (¨-e) : le combat
kennen (kannte, gekannt) : connaître
laut : bruyant
Missbrauch der : l'abus, le mauvais usage
missbrauchen : abuser, faire un mauvais usage de
nachsichtig mit : indulgent avec
nämlich : (n'est jamais en tête de phrase) en effet
nennen (nannte, genannt) : nommer
nötig : nécessaire
rennen (rannte, gerannt) : courir
Schlüsseltechnologie die : la technologie-clé
senden (sendete / sandte, gesendet / gesandt) : envoyer
sich wenden (wendete / wandte, gewendet, gewandt) : se tourner
Sinn der : le sens
strengstens : scrupuleusement, de la manière la plus stricte possible
umsetzen (in Praxis) : mettre (en pratique)
Ungeduld die : l'impatience
verhindern : empêcher
weltweit : dans le monde entier
Wohnungsnachweis der (e) : l'attestation de domicile

Die Bildung – L'éducation

EXERCICES p. 113

ablehnen : refuser
ausfüllen : combler (des lacunes)
behaupten : affirmer
belegen : attester
deshalb : c'est pourquoi
draußen : dehors
Erlaubnis die (se) : la permission
es heißt, dass : on dit que
Eltern die : les parents
Faulenzer der (-) : le paresseux
helfen (a, o ; i) + datif : aider
lesen (a, e ; ie) : lire
Lücke die (n) : la lacune
mitkommen : suivre (à l'école)
Mittelmaß sein : être très moyen (à l'école)
nachholen : rattraper (ce que l'on a raté)
nachsitzen (a, e) : être collé, avoir une retenue
Radau machen : faire du boucan
Regierung die (en) : le gouvernement
Schüler der (-) : l'élève
schwänzen : sécher (l'école)
sich beugen + datif : se plier à
sonst : sinon
sowieso (n'est jamais en tête de phrase) : de toute façon
überfordert : surmené
Unfug treiben (ie, ie) : faire des bêtises
unmöglich : impossible
Versäumte das : ce que l'on a raté
vielleicht : peut-être
vorstellen : présenter
wissen (wusste, gewusst) : savoir
zwingen (a, u) : forcer, contraindre

vocabulaire

Vocabulaire

Die Umwelt – L'environnement

EXERCICES p. 115

Anzahl die : le nombre
aufmerksam auf + acc. : attentif à
auftreten (trat auf, aufgetreten ; tritt auf) : apparaître
ausstatten mit + datif : munir de
Beispiel das (e) : l'exemple
benutzen : utiliser
berücksichtigen : tenir compte de
eingehen (ging ein, eingegangen) : prendre (un risque)
Entsorgungsproblem das (e) : le problème de gestion des déchets
erklären : expliquer
Fluss der (¨-e) : la rivière
geben (a, e ; i) : donner
Gewässer das : les eaux
Katalysator der (en) : le pot catalytique
Küste die (n) : la côte
lösen : résoudre
Lösung die (en) : la solution
Luft die : l'air
Luftverschmutzung die : la pollution de l'air
öffentlich : public
Öl das : le pétrole
Ölpest die : la marée noire
Ort der (e) : le lieu
Ozon das : l'ozone
rein halten (ie, a ; ä) : maintenir propre
schnappen : prendre (l'air)
Schutz der : la protection
schützen : protéger
selten : rare(ment)
umweltfreundlich : respectueux de l'environnement
Umweltschutz der : la protection de l'environnement
vergiften : empoisonner
Verkehrsmittel das (-) : le moyen de transport
vernichten : anéantir
verringern : diminuer
verschmutzen : polluer
verseuchen : polluer
verzichten auf + acc. : renoncer à
Vorrang der : la priorité
vorschlagen (u, a ; ä) : proposer
wegwerfen (a, o ; i) : jeter
zerstören : détruire

Gewöhnliches Gespräch – Conversation ordinaire

EXERCICES p. 117

abbrechen (a, o ; i) : couper (les liens)
absteigen (ie, ie) (in einem Hotel) : descendre (dans un hôtel)
ankommen (kam an, angekommen) : arriver
bleiben (ie, ie) : rester
Brücke die (n) : le pont
in Beziehungen stehen (stand, gestanden) mit + datif : être en relation avec qqn
brauchen + acc. : avoir besoin de
fragen + acc. : demander à qqn
helfen (a, o ; i) + datif : aider
kennen (kannte, gekannt) : connaître
Leute die : les gens
nett : gentil
Schwester die (n) : la sœur
selbstständig : autonome
sich **fest**legen auf + acc. : s'engager à propos de qqch
Stadt die (¨-e) : la ville
stichhaltig : solide (argument)
verlieren (o, o) : perdre
vorbringen (brachte vor, vorgebracht) : avancer (des arguments)
vorstellen : présenter
wie geht's Ihnen / dir ? : comment allez-vous ? Comment vas-tu ?
Wochenende das (n) : le week-end
zusammenleben (mit jdm) : vivre (avec qqn)

Die Geschichte – L'histoire

EXERCICES p. 119

ab + datif : à partir de
ablösen : remplacer
Amt das (¨-er) : le poste, la fonction
Anfang der (Anfänge) : le début
Anhänger der (-) : le partisan
ankündigen : annoncer
aufnehmen (nahm auf, aufgenommen ; nimmt auf) : nouer (des contacts)
auseinandertreiben (ie, ie) : disperser
bauen : construire
Beziehung die (en) : la relation
Demonstration die (en) : la manifestation
Einheit die : l'unité
entdecken : découvrir
erfinden (a, u) : inventer
eröffnen : ouvrir
festnehmen (a, o ; i) : arrêter
fortentwickeln : continuer à développer
fortsetzen : continuer
Friedensbewegung die (en) : le mouvement pacifiste
Grenzübergangsstelle die (n) : le passage frontalier
gründen : fonder
komponieren : composer
Mauerbau der : la construction du mur
Öffnung die (en) : l'ouverture
Schauspiel das (e) : le spectacle
schreiben (ie, ie) : écrire
stürzen : renverser
Unternehmen das (-) : l'entreprise
unterzeichnen : signer
verbannen : bannir
verlassen (ie, a ; ä) : quitter
veröffentlichen : publier
Vertrag der (¨-e) : le contrat
Volk das (¨-er) : le peuple
wählen : élire, voter
Weltmeisterschaft die (en) : le championnat
Zusammenarbeit die : la collaboration

Schüleralltag – Vie quotidienne d'un élève

EXERCICES p. 121

Anstrengung die (en) : l'effort
aufstehen (stand auf, aufgestanden) : se lever
danken + datif : remercier
denken (dachte, gedacht) : an + acc. : penser à
duschen : se doucher
essen (a, e ; i) : manger
frühstücken : prendre son petit déjeuner
gratulieren + datif : féliciter
helfen (a, o ; i) + datif : aider
Internat das (e) : l'internat
lachen : rire
Lehrer der (-) : le maître, le professeur
lernen : étudier, apprendre
Licht das (er) : la lumière
Problem das (e) : le problème
reden : parler
schlafen (ie, a ; ä) : dormir
schnellstens : le plus vite possible
selten : rare(ment)
stundenlang : pendant des heures
teilnahmslos sein (war, gewesen ; ist) : ne montrer aucun intérêt
Trend der (s) : la tendance
unterrichten : enseigner
verdienen : gagner (sa vie, de l'argent)
verzeihen (ie, ie) + datif : pardonner à
zugeben (a, e ; i) : avouer, reconnaître
Zukunft die : l'avenir
zustimmen + datif : approuver

Vocabulaire

Der Alltag – La vie quotidienne

EXERCICES pp. 9 et 11

Abitur das : le baccalauréat
anmachen : allumer
anrufen (ie, u) : appeler au téléphone
aufstehen (stand auf, aufgestanden) : se lever
aufwachen : se réveiller
ausführlich : en détail
ausmachen : éteindre
ausschlafen, (ie, a ; ä) : faire la grasse matinée
denn (+ sujet + verbe) : car
deshalb : c'est pourquoi
Dienstwagen der (-) : la voiture de service
Fenster das (-) : la fenêtre
Ferien die : les vacances
fernsehen (a, e : ie) : regarder la télévision
frühstücken : prendre son petit déjeuner
Gehaltserhöhung die (en) : l'augmentation de salaire
gleich : tout de suite
glücklicherweise : heureusement
Heizung die : le chauffage
im Ausland arbeiten : travailler à l'étranger
kennen (kannte, gekannt) : connaître
klingeln : sonner
lesen (a, e ; ie) : lire
Licht das (er) : la lumière
Maßnahmen treffen (traf, getroffen ; trifft) : prendre des mesures
Mut der : le courage

nach Hause gehen (ging, gegangen) / fahren (u, a ; ä) : rentrer à la maison
Nachhilfe brauchen : avoir besoin de cours particuliers
putzen : nettoyer
Schultasche die (n) : le cartable
sich **an**ziehen (zog an , angezogen) : s'habiller
sich übernehmen (übernahm, übernommen ; übernimmt) : se surmener
sich zu Tisch setzen : se mettre à table
sicher : sûrement
sofort : tout de suite
sonst : sinon
springen (a, u) : sauter
spülen : laver
Staub der : la poussière
U-Bahn die : le métro
Überstunde die (n) : l'heure supplémentaire
verbringen (verbrachte, verbracht) : passer (des vacances, du temps)
vielleicht : peut-être
wach sein : être réveillé
wahrscheinlich : vraisemblablement
Wecker der (-) : le réveil
Zeitung die (en) : le journal
zu Bett / ins Bett gehen (ging, gegangen) : se coucher
zu Hause bleiben (ie, ie) : rester à la maison

Die Einkäufe – Les achats

EXERCICES pp. 13 et 15

Abteilung die (en) : le rayon
anlächeln + acc. : sourire à qqn
anprobieren : essayer
Armband das (Armbänder) : le bracelet
Ausbildung die : la formation
billig : bon marché
blättern in + datif : feuilleter qqch
brauchen + acc. : avoir besoin de
Durst der : la soif
Ecke die (n) : le coin
einfach : simple
Einkaufswagen der (-) : le caddie
Einkaufszentrum das (Einkaufszentren) : le centre commercial
enttäuscht : déçu
erfahren (u, a ; ä) : apprendre (une nouvelle)
fehlen : manquer
Fisch der (e) : le poisson
Geld das : l'argent
genug : suffisamment
Gerät das (e) : l'appareil
Kasse die (n) : la caisse
Kassiererin die (nen) : la caissière
Kaufhaus das (Kaufhäuser): le grand magasin
Kochbuch das (Kochbücher) : le livre de cuisine
Kopfhörer der (-) : les écouteurs
Kräuter die : les fines herbes
Kühlschrank der ("-e) : le réfrigérateur
Laden der ("-) : le magasin
leer : vide
mürrisch : grognon
Nähe die : la proximité
Portmonee das (s) : le porte-monnaie
preisgünstig : à un prix intéressant
schade : dommage
Schaufenster das (-) : la vitrine
schieben (o, o) : pousser
Schlange stehen (stand, gestanden) : faire la queue
sich langweilen : s'ennuyer
sich lohnen : valoir la peine
Sonderangebot das (e) : la promotion
toll : formidable
treffen (traf, getroffen ; trifft) : rencontrer
Turnschuhe die : les baskets
unterschreiben (ie, ie) : signer
Verkäuferin die (nen) : la vendeuse
Waschmittel das (-) : la lessive
wütend : furieux
zahlen : payer

Die Gastronomie – La restauration

EXERCICES pp. 17 et 19

ablöschen : déglacer (cuisine)
anbraten (ie, a ; ä) : faire revenir (cuisine)
Aschenbecher der (-) : le cendrier
bestellen : commander
Bläschen das (-) : la petite bulle
Blutdruck der : la tension (artérielle)
Brühe die (n) : le bouillon
einladen (lud ein, eingeladen ; lädt ein) : inviter
empfehlen (a, o ; ie) : recommander
Erfolg der (e) : le succès
Essen das (-) : le repas
Fett das : la matière grasse
Gast der ("-e) : le client
gewürzt : épicé
Glas das ("-er) : le verre
Gemüse das : les légumes
hell : clair, blonde (bière)
hellbraun : brun clair
Kalbshachse die : le jarret de veau
Kalbsleber die : le foie de veau
Kellner der (-) : le garçon
Koch der ("-e) : le cuisinier
kochen : bouillir / faire la cuisine
Krebs der (e) : le crabe
Mehl das : la farine
rauchen : fumer
Rechnung die : l'addition
rühren : remuer
Salzwasser das : l'eau salée
schmoren : cuire à petit feu
sich kümmern um + acc. : s'occuper de
Speisekarte die : la carte
Stern der (e) : l'étoile
trinken (a, u) : boire
Wein der (e) : le vin
zeigen : montrer
Zucker der (-) : le sucre
Zwiebel die (n) : l'oignon

Vocabulaire

Die Träume – Les rêves

EXERCICES pp. 21 et 23

Abenteuer das (-) : l'aventure
allein : seul
anlocken : attirer
außerordentlich : extraordinaire
aufbrechen (a, o ; i) : partir
aufpassen auf + acc. : faire attention à
Aufpreis der (e) : le supplément
beruhigt : rassuré
Besucher der (-) : le visiteur
bewundern : admirer
braun gebrannt : bronzé
Entdeckung die (en) : la découverte
Entschluss der (¨-e) : la décision
enttäuscht : déçu
faulenzen : paresser
fern : lointain
fliegen (o , o) : prendre l'avion / voler
Flug der (¨-e) : le vol
froh : content
Geld das : l'argent
Gepäck das : les bagages
gewinnen (a, o) : gagner
helfen (a, o ; i) + datif : aider
ICE der : le train à grande vitesse
Insel die (n) : l'île
Koffer der (-) : la valise
Kunst die (¨-e) : l'art
Meeresfrüchte die : les fruits de mer
pünktlich : à l'heure

Reise die (n) : le voyage
Reisende der (adjectif substantivé) :
    le voyageur
schwinden (a, u) : diminuer, faiblir
See die : la mer
seekrank sein (war, gewesen ; ist) :
    avoir le mal de mer
Segelboot das (e) : le voilier
sich **aus**rüsten : s'équiper
sich entwickeln : se développer
sich etwas leisten : avoir les moyens
    de s'offrir qqch
Stadtviertel das (-) : le quartier
Strand der (¨-e) : la plage
teilnehmen (nahm teil, teilgenommen ;
    nimmt teil) an + datif : participer à
tragen (u, a ; ä) : porter
treffen (traf, getroffen ; trifft) : rencontrer
unternehmen (unternahm, unternommen ;
    unternimmt) : entreprendre
Urlaub der : les congés
Urwald der (¨-er) : la forêt vierge
verbringen (verbrachte, verbracht) : passer
    (des vacances, du temps)
verzichten auf + acc. : renoncer à
warten auf + acc. : attendre
Weg der (e) : le chemin
Wirtschaft die (en) : l'économie
Ziel das (e) : le but

Die Reisen – Les voyages

EXERCICES p. 25

Abschied der (e) : l'adieu
Abteil das (e) : le compartiment
Ausflug der (¨-e) : l'excursion
Ausflügler (-) : l'excursionniste
Boden der (¨-) : le grenier
erleichtert : soulagé
Fahrgast der (Fahrgäste) : le voyageur
Flasche die (n) : la bouteille
Flugzeug das (e) : l'avion
Gebirge das (-) : la montagne
Grenze die (n) : la frontière
Handgepäck das : les bagages à main
herunterholen : descendre (qqch)
Jugendherberge die (n) : l'auberge
    de jeunesse
packen : faire (ses bagages)
plaudern : bavarder

Proviant der : les provisions
reisen : voyager
Rucksack der (¨-e) : le sac à dos
Schinken der (-) : le jambon
sorgen für + acc. : s'occuper de
stammen aus + datif : être originaire de
Strecke die (n) : le trajet
tätig sein (war, gewesen ; ist) : être en activité
teilnehmen (nahm teil, teilgenommen ;
    nimmt teil) : participer à
veranstalten : organiser
vergessen (a, e ; i) : oublier
verkehren : circuler
Vorräte die : les provisions
Weg der (e) : le chemin
zelten : faire du camping
zollpflichtig : soumis à des droits de douane

Die Medien – Les médias

EXERCICES pp. 27 et 29

abbestellen : résilier
Absicht die (en) : l'intention
angewiesen sein (war, gewesen ; ist)
   auf + acc. : dépendre de
anklicken + acc. : cliquer sur
anmachen : allumer
anrufen (ie, u) : appeler au téléphone
anstellen : engager
Artikel der (-) : l'article
aufnehmen (nahm auf, aufgenommen ;
   nimmt auf) : prendre (contact)
ausschalten : éteindre (l'appareil, la lumière)
austauschen : échanger
austragen (u, a ; ä) : distribuer
Bargeld das : l'argent liquide
bedienen + acc. : se servir de (téléphone,
   ordinateur)
beginnen (a, o) : commencer
berichten über + acc. : informer sur
beruflich : professionnel
beschließen (o, o) : décider
CD-Rom die (s) : le CD-Rom
Computer der (-) : l'ordinateur
Datei die (en) : le fichier
Digitalisieren : numériser
Diskette die (n) : la disquette
drücken : appuyer
Einführung die : l'introduction
einlegen : insérer
einwerfen (a, o ; i) : mettre (la lettre dans
   une boîte aux lettres)
E-Mail die / das (s) : l'e-mail
Fachzeitschrift die (en) : la revue spécialisée
Fernsehen das : la télévision
gefallen (gefiel, gefallen ; gefällt) : plaire
klicken auf + acc. : cliquer sur
lesen (a, e ; ie) : lire
Lust die : l'envie
öffnen : ouvrir
Scanner der (-) : le scanner
schicken : envoyer
sich **aus**kennen (kannte aus, ausgekannt)
   mit + datif : s'y connaître en,
   bien connaître qqch
sich freuen : être content
speichern : sauvegarder, enregistrer
Streik der (s / e) : la grève
träumen von + datif : rêver de
Überschrift die (en) : le gros titre
verdienen : gagner
verfolgen : suivre (qqch à la télévision)
vergessen (a, e ; i) : oublier
verpassen : rater
verschicken : envoyer
verstehen (verstand, verstanden) :
   comprendre
vorhaben (hatte vor, vorgehabt ; hat vor) :
   avoir l'intention de
vorschlagen (u, a ; ä) : proposer
Wetterbericht der (e) : le bulletin météo
Zeitung die (en) : le journal

Das Haus – La maison

EXERCICES p. 31

Badezimmer das (-) : la salle de bains
Bett das (en) : le lit
Esszimmer das (-) : la salle à manger
Fenster das (-) : la fenêtre
Fernseher der (-) : le téléviseur
Garten der (¨-) : le jardin
hinuntertragen (u, a ; ä) : descendre
   (la poubelle)
Keller der (-) : la cave
Klavier das (e) : le piano
Kleiderschrank der (¨-e) : la penderie
kochen : faire la cuisine
Küche die (n) : la cuisine
Kühlschrank der (¨-e) : le réfrigérateur
lüften : aérer
Mikrowelle die (n) : le four à micro-ondes
Müll der : la poubelle, les ordures ménagères
putzen : nettoyer, éplucher
schlafen (ie, a ; ä) : dormir
Schlafzimmer das (-) : la chambre à coucher
Schreibtisch der (e) : le bureau (meuble)
Staubsauger der (-) : l'aspirateur

vocabulaire

Vocabulaire

Alte Geschichten, Märchen und Legenden – Vieilles histoires, contes et légendes

EXERCICES pp. 33 et 35

aufhören : cesser
aufschreiben (ie, ie) : copier, noter
Band der ("-e) : le volume
beeindrucken : impressionner
Bericht der (e) über + acc. : le récit, l'exposé
Besen der (-) : le balai
bitten (bat, gebeten) : prier (qqn de faire qqch)
Botin die (nen) : la messagère
Buch das ("-er) : le livre
Drache der (n, n) : le dragon
Elfe die (n) : l'elfe
erklären : expliquer, déclarer
Erlkönig der : le roi des aulnes
erscheinen (ie, ie) : apparaître
erzählen : raconter
essen (aß, gegessen ; isst) : manger
Eule die (n) : la chouette
Feind der (e) : l'ennemi
fürchten : craindre
gefallen (gefiel, gefallen ; gefällt) : plaire
Geschichte die (n) : l'histoire
Glück das : la chance, le bonheur
Held der (en, en) : le héros
Hexe die (n) : la sorcière
hinzufügen : ajouter
hoffen : espérer
Kampf der ("-e) : le combat
Kobold der (e) : le lutin
Lehrer der (-) : le professeur
Lied das (er) : le chant
Märchen das (-) : le conte
Nachbar der (n, n) : le voisin
Nacht die ("-e) : la nuit
Nebel der (-) : le brouillard
Nixe die (n) : l'ondine
reiten (ritt, geritten) : chevaucher
Ruhe die : le calme
Schiffer der (-) : le batelier
schreiben (ie, ie) : écrire
sich beklagen über + acc. : se plaindre de
sich etwas **an**sehen (a, e ; ie) : aller voir, regarder qqch
sich kämmen : se peigner
siegen über + acc. : vaincre
singen (a, u) : chanter
Spiel das (e) : le jeu
spielen : jouer
tanzen : danser
übersetzen : traduire
unendlich : infini
vergessen (a, e ; i) : oublier
Verhängnis das (se) : le malheur
warten auf + acc. : attendre
Welt die (en) : le monde
wissen (wusste, gewusst ; weiß) : savoir
wünschen : souhaiter
Zauberei die : la magie
Zauberkünste die : les sortilèges
zuhören + datif : écouter
Zwerg der (e) : le nain

Die Identität – L'identité

EXERCICES p. 37

ankommen (kam an, angekommen) : arriver
antworten : répondre
Autobahn die (en) : l'autoroute
begleiten : accompagner
besitzen (besaß, besessen) : posséder
besonders : particulièrement
bevorzugen : préférer
bleiben (ie, ie) : rester
Fachgebiet das (e) : la spécialité
Frage die (n) : la question
Freizeit die : les loisirs
Gehalt das (¨-er) : le salaire
gern : volontiers
Geschenk das (e) : le cadeau
heißen (ie, ei) : s'appeler
Kind das (er) : l'enfant
lesen (a, e ; ie) : lire
Leute die : les gens
mitbringen (brachte mit, mitgebracht) :
   apporter
schade : dommage
sich etwas erhoffen : espérer qqch de
sich **wieder**sehen (a, e ; ie) : se revoir
sperren : fermer
stolz auf + acc. : fier de
Straße die (n) : la rue
toll : formidable
treffen (traf, getroffen ; trifft) : rencontrer
verbringen (verbrachte, verbracht) :
   passer (des vacances, du temps)
vereist : verglacé
verheiratet sein : être marié
Vorstellung die (en) : l'idée
weg müssen (musste, gemusst ; muss) :
   être obligé de partir
wissen (wusste, gewusst) : savoir
wohnen : habiter
Zeitschrift die (en) : la revue
zusammenarbeiten : collaborer

Wer ist das? Was macht er? – Qui est-ce ? Que fait-il ?

EXERCICES p. 39

abnehmen (nahm ab, abgenommen ; nimmt
   ab) : perdre (des kilos)
Angst die (¨-e) : la peur
ausstehen (stand aus, ausgestanden) :
   endurer
Autobahn die (en) : l'autoroute
betreten (betrat, betreten ; betritt) + acc. :
   entrer dans
Bienenstich der (e) : la piqûre d'abeille
Diät die (en) : le régime
Esel der (-) : l'âne
Ferien die : les vacances
Fluss der (¨-e) : la rivière
Gesicht das (er) : le visage
infolge + gén. : à la suite de
langsam : lentement
Radfahrer der (-) : le cycliste
regelmäßig : régulièrement
reiten (ritt, geritten) : monter à cheval
schaukeln : se balancer
schlafen (ie, a ; ä) : dormir
Segelboot das (e) : le voilier
sperren : fermer
stammen aus + datif : être originaire de
Strand der (¨-e) : la plage
Urlauber der (-) : le vacancier
verlieren (o, o) : perdre
verschwinden (a, u) : disparaître
verschwollen : gonflé
Versehen das : le malheur, aus Versehen :
   par inadvertance
Welle die (n) : la vague
Wespe die (n) : la guêpe

vocabulaire

Vocabulaire

Sich zerstreuen – Se distraire

EXERCICES p. 41

anscheinend : apparemment
ausgehen (ging aus, ausgegangen) : sortir
auswählen : sélectionner
bald : bientôt
bauen : construire
bedauerlicherweise : malheureusement
begabt : doué
Begeisterung die : l'enthousiasme
behaupten : affirmer
bekanntlich : comme chacun sait
bestimmt : assurément
Erholung die : le repos, la détente
Ferienpläne die : les projets de vacances
freundlicherweise : aimablement
glücklicherweise : par bonheur
haushoch gewinnen (a, o) : gagner haut la main
haushoch schlagen (u, a ; ä) : battre à plate couture
hoffentlich : espérons que
Kino das (s) : le cinéma
lachen über + acc. : rire de
leider : malheureusement
Nachbarin die (nen) : la voisine
niemand : personne
schnell : vite
schon : déjà
Schwimmbad das : la piscine
sich entspannen : se détendre
sicher : sûr, sûrement
sich melden : répondre
sonst : sinon
trösten : consoler
vergessen (a, e ; i) : oublier
vermutlich : peut-être
vielleicht : peut-être
voller : plein de
wahrscheinlich : vraisemblablement
wieder : à nouveau
wirklich : vraiment
Zeit die : le temps

Der menschliche Körper – Le corps humain

EXERCICES p. 43

Arm der (e) : le bras
Auge das (n) : l'œil
Bauch der (¨-e) : le ventre
Bein das (e) : la jambe
Brust die (¨-e) : la poitrine
Daumen der (-) : le pouce
Ferse die (n) : le talon
Finger der (-) : le doigt
Fuß der (¨-e) : le pied
Gehirn das (e) : le cerveau
Gesäß das (e) : les fesses
Haar das (e) : les cheveux
Hals der (¨-e) : le cou
Hand die (¨-e) : la main
Haut die (¨-e) : la peau
Herz das (en) : le cœur
Kinn das (e) : le menton
Knie das (-) : le genou
Knochen der (-) : l'os
Knorpel der (-) : le cartilage
Kopf der (¨-e) : la tête
Leber die (n) : le foie
Lippe die (n) : la lèvre
Mund der (¨-er) : la bouche
Nagel der (¨-) : l'ongle
Nase die (n) : le nez
Niere die (n) : le rein
Rippe die (n) : la côte
Rücken der (-) : le dos
Schenkel der (-) : la cuisse
Skelett das (e) : le squelette
Wange die (n) : la joue
Wirbelsäule die (n) : la colonne vertébrale
Zahn der (¨-e) : la dent
Zehe die (n) : l'orteil
Zunge die (n) : la langue

Die Tiere – Les animaux

Adler der (-) : l'aigle
Affe der (n, n) : le singe
Bär der (en, en) : l'ours
Boa die (s) : le boa
Delfin der (e) : le dauphin
Dromedar das (e) : le dromadaire
Drossel die (n) : la grive
Elefant der (n, n) : l'éléphant
Ente die (n) : le canard
Fisch der (e) : le poisson
Fischotter der (-) : la loutre
Floh der (¨-e) : la puce
Frosch der (¨-e) : la grenouille
Fuchs der (¨-e) : le renard
Gans die (¨-e) : l'oie
Gänserich der (e) : le jars
Geier der (-) : le vautour
Gorilla der (s) : le gorille
Hahn der (¨-e) : le coq
Hase der (n, n) : le lièvre
Hermelin das (e) : l'hermine
Huhn das (¨-er) : la poule
Hummer der (-) : le homard
Hund der (e) : le chien
Igel der (-) : le hérisson
Kalb das (¨-er) : le veau
Kamel das (e) : le chameau
Känguru das (s) : le kangourou
Kaninchen das (-) : le lapin
Krebs der (e) : le crabe
Kreuzotter die (n) : la vipère
Kuh die (¨-e) : la vache
Lachs der (e) : le saumon
Laus die (¨-e) : le pou
Löwe der (n, n) : le lion
Makrele die (n) : le maquereau
Marienkäfer der (-) : la coccinelle
Maus die (¨-e) : la souris
Muschel die (n) : le coquillage
Nachtigall die (en) : le rossignol
Nashorn das (¨-er) : le rhinocéros
Panther der (-) : la panthère
Pelikan der (e) : le pélican
Python der (s) : le python
Rabe der (n, n) : le corbeau
Ratte die (n) : le rat
Schakal der (e) : le chacal
Schwan der (¨-e) : le cygne
Schwein das (e) : le cochon
Strauß der (e) : l'autruche
Taube die (n) : le pigeon
Tiger der (-) : le tigre
Uhu der (s) : le grand-duc
Wolf der (¨-e) : le loup
Zebra das (s) : le zèbre
Ziege die (n) : la chèvre

Die Frauenbewegung – Le mouvement féministe

ändern : changer
ausnutzen + acc. : profiter de
bekommen (bekam, bekommen) : recevoir
bereit : prêt
bewusst : de façon consciente
brachliegen (a, e) : être en friche
Emanzipation die : l'émancipation
Engagement das (s) : l'engagement
Ergebnis das (se) : le résultat
Fall der (¨-e) : le cas
Feminismus der : le féminisme
Feministin die (nen) : la féministe
Frau die (en) : la femme
Friede / Frieden der : la paix
Gleichberechtigung die : l'égalisation des droits
gründen : fonder
jahrtausend : millénaire
Leben das : la vie
Männerwelt die : le monde masculin
Politikerin die (nen) : la femme politique
Recht das (e) auf + acc. : le droit à
Regel die (n) : la règle
schließen (o, o) : conclure (la paix, un traité...)
Schritt der (e) : le pas
schützen : protéger
Selbsthass der : la haine de soi
sich **ein**setzen für + acc. : s'engager
Sprachrohr das : le porte-voix
suchen : chercher
Tatsache die (n) : le fait
Umfrage die (n) : le sondage
unversöhnlich : irréductible
Versöhnung die : la réconciliation
verzichten auf + acc. : renoncer à
Zeitschrift die (en) : la revue

Vocabulaire

Die Arbeitslosigkeit – Le chômage

EXERCICES p. 51

ABM die : Die **A**rbeits**b**eschaffungs**m**aßnahme (n) : les mesures d'aide à l'emploi
Arbeitsamt das : l'ANPE
Arbeitslose der (adjectif substantivé) : le chômeur
Arbeitslosigkeit die : le chômage
aufpassen auf + acc. : faire attention à
Ausbildung die (en) : la formation
Beruf der (e) : le métier
betrieblich : interne à l'entreprise
es gibt (a, e) : il y a
Feiertag der (e) : le jour férié
Geduld die : la patience
Geld das : l'argent
Hälfte die : la moitié
herausholen aus + datif : sortir de
Jahr das (e) : l'année
kennen (kannte, gekannt) : connaître
kosten + double accusatif : coûter
Loch das (¨-er) : le trou
mieten : louer (prendre en location)
Möglichkeit die (en) : la possibilité
Obdachlose der (adjectif substantivé) : le sans-abri
Quote die (n) : le taux, le pourcentage
Schulabgänger der (-) : le jeune qui a terminé sa scolarité
schwarz : noir
sich begnügen mit + datif : se contenter de
Spitze die : la pointe, la tête
Stadtviertel das (-) : le quartier
suchen : chercher
Tankstelle die (n) : la station-service
tief : profond
Vermieter der (-) : le propriétaire
vermitteln : transmettre, fournir
Zimmer das (-) : la chambre
zurückkehren : revenir

Die neuen Technologien – Les nouvelles technologies

EXERCICES p. 53

Aktenordner der (-) : le classeur
Anrufbeantworter der (-) : le répondeur
anrufen (ie, u) : appeler (qqn au téléphone)
benutzen : utiliser
besetzt : occupé
Computer der (-) : l'ordinateur
Direktanschluss der (¨-e) : la ligne directe
dringend : urgent
E-Mail die (s) : l'e-mail
erreichen : joindre qqn
Fax das : le fax
finden (a, u) : trouver
geben (a, e ; i) : donner
gehören : appartenir
Handy das (s) : le portable
Hilfe die : l'aide
kennen (kannte, gekannt) : connaître
Laptop der (s) : le portable (ordinateur)
Leitung die (en) : la ligne
Lichtgriffel der (-) : le crayon optique
Nachricht die (en) : le message, la nouvelle
Nebenstelle die (n) : le poste secondaire
Neffe der (n, n) : le neveu
Notizbuch das (¨-er) : le carnet
Organizer der (-) : l'agenda électronique
Scanner der (-) : le scanner
Telefonnummer die (n) : le numéro de téléphone
toll : formidable
Treffpunkt der : le rendez-vous
unterbrechen (a, o ; i) : interrompre
verbinden (a, u) mit + datif : passer la communication à qqn
vergessen (a, e ; i) : oublier
verschicken : envoyer
vielleicht : peut-être
wissen (wusste, gewusst ; weiß) : savoir
zurückrufen (ie, u) : rappeler

Martin Luther – **Martin Luther**

EXERCICES p. 55

Ablass der (¨-e) : l'indulgence
Ablasshandel der : le commerce des indulgences
Armut die : la pauvreté
Bibel die : la bible
Buchstabe der (ns, n) : la lettre d'alphabet
Bulle die : la Bulle
echt : authentique
erscheinen (ie, ie) : apparaître
Esel der (-) : l'âne
fragen + acc. : demander à qqn
Gasse die (n) : la ruelle
geistlich : spirituel
Geltung die : le prestige, la notoriété / etwas zur Geltung bringen (brachte, gebracht) : mettre qqch en valeur
gemein : ordinaire
Glaube der : la foi
Kirche die (n) : l'église
Kurfürst der (en, en) : le prince électeur
Lied das (er) : le chant , le cantique
Markt der (¨-e) : le marché
Orden der (-) : l'ordre religieux
päpstlich : papal
Papsttum das : la papauté
predigen : prêcher
Reformschriften die : les écrits réformateurs
Rolle die (n) : le rôle
Rückkehr die zu + datif : le retour à
sich bereichern : s'enrichir
Sprache die (n) : la langue
tun (tat, getan) : faire
übersetzen : traduire
Übersetzung die (en) : la traduction
verbrennen (verbrannte, verbrannt) : brûler
veröffentlichen : publier

Die Prominenten – **Les célébrités**

EXERCICES p. 57

Besuch der (e) : la visite
derzeit : actuellement
Einfluss der (¨-e) : l'influence
Entdeckung die (en) : la découverte
entstehen (entstand, entstanden) : naître, apparaître
erfreuen + accusatif : faire plaisir à qqn
Gedicht das (e) : le poème
Gemälde das (-) : le tableau
heiraten : épouser
Kaiser der (-) : l'empereur
Kanzler der (-) : le chancelier
kennen (kannte, gekannt) : connaître
Leben das (-) : la vie
lesen (a, e ; ie) : lire
Praxis die (Praxen) : le cabinet
Radierung die (en) : la gravure
Schule die (n) : l'école
sich entschließen (o, o) : se décider
Sieg der (e) : la victoire
Strahl der (en) : le rayon
Tochter die (¨-) : la fille
umsonst : en vain
versuchen : essayer
Vorfahr der (en, en) : l'ancêtre
Werk das (e) : l'œuvre
zu sein (war, gewesen ; ist) : être fermé

vocabulaire

Vocabulaire

Die Filmemacher – Les cinéastes

EXERCICES p. 59

begeistert : enthousiasmé
bleich : blême, blafard
Bräutigam der (e) : le fiancé
Bruder der (¨-) : le frère
Engel der (-) : l'ange
Erde die : la terre
erzählen : raconter
es fällt einem schwer... : il est difficile
    à qqn de...
Film der (e) : le film
fliehen (o, o) : fuir
Gefangenschaft die : la captivité
Genau : exact(ement)
Geschichte die (n) : l'histoire
heißen (ie, ei) : s'appeler
Heldentum das : l'héroïsme
Himmel der : le ciel
Horoskop das (e) : l'horoscope
irren : errer
kaufen : acheter
kennen (kannte, gekannt) : connaître
Krieg der (e) : la guerre

Künstler der (-) / Künstlerin die (nen) : l'artiste
Leben das : la vie
lesen (a, e ; ie) : lire
Märchen das (-) : le conte
möglichst : autant que possible
Name der (ns, n) : le nom
Räuber der (-) : le brigand
Schlagzeile die (n) : le gros titre
sehen (a, e ; ie) : voir
sich etwas **vor**stellen : se représenter qqch,
    imaginer
sich erinnern an + acc. : se rappeler qqch
sich gewöhnen an + acc. : s'habituer à
sich verlieben in + acc. : tomber amoureux de
Tochter die (¨-) : la fille
verführen : séduire
vergessen (a, e ; i) : oublier
Zeitung die (en) : le journal
zerstören : détruire
zurückkommen (kam zurück,
    zurückgekommen) : revenir

Die Computer – Les ordinateurs

EXERCICES p. 61

alt : vieux
Auswahlkriterium das (Kriterien) : le critère
    de choix
benutzen / benützen : utiliser
Bild das (er) : l'image
CD-Rom-Laufwerk das (-) : le lecteur de CD-Rom
computergestützt : assisté par ordinateur
Daten die : les données
Datenträger der : le support de données
eifersüchtig auf + acc. : jaloux de
einscannen : scanner
empfangen (i, a ; ä) : recevoir
Entscheidung die (en) : la décision
Erfahrung die (en) : l'expérience
Erwachsene der (adjectif substantivé) :
    l'adulte
Experte der (n, n) : l'expert
Freude die : la joie
genügend : suffisamment
gesamt : tout le / toute la
groß : grand
Icon das (s) : l'icone

Kiste die (n) : la caisse
klagen : se plaindre
klicken auf + acc. : cliquer sur
klobig : massif, grossier
Leute die : les gens
löschen : effacer
Plage die (n) : le fléau, eine richtige Plage :
    un véritable fléau
Schreibmaschine die (n) : la machine à écrire
sich begeistern : s'enthousiasmer
sich streiten (stritt, gestritten) : se disputer
spannend : captivant
Team das (s) : l'équipe
toll : formidable
verlaufen (ie, au ; äu) : se dérouler
versetzen : transférer, transporter
Virus der (Viren) : le virus
vorschlagen (u, a ; ä) : proposer
wählen : choisir
Welt die : le monde
wichtig : important
Zugriffszeit die : la vitesse de lecture

Im Jahr 2001 – En 2001

EXERCICES p. 63

absagen : refuser
Abschied der (e) : l'adieu
ade : adieu !
Altertümer die : les antiquités
anbieten (o, o) : offrir, proposer
angreifen (griff an, angegriffen) : attaquer
anrichten : causer, faire (des bêtises)
auftauchen : surgir, apparaître
Ausland das : l'étranger
beruhen auf + dat. : reposer sur
besichtigen : visiter
betrachten : considérer
bewundern : admirer
bitten (bat, gebeten) um + acc. : demander qqch
dahinter stecken : être derrière qqch
Denkmal das (¨-er) : le monument
dicht : épais
Diskuswerfer der (-) : le lanceur de disque
dunkel : sombre
durchsetzen : imposer
Einsturz der : l'effondrement
Erfolg der (e) : le succès
ermorden : assassiner
eröffnen : ouvrir
feig(e) : lâche
Feuerwehrleute die : les pompiers
freiwillig : de son plein gré, volontaire
gewaltig : très fort, puissant
golden : en or
Hilfe die : l'aide
Jahrhundert das (e) : le siècle
Kantonist der (en, en) : jemand ist ein unsicherer Kantonist : on ne peut pas compter sur qqn
kühl : froid, frais
Kulturgüter die : les biens culturels
Landschaft die (en) : le paysage
leer : vide
Leistung die : le travail

Marktwirtschaft die : l'économie de marché
nehmen (nahm, genommen ; nimmt) : prendre
Preuße der (n, n) : le Prussien
Prominente der (adjectif substantivé) : la célébrité, la personnalité (personne)
Qualm der : la fumée
Rauch der : la fumée
Raum der (¨-e) : la salle
reich : riche
Reisende der (adjectif substantivé) : le voyageur
Sammler der (-) : le collectionneur
Schließung die (en) : la fermeture
schmuggeln : passer en contrebande, faire le trafic de qqch
Schützer der (-) : le protecteur
sehen (sah, gesehen ; sieht) : voir
sich erweisen (ie, ie) : se révéler
sich wälzen : tournoyer, se rouler
Spur die (en) : la trace
stilsicher : respectueux du style de
Straße die (n) : la rue
taumeln : chanceler
trösten : consoler
Unheil das : le malheur
unschuldig : innocent
wachsend : croissant
warten auf + acc. : attendre
weinend : en pleurs
weltberühmt : célèbre dans le monde entier
wirken : faire un effet, donner l'impression
Wirtschaft die : l'économie
Wohlstand der : l'aisance, la richesse
Wolke die (n) : le nuage
zahlen : payer
zahlreich : nombreux
Zeit die (en) : le temps
zerstören : détruire

vocabulaire

Vocabulaire

Die Klimate – Les climats

EXERCICES p. 67

Auge das (n) : l'œil
Ausländer der (-) : l'étranger
blau : bleu
Blütenknospe die (n) : le bouton de fleur
dicht besiedelt : à forte population
dunkelblau : bleu foncé
Erdbeere die (n) : la fraise
es gibt (gab, gegeben) : il y a
Gagat der : le jais
gemäßigt : tempéré
Gesang der (¨-e) : le chant
Gipfel der (-) : le sommet
Großstadt die (¨-e) : la grande ville
Haare die : les cheveux
Haut die (¨-e) : la peau
Himmel der : le ciel
hoch : haut
Insel die (n) : l'île
kalt : froid
klein : petit

Klima das (s oder te) : le climat
kurz : court
Küste die (n) : la côte
lang : long
Lippe die (n) : la lèvre
Luftverschmutzung die : la pollution de l'air
Nachtigall die (en) : le rossignol
oft : souvent
rot : rouge
sanft : doux
schneien : neiger
schwarz : noir
Seebad das (¨-er) : la station balnéaire
Sommer der : l'été
stark : fort
Stimme die (n) : la voix
süß : suave
Tal das (¨-er) : la vallée
wenig : peu
zart : délicat, tendre

In Deutschland – En Allemagne

EXERCICES p. 69

Abenteuer das (-) : l'aventure
bedeutend : important
beherbergen : héberger, abriter
bekannt : connu
Berg der (e) : la montagne
blau : bleu
Blütenknospe die (n) : le bouton de fleur
dicht besiedelt : à forte population
die AG (Aktiengesellschaft) : la société anonyme
Erdbeere die (n) : la fraise
Gagat der : le jais
groß : grand
gründen : fonder
Haare die : les cheveux
Heimat die : la patrie
Himmel der : le ciel
hoch : haut
Insel die (n) : l'île
klein : petit
Landschaft die (en) : le paysage

lieb : cher
rein : pur(ement)
Richtung die (en) : la direction
rot : rouge
sagenumwoben : nimbé de légendes
schlimm : grave
schwarz : noir
Seehafen der (¨-) : le port maritime
Sitz der (e) : le siège
Sprache die (n) : la langue
Standort der (e) : l'emplacement, le site
stark : fort
süß : suave
Tal das (¨-er) : la vallée
übersetzen : traduire
umsatzstark : qui fait un gros chiffre d'affaires
Verkehrsachse die (n) : l'axe de circulation
vertreten (a, e ; vertritt) : représenter
wichtig : important
wissen (wusste, gewusst ; weiß) : savoir
zählen : compter

Die Bestseller – Les best-sellers

EXERCICES p. 71

alt : âgé
berichten über + acc. : faire le récit de
Blechtrommel die (n) : le tambour (de fer-blanc)
Buch das (¨-er) : le livre
dauern : durer
Deutsche der (adjectif substantivé) : l'allemand
die meisten Leute : la plupart des gens
drehen : tourner
empfehlen (a, o ; ie) : recommander
erfolgreich : qui a du succès
erst spät : seulement tardivement
erstmals : pour la première fois
erzählen : raconter
Film der (e) : le film
Flüchtling der (e) : le fugitif
Geliebte die (adjectif substantivé) : l'amante, la maîtresse
Held der (en) : le héros
Jahr das (e) : l'année
jetzt : maintenant
Kino das (s) : le cinéma
kommen (kam, gekommen) : venir
Krebsgang der : la marche à reculons
Leben das : la vie
lesen (a ; e ; ie) : lire
Leute die : les gens
Lieblingsfilm der (e) : le film préféré
Novelle die (n) : la nouvelle
Roman der (e) : le roman
russisch : russe
Schiff das (e) : le bateau
sich entpuppen als etwas : se révéler être qqch
sich etwas **an**schauen : regarder, aller voir qqch
Sprache die (n) : la langue
sterben (a, o ; i) : mourir
Stunde die (n) : l'heure
Tag der (e) : le jour
torpedieren : torpiller
traurig : triste
übertragen (u, a ; ä) : traduire
U-Boot das : le sous-marin
unerwünscht : indésirable
ungern : à contrecœur
versinken (a, u) : sombrer
Vorleser der (-) : le lecteur
warten auf + acc. : attendre
Wellen die : les vagues

In der Stadt – En ville

EXERCICES p. 73

alle : tous
alles : tout
beleuchtet : éclairé
Bescheid wissen (wusste, gewusst) : être au courant
es gibt (gab, gegeben) : il y a
Fahrkartenblock der (¨-e) : le carnet de tickets
Fuß der (¨-e) : le pied
Gasse die (n) : la ruelle
Grünanlage die (n) : l'espace vert
Haus das (¨-er) : la maison
jedermann : tout le monde
jemand : quelqu'un
kaufen : acheter
Laterne die (n) : le lampadaire
Nachbar der (n, n) : le voisin
Nähe die : la proximité
niemand : personne
noch : encore
Nussbaum der (¨-e) : le noyer
Radweg der (e) : la piste cyclable
renovieren : rénover
Sache die (n) : l'affaire
sagen : dire
Spielplatz der (¨-e) : le terrain de jeux
Stadtplan der (¨-e) : le plan de la ville
Stadtviertel das (-) : le quartier
Straße die (n) : la rue
Taxistand der (¨-e) : la station de taxis
treten (trat, ist getreten ; tritt) : marcher

vocabulaire

Vocabulaire

Gesprächsfetzen – Bribes de conversations

EXERCICES p. 75

Abitur das : le baccalauréat
abstimmen über + acc. : voter
achten auf + acc. : faire attention à
atheistisch : athée
Aussöhnung die (en) : la réconciliation
Bauernhof der (¨-e) : la ferme
besonders : particulièrement
Buchmesse die (n) : le salon du livre
denken (dachte, gedacht) : penser
feiern : fêter
Ferien die : les vacances
Feuerkelch der (e) : la Coupe de Feu
Frage die (n) : la question
Jugendweihe die : fête qui célébrait en RDA l'entrée des adolescents de 14 ans dans la communauté socialiste
Kernkraftwerk das (e) : la centrale nucléaire
Leser der (-) : le lecteur
oft : souvent
Schulzeitung die (en) : le journal de l'école

schwärmen für + acc. : être fou de, raffoler de
sich **auseinander**setzen : réfléchir sur, se pencher sur, s'attaquer à
sich **ein**setzen für + acc. : s'engager en faveur de
sich freuen über + acc. : se réjouir de, auf + acc. : à la pensée de
sich sehnen nach + datif : aspirer à
sonst : sinon
Spielprogramm das (e) : le programme au répertoire
stattfinden (a, u) : avoir lieu
staunen über + acc. : s'étonner de
teilnehmen (a, o ; i) an + datif : participer à
träumen von + datif : rêver de
Verantwortung die : la responsabilité
verzichten auf + acc. : renoncer à
Vorführung die (en) : la représentation

Gedankenaustausch – Échange de vues

EXERCICES pp. 77 et 79

etwas bleibt (von + datif) übrig (blieb übrig, ist übriggeblieben) : il reste qqch (de qqch)
fahren (u, a ; ä) : aller (avec un véhicule)
freundlich : aimable, amical
glauben : croire
lustig : gai
oft : souvent
Sache die (n) : l'affaire
Schlaf der : le sommeil
sich **aus**kennen (kannte sich aus, hat sich ausgekannt) : s'y connaître
sich gewöhnen an + acc. : s'habituer à

sich erinnern an + acc. : se souvenir de
träumen von + datif : rêver de
Wagen der (-) : la voiture
wiegen : bercer
wissen (wusste, gewusst) : savoir
Woche die (n) : la semaine
Zeit die (en) : le temps
Zug der : le train
zurückdenken (dachte zurück, hat zurückgedacht) : repenser à, se rappeler qqch

Kuddelmuddel – **Méli-mélo**

EXERCICES p. 81

alles : tout
anrufen (ie, u) : appeler (au téléphone)
arbeiten : travailler
aufwachen : se réveiller
beginnen (a, o) : commencer
brauchen + acc. : avoir besoin de
dank + génitif : grâce à
denken (dachte, gedacht) : penser
Ende das (n) : la fin
etwas : quelque chose
Freund der (e) : l'ami
gehen (ging, gegangen) : aller
Kino das (s) : le cinéma
klug : intelligent
kommen (kam, gekommen) : venir
Mantel der (¨-) : le manteau
Mensch der (en, en) : l'homme (l'être humain)
Mutter die (¨-) : la mère
Ruhestand der : la retraite

sagen : dire
schön : beau
Sendung die (en) : l'émission
Sommer der : l'été
spät : tard
spazieren : se promener
Tag der (e) : le jour
tragen (u, a ; ä) : porter
Traum der (¨-e) : le rêve
tun (tat, getan) : faire
Unterstützung die (en) : le soutien
verkehren mit + datif : fréquenter qqn
verstehen (verstand, verstanden) : comprendre
vorbei sein : être fini
wählen : élire
Weiß das : le blanc
Woche die (n) : la semaine
wollen (wollte, gewollt ; will) : vouloir

Das gesunde Volksempfinden – **Bon sens populaire**

EXERCICES p. 83

alt : âgé
Angst die (¨-e) : la peur
arbeiten : travailler
Auge das (n) : l'œil
begeistert : enthousiaste
Computer der (-) : l'ordinateur
dauern : durer
draufgehen (ging drauf, ist draufgegangen) :
    y passer (l'argent)
Fußballspieler der (-), Fußballer der (-) :
    le footballeur
Geld das : l'argent
geschehen (a, e ; ie) : arriver, se produire
Kind das (er) : l'enfant
laut : bruyant
Mutter die (¨-) : la mère
nachlassen (ie, a ; ä) : baisser (la vue)
nervös : nerveux
Reise die (n) : le voyage
schreien (ie, ie) : crier

Schüler der (-) : l'élève
schwatzen : bavarder
sehen (a, e ; ie) : voir
sich **auf**regen : s'énerver
sich ernähren : se nourrir
sich fühlen : se sentir
sich nähern : s'approcher
Sorge die (n) : le souci
spielen : jouer
Student der (en, en) : l'étudiant
teuer : cher
trainieren : s'entraîner
vergessen (a, e ; i) : oublier
verkehren : circuler
vernünftig : raisonnable
Wagen der (-) : la voiture
Winter der : l'hiver
wissen (wusste, gewusst) : savoir
Zuschauer der (-) : le spectateur

vocabulaire

Vocabulaire

Kaffeeklatsch – Potins autour d'une tasse de café

EXERCICES p. 85

Angestellte der (adjectif substantivé) : l'employé
arbeiten : travailler
Bescheid wissen (wusste, gewusst ; weiß) : être au courant
betrachten : considérer
Buchhalter der (-) : le comptable
effizient : efficace
es gut mit jemandem meinen : avoir de bonnes intentions à l'égard de quelqu'un
es jemandem schwer fallen (fiel, ist gefallen ; fällt) : être difficile à quelqu'un de
es zeigt sich, dass… : il s'avère que
Geschäftemacher der (-) : l'affairiste
immer : toujours
Kollege der (n, n) : le collègue
langweilig : ennuyeux
öffnen : ouvrir
Posten der (-) : le poste, l'emploi
Recht das (e) : le droit
recht : vraiment
regnen : pleuvoir
satt : ich habe es satt… : j'en ai assez de…
sehr : très
sich benehmen (a, o, i) : se conduire
spät : tard
stehlen (a, o ; ie) : voler qqch
Tür die (en) : la porte
unternehmen (a, o ; i) : entreprendre
Unternehmen das (-) : l'entreprise
Vater der (¨-) : le père
verzichten auf + acc. : renoncer à
wichtig : important
wimmeln : grouiller, fourmiller
es wimmelt von… : ça grouille de…

Verbrechensbekämpfung – Lutte contre la criminalité

EXERCICES p. 87

abverlangen : exiger
Angabe die (n) : l'indication
Art die (en) : la sorte
außerhalb + gén. : à l'extérieur de
aufdecken : élucider, découvrir
Aufgabe die (n) : la tâche
beispielhaft : exemplaire
beobachten : observer
bezahlen : payer
Bürger der (-) : le citoyen
Dieb der (e) : le voleur
Diebstahl der (¨-e) : le vol
erfolgreich : qui a du succès
festnehmen (nahm fest, festgenommen ; nimmt fest) : arrêter
Gelegenheitsdieb der (e) : le voleur occasionnel
hart : dur(ement)
Hauptgeschäftszeit die (en) : l'heure de pointe (pour les magasins)
Jugendliche der (adjectif substantivé) : l'adolescent, le jeune
Ladendieb der (e) : le voleur à l'étalage
Missetäter der (-) : l'auteur d'un méfait
Mutprobe die (n) : l'épreuve de courage
obgleich : bien que
oft : souvent
sich vervielfachen : se multiplier
sorgen für + acc. : veiller à
Stadtmitte die (n) : le centre de la ville
Straferlass der (e) : la remise de peine
Tat die (en) : l'acte
Todesstrafe die : la peine de mort
Verjährung die (en) : la prescription
verklagen wegen + gén. : poursuivre en justice pour
vorbeigehen an + dat. (ging vorbei, ist vorbeigegangen) : passer devant
vorgehen (ging, gegangen) gegen + acc. : agir contre
Vorschlag der (¨-e) : la proposition
Wachsamkeit die : la vigilance
Wehrdienst der : le service militaire
Wiedervereinigung die : la réunification
wirksam : efficace
wohnen : habiter
zählen zu + dat. : faire partie de
zunehmen (nahm zu, zugenommen ; nimmt zu) : augmenter

Tapetenwechsel – Changement d'air

EXERCICES p. 89

allein : seul
Arbeit die (en) : le travail
Bahnhof der (¨-e) : la gare
Berg der (e) : la montagne
bleiben (ie, ie) : rester
Bruder der (¨-) : le frère
Bungalow der (s) : le bungalow
Computer der (-) : l'ordinateur
einkaufen : faire des courses
einlaufen (ie, au ; äu) : entrer
es fällt jemandem schwer (fiel, ist gefallen, fällt) : être difficile à qqn
essen (a, e ; i) : manger
fahren (u, a ; ä) : aller (avec un véhicule)
eine Fahrt ins Blaue : un voyage-surprise, sans but précis
Flagge die (n) : le pavillon, le drapeau
fliegen (o, o) : prendre l'avion
fremd : étranger
Freund der (e) : l'ami
Garten der (¨-) : le jardin
gebeugt über + acc. : penché sur
Haus das (¨-er) : la maison
Insel die (n) : l'île

Kasse die (n) : la caisse
Kino das (s) : le cinéma
Korsika : la Corse
Land das : la campagne
manchmal : parfois
Nachbar der (n, n) : le voisin
Schwiegereltern die : les beaux-parents
Schwimmbad das : la piscine
sich befinden (a, u) : se trouver
sich legen : se coucher
sitzen (saß, gesessen) : être assis
Sonne die : le soleil
Stadt die (¨-e) : la ville
Strand der (¨-e) : la plage
Tanker der (-) : le pétrolier
übernachten : passer la nuit
Urlaub der : les vacances
urlaubsreif sein : avoir besoin de vacances
verbringen (verbrachte, verbracht) : passer (des vacances, du temps)
warten auf + acc. : attendre
wohnen : habiter
Zimmer das (-) : la pièce, la chambre
Zug der (¨-e) : le train

Zu Hause – À la maison

EXERCICES p. 91

abschicken : envoyer
anrufen (ie, u) : appeler (qqn au téléphone)
aufbauen : monter (une tente)
ausziehen (zog aus, ausgezogen) : ôter (des vêtements)
Besteck das : les couverts
Bett das (en) : le lit
blicken auf + acc. : regarder
Brot das : le pain
Buch das (¨-er) : le livre
duschen : se doucher
Esszimmer das (-) : la salle à manger
Fenster das (-) : la fenêtre
fernsehen (a, e ; ie) : regarder la télévision
Flur der (e) : l'entrée
frühstücken : prendre son petit déjeuner
Garten der (¨-) : le jardin
gehen (ging, ist gegangen) : aller
hängen (i, a) : être pendu (au téléphone)
hängen : étendre (du linge)
helfen (a, o ; i) + dat. : aider
holen : aller chercher
Katze die (n) : le chat

Keller der (-) : la cave
Kind das (er) : l'enfant
Korb der (¨-e) : le panier
Küche die (n) : la cuisine
Kuli der (s) : le stylo (bic)
laufen (ie, au ; äu) : courir
läuten : sonner
legen : poser (à plat)
Leine die (n) : le fil (à linge)
regnen : pleuvoir
richtig : exact
schlafen (ie, a ; ä) : dormir
schmutzig : sale
Schuh der (e) : la chaussure
sich stützen auf + acc. : s'appuyer sur
stehen (stand, gestanden) : être (debout)
stellen : poser (debout)
Stock der (¨-e) : la canne
Teller der (-) : l'assiette
Teppich der (e) : le tapis
Tisch der (e) : la table
Zelt das (e) : la tente
zubereiten : préparer (un repas)

vocabulaire

Vocabulaire

Die Zeit – Le temps

EXERCICES p. 93

Abend der : le soir
ankommen (a, o) : arriver
anrufen (ie, u) : appeler (au téléphone)
aufstehen (stand auf, ist aufgestanden) : se lever
beginnen (a, o) : commencer
besuchen + acc. : rendre visite
bleiben (ie, ie) : rester
Einbruch der (der Nacht) : la tombée (de la nuit)
Eingemachtes (adjectif substantivé) : des conserves (faites à la maison)
es fällt mir schwer (ie, a ; ä) : il m'est difficile de
es gelingt mir... (a, u) : je réussis à...
Familienleben das : la vie familiale
Ferien die : les vacances
fliegen (o, o) : prendre l'avion
fragen : demander
Großmutter die (¨-) : la grand-mère
Großstadt die (¨-e) : la grande ville

Jahr das (e) : l'année
jetzt : maintenant
Kino das (s) : le cinéma
Monat der (e) : le mois
Morgen der (-) : le matin
Nacht die (¨-e) : la nuit
Ostern : Pâques
regelmäßig : régulièrement
schenken : offrir
spät : tard
sterben (a, o ; i) : mourir
Süden der : le sud
Tagesanbruch der : le lever du jour
Tür die (en) : la porte
vereinbaren : concilier
vor kurzem : récemment
Winter der (-) : l'hiver
Woche die (n) : la semaine
wohnen : habiter
zuschließen (o, o) : fermer à clé

Kleinigkeiten – Des petits riens

EXERCICES p. 95

abhalten (ie, a ; ä) : empêcher
backen : faire (un gâteau)
bekommen (bekam, bekommen) : recevoir
besondere (r, s) : particulier, spécial
bringen (brachte, gebracht) : apporter
einfach : simple
es zu nichts bringen (brachte, gebracht) : n'arriver à rien
faul : paresseux
gefallen (gefiel, gefallen ; gefällt) : plaire
großartig : grandiose, fantastique
Jammer der : la misère, le chagrin

Kuchen der (-) : le gâteau
machen : faire
reden : parler
Salat der : la salade
schenken : offrir
sich streiten (stritt, gestritten) : se disputer
überraschend : surprenant
Welt die : le monde
wert sein : valoir qqch
wissen (wusste, gewusst ; weiß) : savoir
würzen : assaisonner, épicer

1 La place du verbe dans la phrase simple

▶ énoncés p. 9

1 ▶ **a.** Faux. **c.** Vrai.
b. Vrai. **d.** Faux.

2 ▶ **a.** La première place.
b. La deuxième place.
c. La dernière place.
d. La première place.
e. La deuxième place.

3 ▶ **a.** Interrogative globale.
b. Interrogative partielle.
c. Interrogative partielle.
d. Interrogative globale.

4 ▶ **a.** Hans **soll** mit Freunden im Restaurant essen.
b. Wann **hat** er frei?
c. Wahrscheinlich **ist** er voll beschäftigt.
d. Er **kommt** jedoch pünktlich im Restaurant **an**.
e. Deshalb **finden** ihn seine Freunde sympathisch.

5 ▶ **a.** Jeden Tag muss sie Staub saugen.
b. Am Wochenende schläft sie aus.
c. Putzt sie die Fenster?
d. Spül das Geschirr!

6 ▶ **a.** Se réveiller toujours tôt.
b. Se lever à sept heures.
c. Prendre son petit déjeuner à la cuisine.
d. Se doucher rapidement.
e. S'habiller.
f. Aller au travail en métro.

7 ▶ **a.** Abends sieht er fern.
b. Wann sieht er fern?
c. Sieht er fern?
d. Ob er fernsieht?
e. Dann sieht er fern.

8 ▶ Warum kommst du so spät nach Hause? Setz dich schnell zu Tisch! Willst du etwas Warmes essen? Du musst müde sein. Glücklicherweise kannst du am Wochenende ausschlafen. Geh schnell nach dem Essen ins Bett!

2 La subordonnée

▶ énoncés p. 11

1 ▶ **a.** Faux. **c.** Vrai.
b. Faux. **d.** Vrai.

2 ▶ **a.** Jeder fragt sich, wer das ist.
b. Jeder fragt sich, woher er kommt.
c. Jeder fragt sich, wie alt er sein mag.
d. Jeder fragt sich, wo er wohnt.
e. Jeder fragt sich, wie lange er hier bleiben will.
f. Jeder fragt sich, ob er einen Dienstwagen hat.
g. Jeder fragt sich, ob jemand weiß, wie er heißt.
h. Jeder fragt sich, welche Maßnahmen er treffen wird.
i. Jeder fragt sich, wie viel der neue Mitarbeiter bezahlt wird.

3 ▶ 1 / c. 2 / d. 3 / b. 4 / e. 5 / f. 6 / a.

4 ▶ 1 / a. 2 / b. 3 / c.

5 ▶ **a.** Wir gehen ins Restaurant, seit unser Kühlschrank nicht mehr funktioniert.
b. Hier fühlen wir uns wohl, sobald die Heizung wieder läuft.
c. Ich bleibe zu Hause, um den Kindern bei ihren Hausaufgaben zu helfen.
d. Er fragt sich, mit wem er seinen Urlaub verbringen wird.
e. Weißt du, seit wann er in dieser Firma arbeitet?
f. Tatsache ist, dass er nicht genug arbeitet.

3 Les subordonnées complétive (dass, ob) et causale (weil, da)

▶ énoncés p. 13

1 ▶ **a.** Vrai. **c.** Faux.
b. Faux. **d.** Vrai.

2 ▶ **a.** Sie war wütend, **weil** sie lange an der Kasse warten musste.
b. Er war sicher, **dass** er die billigsten Turnschuhe im Supermarkt finden würde.
c. Wir machten uns Sorgen, **weil** wir nicht genug Geld hatten.

Corrigés des exercices

d. Tatsache ist, **dass** dieses Gerät nicht richtig funktioniert.
e. Die Verkäuferin sagte, **dass** ich das Kleid anprobieren könne.

3 ▶ **a.** Die Kassiererin sagte, **dass** ich meinen Scheck unterschreiben müsse.
b. Die Verkäuferin behauptet, **dass** dieser Supermarkt eine reiche Auswahl an Waren hat.
c. Die Frau protestierte, **weil** sie ein billigeres Modell wollte.
d. Mein Freund war wütend, **weil** sein Kopfhörer nicht funktionierte.
e. Die Kassiererin regt sich auf, **weil** die Kundin kein Kleingeld hat.

4 ▶ **a.** Ich sage der Verkäuferin, **dass** ich das Armband im Schaufenster gern kaufen würde.
b. Mein Freund behauptete, **dass** der Laden schon geschlossen war.
c. Sie war sehr enttäuscht, **weil** sie ihre Einkäufe nicht mehr machen konnte.
d. Sie waren sicher, **dass** es hier im Supermarkt eine Wechselstube gab.
e. Sie war müde, **weil** sie Schlange stehen musste.

5 ▶ **a.** Sie geht oft in den Supermarkt, weil sie dort preisgünstige Produkte findet.
b. Es stört sie aber, dass so viele Leute im Supermarkt sind.
c. Meine Nachbarin geht lieber auf den Markt, weil die Ware direkt vom Land kommt.
d. Ich finde es schade, dass der Laden so früh schließt.
e. Es lohnt sich, dass wir uns Zeit zum Einkaufen nehmen.
f. Ich wollte dir nur sagen, dass es Sonderangebote gibt.

4 La subordonnée temporelle (wenn, als, wann)

▶ énoncés p. 15

1 ▶ **a.** Faux.   **c.** Vrai.
b. Faux.   **d.** Faux.

2 ▶ **a. Wenn** der Kühlschrank leer ist, müssen wir einkaufen gehen.
b. Du wirst den Einkaufswagen schieben, **wenn** du größer bist.
c. Als sie von den Sonderangeboten hörte, stürzte sie sich in die Abteilung.
d. Wenn sie zu müde ist, schickt sie ihren Sohn einkaufen.
e. Als sie an die Kasse kam, bemerkte sie, dass sie ihr Portmonee nicht mehr hatte.
f. Wenn ich meine Ausbildung beendet habe, werde ich in einem Supermarkt arbeiten.

3 ▶ **Ich bin gestresst,**
b. wenn es zu viele Leute im Supermarkt sind.
f. wenn du mürrisch bist, weil du dich beim Einkaufen langweilst.
g. wenn ich lange an der Kasse warte.
h. wenn ich nicht genug Geld habe.
i. wenn das Waschmittel, das ich brauche, ausverkauft ist.

Ich bin froh,
a. wenn du mir beim Einkaufen hilfst.
c. wenn eine Verkäuferin mich anlächelt.
d. wenn ich beim Einkaufen Freunde treffe.
e. wenn ich tolle Sonderangebote sehe.
j. wenn es draußen regnet, während es hier schön warm ist.

4 ▶ **a.** Quand elle feuilleta le livre de cuisine, elle le trouva si intéressant qu'elle ne put se retenir de l'acheter.
b. Quand elle va au marché, elle achète toujours des fines herbes pour la soupe.
c. Quand il veut du bon poisson, il va au marché aux poissons.
d. Quand je vais au supermarché, j'ai besoin de beaucoup d'argent.
e. Quand je veux manger rapidement, je vais à la cafétéria du supermarché.
f. Être obligé d'attendre longtemps à la caisse l'énerve.

5 ▶ **a. Als** sie Durst hatte, trank sie einen Kaffee am Automaten.
b. Als sie zahlen musste, konnte sie ihr Portmonee nicht mehr finden.
c. Wenn sie Zeit hatte, ging sie ins Einkaufszentrum.

d. Als sie an den Kiosk kam, kaufte sie mehrere Zeitungen.
e. Wenn ich Brot brauche, gehe ich in die Bäckerei um die Ecke.
f. Als sie erfuhr, dass es kein Kaufhaus in der Nähe gab, war sie sehr enttäuscht.

5 La subordonnée temporelle (bevor, nachdem)

▶ *énoncés p. 17*

1 ▶ **a.** Faux.   **c.** Faux.
b. Vrai.   **d.** Faux.

2 ▶ **a.** Lass einen Tisch für uns reservieren, **bevor** wir ins Restaurant gehen!
b. Schnell! Wir müssen dort ankommen, **bevor** die Küche zumacht.
c. Nachdem Andreas das Tagesmenü gelesen hat, wählt er eine Gulaschsuppe.
d. Überleg es dir nochmal, **bevor** du diese stark gewürzte Suppe bestellst.
e. Dann bestellen wir Wein, **nachdem** der Kellner uns die Weinkarte gegeben hat.
f. Nachdem wir gegessen haben, gehen wir direkt nach Hause.

3 ▶ **a. Nachdem** ich diese Arbeit beendet hatte, ging ich ins Restaurant.
b. Bevor ich das Restaurant betrat, las ich die Speisekarte.
c. Bevor der Kellner kommt, wähle ich, was ich essen und trinken will.
d. Nachdem ich gegessen habe, bitte ich um die Rechnung.

4 ▶ **a.** Après avoir mangé un steak au poivre, il commanda de la tarte aux cerises.
b. Avant d'aller au restaurant, je dois réserver une table.
c. Après avoir mangé, il lui faut naturellement payer.
d. Après avoir goûté le jarret de veau à Munich, il le recommande à tous ses amis.
e. Après avoir trop bu, il eut mal à la tête.

5 ▶ **a.** Bevor er das Restaurant betrat, las er das Tagesmenü.
b. Nachdem er die Weinkarte gelesen hatte, wählte er ein Glas Riesling.
c. Nachdem er den Wein probiert hatte, bestellte er eine Flasche davon.

d. Nachdem er gegessen hatte, fuhr er mit einem Taxi nach Hause.
e. Bevor er zu Bett ging, nahm er eine Aspirintablette.

6 ▶ **a. Nachdem** wir die Kartoffeln gerieben haben, pressen wir sie in einem Tuch gut aus.
b. Bevor wir Scheiben Weißbrot rösten, haben wir sie in Stücke geschnitten.
c. Nachdem wir den Kohlkopf gesäubert haben, lassen wir ihn kurz schmoren.
d. Nachdem wir die Pflaumen entsteint haben, füllen wir sie mit einem Stück Würfelzucker.
e. Nachdem man das Fleisch mit Wasser gewaschen hat, legt man es in die Marinade.

6 La subordonnée temporelle (bis, seit, seitdem...)

▶ *énoncés p. 19*

1 ▶ **a.** Vrai.   **c.** Faux.
b. Vrai.   **d.** Faux.

2 ▶ **a.** Sie raucht, **während** ihr Mann die Speisekarte liest.
b. Sobald die Gäste das Restaurant betreten, führt sie der Kellner an einen Tisch.
c. Solange sie rauchen, bleibt der Aschenbecher auf dem Tisch stehen.
d. Seit / seitdem dieser Koch hier arbeitet, hat dieses Restaurant viel Erfolg.
e. Seit / seitdem der Kellner ihm die Kalbsleber empfohlen hat, bestellt er diese Hausspezialität sehr oft.
f. Während er ein helles Bier trinkt, trinkt sie lieber ein Glas Rotwein aus Portugal.
g. Solange die Kinder einen Orangensaft zu trinken haben, bleiben sie ruhig.

3 ▶ **a. Solange** die Soße nicht hellbraun geworden ist, muss sie gerührt werden.
b. Man lässt die Krebse im kochenden Salzwasser, **bis** sie rot sind.
c. Die Fleischstückchen werden mit Zwiebeln und Mehl im Fett angebraten, **bis** sie schön angebräunt sind.
d. Während das Fleisch schmort, schneidet der Koch Gemüse.
e. Sobald sich Bläschen zeigen, löscht man mit Brühe und Wein ab.

Corrigés des exercices

f. Sie rührte die Eier und den Zucker, **bis** sie cremig wurden.

4 **a.** Attendez ici, s'il vous plaît, qu'une place se libère.
b. Pendant qu'il mangeait au restaurant avec des collègues, elle alla au cinéma.
c. Dès qu'il nous vit, il nous invita au restaurant.
d. Depuis qu'il a beaucoup de tension, il boit moins d'alcool.

5 **a.** Seit ich weiß, dass dieses Restaurant drei Sterne hat, empfehle ich es meinen Freunden.
b. Solange dieser Koch hier arbeitet, bleibe ich seiner Küche treu.
c. Sobald er ein Restaurant betritt, möchte er, dass man sich sofort um ihn kümmert.
d. Meine Eltern verbieten uns zu spielen, solange wir mit dem Essen nicht fertig sind.

6 **a. Während** sie das Essen zubereitet, vergisst sie ihr Sorgen.
b. Sobald er die Küche betrat, hatte er einen Bärenhunger.
c. Sooft er auch in dieses Restaurant geht, der Kellner erkennt ihn jedes Mal.
d. Seit er eine Magenerkrankung hat, isst er zu Hause.

7 La subordonnée conditionnelle

▶ énoncés p. 21

1 **a.** Faux. **c.** Vrai.
b. Vrai. **d.** Faux.

2 **a.** …, wenn wir auf eine exotische Insel fliegen würden / flögen.
b. …, wenn wir in einem Bungalow am Strand wohnen würden.
c. …, wenn wir den ganzen Tag faulenzen würden.
d. …, wenn wir braun gebrannt wären.
e. …, wenn wir nie an die Arbeit denken würden / dächten.
f. …, wenn wir jeden Tag Meeresfrüchte essen würden / äßen.

3 **a.** Ich wäre beruhigt, wenn ich meine Schlüssel wiederfinden würde / fände.
b. Ich wäre froh, wenn ich meinen Schnupfen endlich los wäre.
c. Ich wäre enttäuscht, wenn du mich nicht besuchen könntest.

4 **a.** Könntest du mir bitte Mineralwasser holen? / Würdest du bitte so nett sein, mir Mineralwasser zu holen?
b. Könntest du mir bitte eine Zeitung kaufen? / Würdest du bitte so nett sein, mir eine Zeitung zu kaufen?
c. Könntest du bitte auf mein Gepäck aufpassen? / Würdest du bitte so nett sein, auf mein Gepäck aufzupassen?
d. Könntest du bitte auf mich warten? / Würdest du bitte so nett sein, auf mich zu warten?

5 **a.** …, wenn wir genug Geld gehabt hätten.
b. …, wenn wir zwei Wochen in Ägypten verbracht hätten.
c. …, wenn wir im Lotto gewonnen hätten.
d. …, wenn wir ein größeres Auto gehabt hätten.
e. …, wenn wir am Wochenende an die See gefahren wären.
f. …, wenn wir im Urlaub nette Leute getroffen hätten.
g. …, wenn wir auf eine Fotosafari gegangen wären.
h. …, wenn wir das Kunsthistorische Museum besichtigt hätten.
i. …, wenn wir in einer Disko getanzt hätten.
j. …, wenn wir in dieser Stadt Besonderes gesehen hätten.

8 Les subordonnées concessive et comparative

▶ énoncés p. 23

1 **a.** Vrai. **c.** Vrai.
b. Faux. **d.** Vrai.

2 **a.** Obwohl ich gute Kontakte zu der Stewardess hatte, konnte sie mir keinen Platz auf diesem Flug besorgen.
b. Obwohl dieses Stadtviertel von vielen Besuchern bewundert wird, möchte ich von hier weg.

c. Obwohl dieses Segelboot sehr schön ist, bleibe ich lieber am Strand liegen, denn ich bin seekrank.
d. Obwohl er sich sehr für Kunst interessiert, muss er aus Zeitmangel darauf verzichten, ins Historische Museum zu gehen.
e. Obwohl ich einen Zuschlag bezahlen muss, fahre ich lieber mit dem ICE.
f. Obwohl der ICE mit großer Geschwindigkeit fährt, fahre ich lieber mit dem Auto.
g. Obwohl die Wirtschaft der ostmitteleuropäischen Länder sich entwickelt, schwinden die Klischees der Touristen nur langsam.

3 ▶ a. Er tut, als ob er viel Geld **hätte**.
b. Er tut, als ob er **sich freute**, in den Ferien zu Hause zu bleiben.
c. Er nimmt viele Koffer, als ob die Reise sechs Monate dauern **sollte**.
d. Alexander von Humboldt unternahm Reisen, als ob außerordentliche Entdeckungen ihn am Ziel **erwarteten**.
e. Forschungsreisende tun, als ob sie die Zivilisation hinter sich lassen **wollten**.
f. Viele Reisende rüsten sich aus, als ob sie eine Reise durch den Urwald **unternähmen**.

4 ▶ a. Es klang, als **wollte** die Musik ihn auf eine ferne Insel anlocken.
b. Es war ganz so, als **hätte** er seine Heimat vergessen.
c. Es kam ihm so vor, als **hätte** er schon an diesem Abenteuer teilgenommen.

5 ▶ a. Ich kann mir diese Reise nicht leisten, **es sei denn**, ich gewinne im Lotto.
b. Was er auch sagen mag, ich bleibe bei meinem Entschluss.
c. Wo du auch sein magst, ich werde dich wiederfinden.
d. Ich komme pünktlich an, **es sei denn**, ich finde den Weg nicht.

6 ▶ a. Obwohl er sehr jung ist, reist er immer allein.
b. Meine Freundin nimmt viele Koffer, als ob ihre Reise sechs Monate dauern sollte.
c. Obwohl sie wenig Geld verdienen, werden sie nächsten Sommer nach Griechenland fliegen.
d. Was er auch tun mag, sie wird in die USA fliegen.

9 La subordonnée relative

▶ *énoncés p. 25*

1 ▶ a. Vrai. **c.** Vrai.
b. Faux. **d.** Vrai.

2 ▶ a. Die Frau, **die** eine Fahrkarte nach Kleve wollte, musste in Düsseldorf umsteigen.
b. Sie wartete auf den Zug, **der** in zehn Minuten fuhr.
c. Die Visa-Karte, mit **der** sie bezahlte, gehörte ihrer Mutter.
d. Sie packte den Koffer, **den** ich ihr zu Weihnachten geschenkt hatte.
e. Der Fahrgast, **dem** man eine Tasse Tee bringt, fühlt sich nicht wohl.

3 ▶ a. Meine Schwester, **die** am Ausflug teilnimmt, packt Brötchen mit Salami in ihren Rucksack.
b. Wir übernachten in einer Jugendherberge, **die** sich am Rand eines Waldes befindet.
c. Wir gehen einen anderen Weg, **der** grasbewachsen ist.
d. Der Freund, **der** für Proviant sorgen sollte, hat alles im Zug vergessen.
e. Die Ausflügler, **denen** wir den Weg erklärt haben, waren erleichtert.
f. Die Vorräte, **die** wir aus unseren Rucksäcken geholt haben, schmecken lecker.
g. Wir wollten den Vulkan fotografieren, **der** wieder tätig war.
h. Die Flaschen Alkohol, **die** wir über die Grenze bringen wollen, sind normalerweise zollpflichtig.
i. Die Freunde, von **denen** wir Abschied nehmen, wünschen uns eine glückliche Reise.
j. Die Leute, mit **denen** ich reise, sind erfahrene Wanderer.

4 ▶ a. Le bagage à main, que je veux prendre dans le compartiment, n'est pas lourd du tout.
b. La valise, que j'ai descendue du grenier, appartenait à ma mère.
c. Le bus, que nous prenons, effectue régulièrement ce trajet.
d. L'amie, dont le fils voyage avec moi, est originaire de Belgique (*mot à mot* : avec le fils de laquelle je voyage).
e. Les voyageurs, avec lesquels il bavarde, vont tous en Suisse.

Corrigés des exercices

5 ▶ **a.** Ich kenne den Mann, der aus dem Flugzeug steigt.
b. Die Freunde, mit denen ich zelte, haben einen Ausflug ins Gebirge organisiert.
c. Der Schinken, den ich in meinen Rucksack gepackt habe, schmeckt sehr gut.
d. Der Ausflug, an dem ich teilnehme, ist sehr schön.

10 La subordonnée infinitive
▶ énoncés p. 27

1 ▶ **a.** Faux. **c.** Vrai.
b. Faux. **d.** Faux.

2 ▶ **a.** Er hat vor, das Fußballspiel im Fernsehen zu verfolgen.
b. Ich habe keine Lust, den Film im zweiten Programm zu verpassen.
c. Er freut sich, eine Internet-Adresse zu haben.
d. Der Lehrer schlägt vor, am Computer zu arbeiten.
e. Er soll nicht vergessen, das Abonnement abzubestellen.

3 ▶ **a.** Er liest den Artikel, **um** sich über die Euro-Bargeldeinführung **zu** informieren.
b. Ich mache das Radio an, **um** den Wetterbericht **zu** hören.
c. Der Journalist macht eine Reportage, **um** über den Streik der Korrespondenten **zu** berichten.
d. Er trägt Zeitungen aus, **um** Geld **zu** verdienen.
e. Er liest mehrere Fachzeitschriften, **um** seine berufliche Qualifikation **zu** erhöhen.

4 ▶ **a.** Schick mir eine E-Mail, **statt** mich an**zu**rufen!
b. Er macht das Radio an, **um** die Kurzinfos **zu** hören.
c. Das Arbeitsamt stellt mehrere Informatiker an, **um** das Informationsmaterial **zu** digitalisieren.
d. Oft telefoniert sie, **statt** E-Mails **zu** verschicken.
e. Die meisten Jugendlichen surfen allein im Internet, **ohne** auf die Hilfe der Erwachsenen angewiesen **zu** sein.

5 ▶ **a.** Klick auf das Icon eines Navigators, **um** ins Internet **zu** kommen.
b. Er kauft einen Computer, **damit** seine Kinder im Internet surfen.
c. Internetjuristen müssen sich mit technischen Aspekten des Internets auskennen, **um** Marken-und-Firmennamen **zu** schützen.
d. Schauen sie in die Webcam, **damit** Ihr E-Mailpartner Sie auch sieht, wenn Sie mit ihm sprechen.
e. Klick das Icon hier an, **um** die Überschrift **zu** zentrieren.

6 ▶ **a.** Ich gehe zur Post, um ein Telegramm aufzugeben.
b. Klick dieses Icon an, um deine E-Mails lesen zu können.
c. Ruf deine Freunde an, damit sie mitkommen.
d. Schick ein Mail, statt diesen Brief zu schreiben.
e. Das Kind surft im Internet, ohne die Hilfe der Erwachsenen zu brauchen.

11 L'infinitif complément, le double infinitif
▶ énoncés p. 29

1 ▶ **a.** Vrai. **c.** Faux.
b. Vrai. **d.** Vrai.

2 ▶ **a.** Wir haben die Absicht, uns einen Scanner zu kaufen.
b. Wie kann ich die CD-Rom einlegen?
c. Ich träume davon, E-Mails auszutauschen.
d. Lass mich am Computer arbeiten.
e. Wir sollten diese Arbeit auf Diskette speichern.
f. Wenn ich genug Geld hätte, würde ich einen Computer kaufen.

3 ▶ **a.** Wir haben vor, uns einen Computer zu kaufen.
b. Ich möchte im Büro im Internet surfen.
c. Er beginnt zu verstehen, wie man Internet benutzt.
d. Natürlich können die Kinder einen Computer bedienen.

4 **a.** Ich hoffe, mit Jugendlichen aus anderen Ländern zu kommunizieren.
b. Es gefällt mir, E-Mails zu lesen.
c. Ich schlage vor, ihr eine E-Mail zu schicken.
d. Vergiss nicht, den Computer auszuschalten!

5 Denk daran,
a. eine Diskette ein**zu**legen.
b. die Briefe ein**zu**werfen.
c. das Abonnement ab**zu**bestellen.
d. die Fachzeitung **zu** kaufen.
e. den Freunden **zu** antworten.
f. ihnen eine E-Mail **zu** schicken.

6 **a.** Er **hat** seine Arbeit auf Diskette speichern **sollen**.
b. Ich **habe** diese Datei nicht öffnen **können**.
c. Ich **habe** ihn im Internet surfen **lassen**.
d. Weißt du, ob er den PC **hat** bedienen **können**?

7 **a.** Ich träume davon, einen Computer zu haben.
b. Ich möchte mir einen Drucker kaufen.
c. Kannst du E-Mails verschicken?
d. Bleib sitzen!
e. Er hat mich kommen hören. / Er hat mich kommen gehört.

12 La négation

▶ énoncés p. 31

1 **a.** Vrai.   **c.** Faux.
b. Vrai.   **d.** Vrai.

2 **a.** Nein, die Küche ist nicht zu klein.
b. Nein, das Kinderzimmer ist nicht mehr in Unordnung.
c. Nein, der Keller ist nicht dunkel.
d. Nein, der Computer steht nicht auf dem Schreibtisch.
e. Nein, ich habe keine Tassen auf den Tisch gestellt.
f. Nein, wir haben keinen Durst.
g. Nein, ich putze die Fenster nicht.
h. Nein, ich habe keinen Schreibtisch.
i. Nein, keine Tür ist auf.
j. Nein, wir arbeiten nicht im Wohnzimmer.

3 **a.** **Nicht** morgen kommt er, sondern in drei Tagen.
b. Er trägt **nicht** den Müll hinunter, sondern die alten Vorhänge.
c. **Nicht** im Esszimmer essen sie, sondern in der Küche.
d. **Nicht** die Mutter kocht, sondern der Vater.
e. **Nicht** bei seinen Eltern wohnt er, sondern in einem Studentenwohnheim.

4 **a.** Was kommt ins Wohnzimmer?
– Eine Mikrowelle? Nein, **keine** Mikrowelle.
– Betten? Nein, **keine** Betten!
– Der Staubsauger? Nein, **nicht** der Staubsauger!
b. Was kommt ins Badezimmer?
– Die Kaffeemaschine? Nein, **nicht** die Kaffeemaschine!
– Ein Fernseher? Nein, **kein** Fernseher!
– Ein Telefon? Nein, **kein** Telefon!
c. Was kommt in die Küche?
– Ein Computer? Nein, **kein** Computer!
– Der Kleiderschrank? Nein, **nicht** der Kleiderschrank!
– Die Dusche? Nein, **nicht** die Dusche!
d. Was kommt ins Schlafzimmer?
– Eine Waschmaschine? Nein, **keine** Waschmaschine!
– Teller? Nein, **keine** Teller!
– Der Kühlschrank? Nein, **nicht** der Kühlschrank!
e. Was kommt in den Keller?
– Der Kaktus? Nein, **nicht** der Kaktus!
– Der Videorecorder? Nein, **nicht** der Videorecorder!
– Das Klavier? Nein, **nicht** das Klavier!

5 **a.** Ich trage nie den Müll hinunter.
b. Er lüftet die Zimmer nicht genug.
c. Wir haben keinen großen Garten.
d. Wir schlafen nicht auf der Terrasse.

13 Le discours indirect (1)

▶ énoncés p. 33

1 **a.** Vrai.   **c.** Vrai.
b. Faux.   **d.** Faux.

2 **a.** Ein Leser von Grimms Märchen erzählt, er habe jedes Märchen mehrmals gelesen. Am besten gefalle ihm die Geschichte von *Hänsel und Gretel*. Er träume manchmal vom Haus der bösen Hexe aus Brot und Kuchen. Er bewundere immer die Klugheit der beiden Kinder, die glücklich zu ihren Eltern zurückkommen könnten.

Corrigés des exercices

b. Ein Lehrer erzählt, Märchen der Brüder Grimm seien auf der ganzen Welt bekannt. Sie seien in alle Weltsprachen übersetzt worden und erfreuten bis heute noch die Großen und die Kleinen. Alle deutschen Kinder hätten diese Märchen gehört, die ein wichtiger Teil des deutschen Kulturerbes seien.
c. Ein Schüler erklärt seinen Kameraden, die Lorelei sei eine wunderbare Hexe, die sich mit einem goldenen Kamm kämme und deren Lied den Schiffern zum Verhängnis werde. In den alten Märchen erschienen viele unglaubliche Wesen wie Kobolde, Nixen, Drachen oder Zwerge, deren Zauberkünste die Kinder beeindrucken sollten.

3 ▶ wüsste (Présent Subj. II), **beeindrucke** (Présent Subj. I), **liest** (Présent Ind.), **würde** (Présent Subj. II), **erklärte** (Prétérit + Présent Subj. II), **wartet** (Présent Ind.), **wäre** (Présent Subj. II), **kam** (Prétérit Ind.), **stehe** (Présent Subj. I), **läse** (Présent Subj. II), **ginge** (Présent Subj. II), **weiß** (Présent Ind.), **siegte** (Prétérit + Présent Subj. II), **käme** (Présent Subj. II), **sei** (Présent Subj. I), **wartete** (Prétérit + Présent Subj. II), **hoffe** (Présent Subj. I), **las** (Prétérit Ind.), **fasziniere** (Présent Subj. I), **stünde** (Présent Subj. II), **wisse** (Présent Subj. I), **wusste** (Prétérit Ind.), **komme** (Présent Subj. I), **singt** (Présent Ind.).

14 Le discours indirect (2)

▶ énoncés p. 35

1 ▶ a. Vrai. **c.** Vrai.
b. Faux. **d.** Vrai.

2 ▶ a. In Goethes Ballade *Erlkönig* fragt der Sohn den Vater, warum sie so spät durch Nacht und Nebel ritten, ob der Vater den Erlkönig nicht höre, ob er dessen Töchter nicht tanzen sehe, was der Erlkönig wünsche, welche Spiele er mit ihm spielen wolle.
b. Er fragte, ob niemand hier sei, sie solle ihn hineinlassen, er sei allein, es könne nicht sein! Sie solle ihn nicht fürchten.
c. Sie antwortete, es sei schon Nacht, was würden die Nachbarn denken, er solle weggehen!… Aber nein, er möge gleich zurückgehen!
d. Ein Lehrer sagt den Schülern, sie sollten sich setzen, sie sollten still sein, sie sollten ihr Deutschbuch aufmachen, sie sollten gut zuhören und alles aufschreiben.

3 ▶ a. Ich bitte sie, sie **möge** mir dieses Buch leihen.
b. Sie sagt mir, ich **solle** sofort meine Schwester in Ruhe lesen lassen.
c. Sie sagten uns, wir **sollten** aufhören, uns Horrorfilme anzusehen.
d. Sie bat ihn, er **möge** ihr Grimms Märchen aus der Bibliothek holen.
e. Er sagte ihnen, sie **sollten** den Bericht über Michael Endes *Unendliche Geschichte* nicht vergessen.
f. Er fügte hinzu, sie **sollten** sich nicht beklagen.
g. Sie sagt ihnen, sie **sollten** Abenteuerromane lesen.
h. Sie sagen ihr, sie **solle** ihnen von ihrem Schultag erzählen.
i. Sie fügten hinzu, sie **solle** nicht vergessen, dieses Gedicht auswendig zu lernen.

15 Le questionnement, l'exclamation

▶ énoncés p. 37

1 ▶ a. Vrai. **c.** Vrai.
b. Faux. **d.** Vrai.

2 ▶ a. Wie heißen Sie?
b. Wann sind Sie geboren?
c. Wo sind Sie geboren? In Bern?
d. Wie lange sind Sie dort geblieben?
e. Was haben Sie studiert? Biologie?
f. Welche Fachgebiete haben Sie bevorzugt?
g. Worauf sind Sie besonders stolz?
h. Mit **welchen** Leuten arbeiten Sie gern zusammen?
i. Wie sind Ihre Vorstellungen in der Gehaltsfrage?
j. Was erhoffen Sie sich von dieser Stelle?
k. Welche Zeitschriften lesen Sie regelmäßig?
l. Wie verbringen Sie Ihre Freizeit?

3 **a.** Wen hast du / haben Sie letzten Samstag getroffen?
b. Woher kam sie?
c. Was musste sie machen?
d. Wohin fährt sie nachher?
e. Mit wem ist sie jetzt verheiratet?
f. Wie heißt sie jetzt?
g. Wie viele Kinder hat sie?
h. Seit wann wohnen sie in Berlin?
i. Wann könnt ihr euch / können Sie sich wiedersehen?
j. Wer wird sie begleiten?

4 **a.** / 2.   **b.** / 4.   **c.** / 1.   **d.** / 3.

5 **a.** Weißt du, wie er heißt?
b. Wie alt ist er?
c. Wie lange bleibt er hier?
d. Besitzt er einen Wagen?
e. Frag ihn, wann er frei hat!
f. Warum antwortest du mir nie?

16 La proposition qualificative

▶ *énoncés p. 39*

1 **a.** Vrai.   **c.** Faux.
b. Vrai.   **d.** Vrai.

2 **a.** Die **bevorzugten** Fachgebiete.
b. Die **gelesenen** Zeitschriften.
c. Die **gesperrte** Autobahn.
d. Das **schlafende** Kind.
e. Ein **verschwollenes** Gesicht.
f. Die **verlorenen** Papiere.
g. Ein **schaukelndes** Segelboot.

3 **a.** Die **an der Uni** bevorzugten Fachgebiete.
b. Die **regelmäßig** gelesenen Zeitschriften.
c. Die **infolge eines Schneesturms** gesperrte Autobahn.
d. Das **im Kinderzimmer** schlafende Kind.
e. Ein **infolge eines Bienenstichs** verschwollenes Gesicht.
f. Die **aus Versehen** verlorenen Papiere.
g. Ein **in den Wellen** schaukelndes Segelboot.

4 **a.** Die am Strand liegenden Urlauber wollen nicht gestört werden.
b. Die vor dem Bahnhof stehenden Ausländer wollen das Land durchreisen.
c. Die im Duschraum hängenden Kleider gehören der Nationalmannschaft.
d. Der am Rand des Waldes gelegene Ferienklub lockt viele junge Leute an.
e. Die im Gras sitzenden Kinder nehmen an der Wanderung teil.

5 **a.** Die Urlauber, die im Fluss schwimmen, stammen aus Österreich.
b. Das Kind, das auf einem Esel reitet, freut sich sehr über die Ferien auf dem Land.
c. Die Radfahrer, die von Wespen gestochen wurden, haben große Angst ausgestanden.
d. Die Touristen betraten die Halle, die nach kaltem Rauch stank.
e. Die Urlauber bewundern die Segelboote, die langsam am Horizont verschwinden.

6 **a.** Der Journalist berichtet über die von den Wespen gestochenen Radfahrer.
b. Der Autofahrer schimpfte auf die durch die Straße rennenden Kinder.
c. Die Leute freuen sich über die länger werdenden Tage.
d. Das Kind weckte die auf dem Teppich schlafende Katze.
e. Die Gäste bewundern den mit Blumen geschmückten Saal.

17 La modalisation des énoncés

▶ *énoncés p. 41*

1 **a.** Vrai.   **c.** Vrai.
b. Vrai.   **d.** Faux.

2 **a.** **Hoffentlich** schlägt er ihn haushoch.
b. **Vielleicht** spielt er Golf.
c. Er geht **bestimmt** gern in die Disco.
d. Er ist **angeblich** der beste Schwimmer des Ferienklubs.
e. **Leider** hast du kein Glück gehabt!

3 **a.** Sie **muss** begabt sein, sonst wäre sie nicht ausgewählt worden.
b. Ich höre nicht die Kinder im Garten spielen, sie **mögen** bei der Nachbarin sein.

Corrigés des exercices

c. Ein Schwimmbad **soll** hier gebaut werden.
d. Niemand meldet sich, sie **können** im Kino sein.
e. Er **will** das Spiel haushoch gewonnen haben.
f. Man **muss** darüber lachen!

4 a. On dit qu'elle sort beaucoup le soir.
b. Il ne put s'empêcher d'en rire.
c. Il n'arrive malheureusement pas à se consoler de la défaite de son équipe.
d. Apparemment, tes projets de vacances l'enthousiasment.
e. Il faut se détendre de temps en temps.
f. Aurais-tu déjà oublié ?
g. Je suis sûr qu'ils sont allés se reposer au bord de la mer.

18 Le genre des noms
▶ énoncés p. 43

1 a. Faux.   **c.** Faux.
b. Vrai.   **d.** Vrai.

2 a. Masculins : der Arm, der Bauch, der Daumen, der Finger, der Fuß, der Hals, der Knochen, der Kopf, der Mund, der Nagel, der Rücken, der Schenkel, der Zahn.
b. Féminins : die Brust, die Ferse, die Hand, die Haut, die Leber, die Lippe, die Nase, die Niere, die Rippe, die Wange, die Wirbelsäule, die Zehe, die Zunge.
c. Neutres : das Auge, das Bein, das Gehirn, das Gesäß, das Haar, das Herz, das Kinn, das Knie, das Ohr, das Skelett.

3 a. Das Bein.
b. Der Bauch.
c. Die Zunge.
d. Der Nagel.
e. Die Lippe.
f. Das Ohr.
g. Die Ferse.
h. Der Arm.
i. Der Hals.
j. Das Auge.
k. Der Finger.
l. Die Rippe.

4 a. Der **Kopf** : masculin.
b. Die **Haut** : féminin.
c. Das **Ohr** : neutre.
d. Die **Zunge** : féminin.
e. Die **Leber** : féminin.
f. Das **Bein** : neutre.

5 a. Die **Mutter** : les autres noms sont masculins.
b. Der **Reichtum** : les autres noms sont neutres.
c. Der **Stahl** : les autres noms sont neutres.
d. Die **Erlaubnis** : les autres noms sont neutres.
e. Die **Neugier** : les autres noms sont masculins.

19 Le pluriel des noms
▶ énoncés p. 45

1 a. Faux.   **c.** Faux.
b. Vrai.   **d.** Vrai.

2 -e: der Fisch, der Gänserich, der Hund, das Kamel, der Krebs, der Lachs.
¨ + -e: der Fuchs, die Gans, die Kuh, die Maus, der Schwan, der Wolf.
-n: die Ente, die Makrele, die Muschel, die Ratte, die Taube, die Ziege.
-n, -en (masculins faibles): der Affe, der Bär, der Elefant, der Hase, der Löwe, der Rabe.
-s: die Boa, der Gorilla, das Känguru, der Python, der Uhu, das Zebra.
–: der Adler, der Fischotter, der Hummer, der Igel, das Kaninchen, der Marienkäfer.

3 a. Die Igel.
b. Die Kälber.
c. Die Paviane.
d. Die Geier.
e. Die Mäuse.
f. Die Frösche.
g. Die Nashörner.
h. Die Hühner.
i. Die Strauße.
j. Die Füchse.
k. Die Schweine.
l. Die Adler.
m. Die Hähne.
n. Die Kamele.
o. Die Schakale.

4 **a.** Der **Igel** (die Igel) : les autres noms ont leur pluriel en -n.
b. Das **Kaninchen** (die Kaninchen) : les autres noms ont leur pluriel en ¨ + -e.
c. Die **Drossel** (die Drosseln) : les autres noms ont leur pluriel en ¨ + -e.
d. Das **Nashorn** (die Nashörner) : les autres noms ont leur pluriel en -e.
e. Die **Nachtigall** (die Nachtigallen) : les autres noms ont leur pluriel en -e.
f. Das **Dromedar** (die Dromedare) : les autres noms sont invariables au pluriel.
g. Der **Lachs** (die Lachse) : les autres noms ont leur pluriel en ¨ + -e.
h. Das **Krokodil** (die Krokodile) : les autres noms ont leur pluriel en -s.
i. Der **Schmetterling** (die Schmetterlinge) : les autres noms ont leur pluriel en -en.

20 Les noms géographiques

▶ *énoncés p. 47*

1 **a.** Faux.   **c.** Vrai.
b. Faux.   **d.** Vrai.

2 **a. Afghanistan**, der Afghane (n, n), **afghanisch**.
b. Algerien, der Algerier (-), **algerisch**.
c. Australien, **der Australier** (-), **australisch**.
d. Belgien, **der Belgier** (-), **belgisch**.
e. Deutschland, der Deutsche (adj. substantivé), **deutsch**.
f. Frankreich, **der Franzose** (n, n), **französisch**.
g. Griechenland, **der Grieche** (n, n), **griechisch**.
h. Irland, der Ire (n, n), **irisch**.
i. Israel, der Isreali (s), israelisch.
j. Italien, **der Italiener** (-), **italienisch**.
k. Kanada, der Kanadier (-), **kanadisch**.
l. Japan, der Japaner (-), japanisch.
m. Kambodscha, **der Kambodschaner** (-), **kambodschanisch**.
n. der Libanon, der Libanese (n, n), **libanesisch**.
o. Marokko, **der Marokkaner** (-), marokkanisch.
p. Mexiko, **der Mexikaner** (-), **mexikanisch**.
q. Monako, **der Monegasse** (n, n), monegassisch.
r. Norwegen, der Norweger (-), norwegisch.
s. Österreich, der Österreicher (-), **österreichisch**.
t. Palästina, **der Palästinenser** (-), **palästinensisch**.
u. Polen, der Pole (n,n), **polnisch**.
v. Portugal, **der Portugiese** (n, n), portugiesisch.
w. Rumänien, **der Rumäne** (n, n), **rumänisch**.
x. Russland, der Russe (n, n), **russisch**.
y. Schweden, **der Schwede** (n, n), schwedisch.
z. die Schweiz, der Schweizer (-), **schweizerisch**.
aa. Spanien, **der Spanier** (-), **spanisch**.
bb. die Türkei, **der Türke** (n, n), **türkisch**.
cc. Ungarn, der Ungar (n, n), ungarisch.
dd. die Vereinigten Staaten, **der Amerikaner** (-), **amerikanisch**.

3 **a.** Das Brandenburger Tor.
b. Der Hamburger Hafen.
c. Der Kölner Dom.
d. Das Meißner Porzellan.
e. Das Münchner Oktoberfest.

21 Les fonctions du groupe nominal

▶ *énoncés p. 49*

1 **a.** Vrai.   **c.** Faux.
b. Faux.   **d.** Vrai.

2 **a.** Die engagierten Feministinnen : nominatif féminin pluriel.
b. für die Emanzipation : accusatif féminin singulier (für + acc.), der Frauen : génitif féminin pluriel.
c. die Zeitschrift : accusatif féminin singulier.
d. zu den Feministinnen : datif pluriel (zu + datif), die Zusammenarbeit : accusatif féminin singulier, mit den Politikerinnen : datif féminin pluriel (mit + datif).
e. Mit der Zeitschrift : datif féminin singulier (mit + datif), der Feminismus : nominatif masculin singulier, ein Sprachrohr : accusatif neutre singulier.

Corrigés des exercices

f. der <u>Anti-Feminismus</u> : nominatif masculin singulier, <u>aller Fälle</u> : génitif masculin pluriel, von <u>Frauen</u> : datif féminin pluriel (von + datif).
g. <u>Die Männerwelt</u> : nominatif féminin singulier.
h. <u>ein anderes Leben</u> : accusatif neutre singulier, <u>Frauen</u> : nominatif féminin pluriel.
i. Die <u>Frauen</u>: nominatif féminin pluriel, die <u>Regeln</u> : accusatif féminin pluriel.
j. auf lieb gewordene <u>Privilegien</u> : accusatif neutre pluriel (verzichten auf + accusatif).
k. des <u>Feminismus</u>: génitif masculin singulier, die <u>Versöhnung</u> : nominatif féminin singulier (attribut), mit den <u>Männern</u> : datif masculin pluriel (mit + datif).
l. Der jahrtausendelange <u>Selbsthass</u> : nominatif masculin singulier, eine <u>Rolle</u> : accusatif féminin singulier.
m. <u>Viele Deutsche</u> : nominatif pluriel, in der <u>Politik</u> : datif féminin singulier (in + datif, locatif).

3 ▸ **a.** Die Arbeit der Journalistin **interessiert** alle Frauen.
b. Das Engagement der Feministinnen **schützt** die Gleichberechtigung der Frauen.
c. Das Ergebnis der Umfrage **ist interessant**.
d. Diese Themen der Frauenbewegung **liegen** bei den anderen Parteien **brach**.

22 Les articles et leurs marques

▸ *énoncés p. 51*

1 ▸ **a.** Vrai. **c.** Faux.
b. Faux. **d.** Vrai.

2 ▸ **a.** Sachsen-Anhalt hat **die** höchste Arbeitslosenquote des Landes.
b. Das Land liegt nämlich an **der** Spitze **der** traurigen Statistik.
c. Glück gehabt hat **der** Vater **eines** dreijährigen Sohnes, weil seine Freundin **einen** festen Job hat: Sie kassiert nämlich an **einer** Tankstelle.
d. Die Leute erlernen **einen** zweiten Beruf.
e. Nur für **die** Hälfte **der** Schulabgänger gibt es **einen** betrieblichen Ausbildungsplatz.
f. Gäbe es Arbeit, würden viele **der** Westemigranten zurückkehren.
g. Ganze Familien gehen weg. Seit Jahren vermittelt **das** Arbeitsamt 30% **der** ausgebildeten Jugendlichen in **die** alten Bundesländer.
h. Die ABM holen einen aus **dem** tiefen schwarzen Loch heraus.

3 ▸ **a.** Obdachlose suchen **ein** Zimmer.
b. Wo gibt es hier **ein** Zimmer zu mieten?
c. Was kostet **ein** Zimmer in diesem Stadtviertel?
d. Gibt es hier Ø andere Möglichkeiten?
e. Ist das **ein** neues Angebot?
f. Ja, wir kennen **den** Vermieter.
g. Aber passt auf! Heute ist **ein** Feiertag.
h. Ø 2012 ist für uns **ein** schweres Jahr.
i. Viele Arbeitslose müssen sich mit **dem** Arbeitslosengeld begnügen. Habt Ø Geduld!

23 Les adjectifs possessifs

▸ *énoncés p. 53*

1 ▸ **a.** Vrai. **c.** Vrai.
b. Vrai. **d.** Vrai.

2 ▸ **a.** Sag dem neuen Kollegen, dass ich **seine** Telefonnummer brauche.
b. Wir sollen **unser** Handy nicht vergessen, wenn wir dich erreichen wollen.
c. Anna hat **ihre** neue Telefonnummer schon vergessen.
d. Herbert, ist das **dein** neuer Laptop? Er ist toll!
e. Ich wollte meine Neffen anrufen, aber **ihre** Leitung ist immer besetzt.
f. Du kannst mir keine Nachricht hinterlassen: **Mein** Anrufbeantworter ist schon wieder kaputt!
g. Vergiss **unseren** Treffpunkt nicht: Wir treffen uns am 25. Juli am Marienplatz.
h. Er schickt mir keine E-Mail, vielleicht kennt er **meine** Adresse nicht.
i. Ich brauche dringend Hilfe! **Mein** Fax funktioniert nicht mehr.
j. Herr Müller, darf ich **Ihren** Scanner benutzen? Mein Computer hat keinen.
k. Ruf mich an! Hast du **meine** Telefonnummer?

l. Könnten Sie mir **Ihren** Direktanschluss geben?
m. Herr Müller, ich werde jedesmal unterbrochen, wenn ich **Ihr** Büro anrufe.
n. Wo ist Frau Müller? **Ihre** Nebenstelle antwortet nicht.
o. Frau Müller ist nicht da. Könnten Sie mich mit **ihrer** Assistentin verbinden?
p. Ich möchte Herrn Müller erreichen. Wissen Sie **seine** neue Nummer?
q. Wenn Sie mir **Ihren** Namen und **Ihre** Nummer geben, ruft er zurück.

3 ▶ a. Gehört das Handy deinem Sohn? Ja, das ist **sein** Handy.
b. Gehört dieser Organizer der Sekretärin? Ja, das ist **ihr** Organizer.
c. Gehört euch der Laptop? Ja, das ist **unser** Laptop.
d. Gehört Ihnen dieses Notizbuch? Ja, das ist **mein** Notizbuch.
e. Gehören ihnen diese Aktenordner? Ja, das sind **ihre** Aktenordner.
f. Im Internet habe ich viele Informationen gefunden, die **mein** Land betreffen.

4 ▶ a. Haben Sie **Ihren** Laptop, Fräulein Jett?
b. Franz war sehr stolz auf **seinen** neuen Computer.
c. Sabine hat **ihr** Handy verloren.
d. Die Kinder haben **ihre** Videospiele nicht aufgeräumt.
e. Ich möchte Herbert anrufen. Hast du **seine** Telefonnummer?

24 Les marques du groupe nominal

▶ *énoncés p. 55*

1 ▶ a. Vrai.   **c.** Vrai.
b. Faux.   **d.** Vrai.

2 ▶ a. Mit 22 Jahr**en** beschloss Martin Luther, Mönch zu werden. Er trat in d**en** Orden d**er** Augustiner ein. Er empörte sich über d**en** Ablasshandel. Die Kirche bereicherte sich, während sie d**ie** Armut predigte.
b. 1517 schlug er sein**e** 95 Thesen gegen d**en** Verkauf d**er** Ablässe an d**er** Tür d**er** Wittenberger Schlosskirche an. Das führte zur Konfrontation mit d**em** Papsttum.

c. 1520 veröffentlichte Luther sein**e** groß**en** Reformschriften und verbrannte die päpstlich**e** Bulle, die ihn mit Exkommunikation bedrohte.
d. Kurfürst Friedrich von Sachsen wollte d**en** Theolog**en** schützen, er ließ ihn auf die Wartburg bringen. Dort übersetzte Martin Luther 1522 das Neu**e** Testament ins Deutsch**e**.
e. 1534 erschien die Übersetzung d**er** ganz**en** Bibel. (Alt**es** und Neu**es** Testament).
f. Martin Luther brachte auch geistlich**e** Lieder zur Geltung, denn er war davon überzeugt, dass die Musik ein**e** groß**e** Rolle zu spielen hatte.
g. Der Protestantismus war sein**er** Meinung nach eine Rückkehr zur echt**en** Form d**es** Glaube**ns**.

3 ▶ a. Ein geistlich**es** Lied.
b. Alle geistlich**en** Lieder.
c. Das geistlich**e** Lied.
d. Seine geistlich**en** Lieder.
e. Die geistlich**en** Lieder.
f. Solche gesitlich**en** Lieder.
g. Viele geistlich**e** Lieder.
h. Manches geistlich**e** Lied.
i. Gewisse geistlich**e** Lieder.
j. Kein geistlich**es** Lied.

4 ▶ a. Luther stellte der Sprache und der Dichtung neu**e** Aufgaben.
b. Zwar gab es längst deutsch**e** Bibelübersetzungen, aber sie gingen von der lateinisch**en** Vulgata aus, nicht von d**em** hebräisch**en** und griechisch**en** Grundtext.
c. Luther begann mit d**er** Übertragung einig**er** Psalmen.
d. Das ganz**e** Werk war 1534 nach mühevoll**er** Arbeit beendet.

25 Le génitif saxon

▶ *énoncés p. 57*

1 ▶ a. Vrai.   **c.** Vrai.
b. Faux.   **d.** Vrai.

2 ▶ A – a. **Johann Sebastian Bachs** Vorfahren waren schon Musiker in Thüringen.

Corrigés des exercices

b. 1800-1824 entstanden **Beethovens** Sinfonien. Die Erste und Zweite stehen unter **Haydns** Einfluss. In seiner neunten Sinfonie entschloss sich Beethoven für **Schillers** *Hymnus an die Freude*.
c. Friedrich Wiecks Tochter heiratete Robert Schumann. Wieck versuchte umsonst, **Claras** Pläne zu verhindern.
d. Mit **Monteverdis** *Orfeo* entstand die Oper.

B – a. Da kommt **Frau Doktor Müllers** Tochter.
b. Er liest **Trakls** Gedichte.
c. Tante Claras Besuch erfreute uns sehr.
d. In der Schule wurde von **Röntgens** Entdeckung der Strahlen gesprochen.
e. Bayerns Hauptstadt ist München.
f. Er fährt mit **Hans'**neuem Auto nach Berlin.
g. Kennst du **Kaiser Napoleons** Siege?
h. Herrn Professor Müllers Praxis ist derzeit zu.
i. Kaiser Karls des Großen Leben interessiert die Schüler.

3 ▶ **a.** Einige Werke von Max Frisch.
b. Die Balladen von Goethe / Goethes Balladen.
c. Ein Gemälde von Hundertwasser.
d. Radierungen von Dürer.
e. Die Gedichte von Paul Celan / Paul Celans Gedichte.

26 Les pronoms personnels

▶ *énoncés p. 59*

1 ▶ **a.** Vrai.
b. Vrai.
c. Faux (la troisième du pluriel).
d. Vrai.

2 ▶ **A – a.** Kennst du Helma Sanders-Brahms? – Nein, ich kenne **sie** nicht.
b. Hast du ihren Film *Deutschland bleiche Mutter* nicht gesehen? – Nein, ich habe **ihn** nicht gesehen.
c. Ich erzähle **dir** die Geschichte des Films: hör mal!
d. Stell **dir** vor: eine Frau irrt mit ihrem Kind durch Deutschland.

e. Berlin ist total zerstört, und sie flieht in den Westen. – Vor den Russen? – Ja, vor **ihnen**.
f. Sie erzählt ihrer Tochter ein Märchen der Brüder Grimm. – Welches? Der Räuberbräutigam? – Ja, sie erzählt **es ihr**.
g. Nach dem Krieg fällt **es ihr** schwer, **sich** wieder an ein normales Leben zu gewöhnen, als ihr Mann aus der Gefangenschaft zurückkommt.
h. Das Heldentum war den Frauen egal, ja, es war **ihnen** egal. **Sie** hätten lieber ihre Männer bei **sich** gehabt.

B – a. Und *Der Himmel über Berlin*? Hast du diesen Film gesehen? – Ja, den habe **ich** gesehen.
b. Erinnerst du **dich** an die Namen der beiden Engel? – Oh ja, **sie** heißen Damiel und Cassiel.
c. Einer verliebt **sich** in eine Trapez-Künstlerin. – Damiel? – Ja genau, er will **sie** verführen und mit **ihr** auf der Erde bleiben. **Er** will also zum Menschen werden.
d. Damiel erzählt begeistert: „Dann lasse ich **mich** rasieren, möglichst von einem türkischen Barbier. Der wird **mich** massieren. Dann kaufe ich **mir** eine Zeitung und lese **sie** von den Schlagzeilen bis zum Horoskop."
e. Erinnerst du **dich** an alle Szenen des Films? – Ja, ich kann **sie** nicht vergessen. Ich bin ein Fan von Wim Wenders!

C – a. Ich bin Regisseur geworden, weil **ich mir** meine Drehbücher nicht verhunzen wollte.
b. Erst wenn der Film fertig ist, hat **er** ein erkennbares Gesicht.
c. Meine alten Filme schaue **ich mir** ungern an. Nur die Zukunft interessiert **mich**.
d. Bei **mir** zu Hause stehen keine Videokassetten meiner Filme, nichts.

27 Les marques de l'adjectif épithète (1)

▶ *énoncés p. 61*

1 ▶ **a.** Vrai. **c.** Vrai.
b. Faux. **d.** Faux.

2 ▶ **A – a.** Die erst**en** Computer waren nur klobige Kisten. Wer sich etwas Neues leisten konnte, warf diese alt**en** Geräte auf den Müll.

b. Mein alt**er** Computer funktioniert nicht mehr.
c. Computerviren sind eine richtig**e** Plage.
d. Meine best**e** Freundin hat große Freude an ihrem neu**en** Apparat.
e. Manche alt**e** Leute begeistern sich gar nicht für diesen neu**en** Trend.
f. Sie benutzen lieber ihre alt**e** Schreibmaschine.
g. Keiner ist doch eifersüchtig auf solche alt**en** Maschinen!

B – a. Die Entscheidung über einen gut**en** Computer liegt bei dem Direktor.
b. Das gesamt**e** Team verfügt über genügend Erfahrung.
c. Die deutsch**en** Experten streiten sich darüber seit mehr als drei Jahren.
d. Ein deutsch**er** Informatiker klagt: „Wir haben kein strukturiertes Konzept!"

C – a. Das Internet vereinfacht den unentbehrlich**en** Datenaustausch.
b. Wir empfangen dieses spannend**e** Programm über Satellit.
c. Nicht alle Erwachsen**en** werden gern in eine virtuelle Welt versetzt.
d. Die computergestützt**e** Operation verläuft ohne Komplikationen.
e. Er hat ein toll**es** Bild eingescannt.

D – a. Eines der wichtigst**en** Auswahlkriterien für ein CD-Rom-Laufwerk ist seine Zugriffszeit.
b. Du musst zwischen den vorgeschlagen**en** Optionen wählen.
c. Klick bitte auf das richtig**e** Ikon!
d. Welche alt**en** Daten hast du gelöscht?
e. Eine Diskette ist ein magnetisch**er** Datenträger.

3 ▸ a. Alle neuen Computer.
b. Viele neue Computer.
c. Mancher neue Computer.
d. Dein neuer Computer.

28 Les marques de l'adjectif épithète (2)

▸ *énoncés p. 63*

1 ▸ a. Vrai.
b. Faux.
c. Faux.
d. Vrai.

2 ▸ A – a. Ein halbes Jahrhundert lang war die D-Mark Garant für wachsend**en** Wohlstand.
b. Im Jahr 2001 müssen die Deutsch**en** von einer Epoche grandios**er** Erfolge Abschied nehmen.
c. Den Euro betrachten viel**e** Deutsch**e** als unsicher**e** Währung.
d. Es waren doch schwer**e** Zeiten, als die D-Mark geboren wurde.
e. Die Marktwirtschaft beruht auf freiwillig**er** Leistung der Einzeln**en**.
f. Ludwig Erhard, der Wirtschaftsreformer, hat sein Konzept gegen alliiert**e** Einwände durchgesetzt.

B – a. Attentäter ermorden Tausend**e** unschuldig**e** Zivilisten und richten furchtbar**es** Unheil an.
b. Amerika wird durch eine Serie feig**er** Terrorattacken angegriffen.
c. Dicht**er** Qualm und gewaltig**e** Rauchwolken wälzen sich durch die Straßen.
d. Weinend**e** Menschen taumeln durch die Straßen.
e. Bürgermeister Rudolph Giuliani tröstet Überlebend**e**.
f. Die Feuerwehrleute werden zu neu**en** Helden der Nation.

C – a. Die Taliban Islamisten zerstören weltberühmt**e** Buddha-Statuen.
b. Rund 1500 Jahre lang haben die Kolosse zahlreich**e** Reisend**e** fasziniert.
c. Im Nationalmuseum von Kabul besichtigen die Journalisten leer**e** Räume: keine Spur von wertvoll**en** Kulturzeugnissen aus fünf Jahrtausenden.
d. Nicht wenig**e** Exil-Afghanen argwöhnen, dass Osama Bin Laden dahinter steckt.
e. Immer wieder sind geschmuggelt**e** Altertümer im Ausland aufgetaucht.
f. Diese Kulturgüter sind von reich**en** Sammlern und Museen angeboten worden.

D – a. Nach vierjährig**er** Schließung wirkt die Nationalgalerie „kühl, klar und pompös, so wie sich die Preußen selbst sahen".
b. Golden**e** Sitzbänke wurden restauriert.
c. Generaldirektor Schuster hat sich als stilsicher**er** Schützer des Denkmals erwiesen.
d. Dort können wir idyllisch**e** Landschaften von Caspar David Friedrich, dunkle Fabrikstudien von Menzel und Skulpturen muskulös**er** Diskuswerfer bewundern.

Corrigés des exercices

e. Aber zahlen will keiner! Ein Prominent**er**, auf dessen generös**e** Geste alle warten, erscheint nicht.
f. Der Kulturstaatsminister bittet um die Hilfe von reich**en** Sponsoren. Bundeskanzler Gerhard Schröder sagte ab.

30 La comparaison
▶ énoncés p. 67

1 ▸ **a.** Vrai. **c.** Vrai.
b. Faux. **d.** Vrai.

2 ▸ **a.** Die Donau **ist länger als** der Rhein.
b. Es gab **weniger** Ausländer in der DDR **als** in der BRD.
c. Die Seebäder an den deutschen Küsten haben **eine kürzere Sommersaison als** die an der Riviera.
d. Westeuropa hat **ein gemäßigteres Klima als** Osteuropa.
e. Auf den höchsten Gipfeln der bayerischen Alpen schneit es **öfter als** in Schleswig-Holstein.
f. In den Alpen ist das Klima **härter als** in den Tälern.
g. In den Großstädten ist die Luftverschmutzung **stärker als** auf dem Land.
h. Der Westen Deutschlands ist **dichter besiedelt als** der Osten.
i. Sylt ist **eine kleinere Insel als** Rügen.

3 ▸ **a.** J'ai rencontré sa mère, une dame d'un certain âge.
b. Ses deux fils travaillent à l'étranger, le plus jeune au Luxembourg, le plus âgé en Suisse.
c. Ma voiture est plus bleu foncé que noire.
d. Il y fait plus que jamais attention.
e. Il est deux fois plus riche que moi.
f. De plus en plus de gens vont aux sports d'hiver.
g. Il gagne moins d'argent qu'elle.

4 ▸ **a.** Ihre Augen **sind blauer als** der Himmel.
b. Ihre Haare **sind schwärzer als** Kohle.
c. Ihre Stimme **ist sanfter als** der Gesang der Nachtigall.
d. Ihre Lippen **sind roter als** die Erdbeeren.
e. Ihr Parfum **ist süßer als** die Rose.
f. Ihre Haut **ist zarter als** eine Blütenknospe.

5 ▸ **a.** Heute ist es kälter als gestern.
b. Sie fahren lieber ins Gebirge.
c. Das ist viel besser.
d. Sylt ist kleiner als Rügen.

31 Le superlatif
▶ énoncés p. 69

1 ▸ **a.** Vrai. **c.** Faux.
b. Faux. **d.** Faux.

2 ▸ **a.** Die 1386 gegründete Heidelberger Universität ist die **älteste** Universität Deutschlands.
b. Aber München beherbergt die **größte** deutsche Universität.
c. Bis heute ist Berlin Europas **größter** Industriestandort.
d. In der Schweiz sind Friedrich Dürrenmatt und Max Frisch die **bedeutendsten** Dramatiker.
e. Der **umsatzstärkste** deutsche Medienkonzern ist die Bertelmanns AG.
f. Die **bekannteste** Ferienstraße ist die Romantische Straße.
g. Unter den neuen Bundesländern ist Sachsen am **dichtesten** besiedelt, am **stärksten** industrialisiert.
h. Zu den **schönsten** Landschaften Deutschlands zählt das sagenumwobene Rheintal zwischen Bingen und dem Siebengebirge.
i. Rügen ist Deutschlands **größte** Insel.
j. Frankfurt am Main ist Sitz der **meisten** deutschen Großbanken.
k. Hamburg ist der **wichtigste** Seehafen Deutschlands.
l. Das Bundesland Bremen ist das **kleinste** Land Deutschlands.
m. Die Zugspitze ist der **höchste** Berg Deutschlands.
n. Die Renaissance ist am **reinsten** in Augsburg vertreten.
o. Deutsch ist die Sprache, in die am **meisten** übersetzt wird.
p. Der Rhein ist die **wichtigste** Verkehrsachse in Nord-Süd-Richtung.

3 ▸ **a.** En Allemagne, la montagne la plus élevée est le Zugspitze.
b. Il n'est de pire peine que de ne savoir pourquoi.

c. Ce qu'elle aime le mieux lire, ce sont les romans d'aventure.
d. Que ce soit au nord, au sud, à l'est, à l'ouest, c'est chez soi que l'on se sent le mieux.

4 ▶ a. Ihre Augen sind blauer als der **blaueste** Himmel.
b. Ihre Haare sind schwärzer als die **schwärzeste** Kohle.
c. Ihre Stimme ist sanfter als der **sanfteste** Gesang der Nachtigall.
d. Ihre Lippen sind roter als die **rotesten** Erdbeeren.
e. Ihr Parfum ist süßer als die **süßeste** Rose.
f. Ihre Haut ist zarter als die **zarteste** Blütenknospe.

5 ▶ a. Die heftigsten Stürme.
b. Der weiteste Weg.
c. Das nächste Dorf.
d. Die höchste Tanne.
e. Die wärmste Jahreszeit.

32 Les pronoms interrogatifs

▶ énoncés p. 71

1 ▶ a. Faux. **c.** Faux.
b. Vrai. **d.** Vrai.

2 ▶ a. Wohin gehst du? Ins Kino?
b. Mit wem gehst du hin? Mit Kerstin?
c. Ihr wollt euch also einen Film ansehen, **welchen**? *Das Leben ist schön* von Roberto Benigni?
d. Was für ein Film ist das? Ein trauriger Film?
e. Wer hat dir den Film empfohlen? Kerstin?
f. Auf wen warten wir jetzt? Auf deinen Bruder?
g. Um wieviel Uhr soll er kommen? Um 16 Uhr?
h. Seit wann wohnt er dort? Seit zwei Jahren?
i. Wie lange dauert der Film? Zwei Stunden?
j. Wie oft geht ihr ins Kino? Jede Woche?

3 ▶ a. Wann berichtete *der Spiegel* erstmals über den Filmemacher?
b. Mit wem drehte er einen Film?
c. Wo hat er Filme gedreht?
d. Was schaute er sich ungern an?
e. Welcher Film ist der Lieblingsfilm der meisten Leute?
f. An welchem Tag starb Billy Wilder? (am 27. März)
g. Wie alt war er? (95)

4 ▶ a. Wessen Roman?
b. Wem erzählt er von seiner Geliebten?
c. In wen verliebt er sich?
d. Als was entpuppt sich Hanna Schmitz?
e. Was für ein Roman ist dieser Roman?
f. Wen erkennt der Held wieder?
g. Wie verkaufen sich ihr Bücher?
h. In welche Sprache hat Boris Chlebnikow die neue Grass-Novelle übertragen?
i. Was hat ein sowjetisches U-Boot torpediert?
j. Wie viele Opfer hat die Versenkung des deutschen Flüchtlingsschiffes gefordert?

5 ▶ a. Wann gehst du ins Theater?
b. Mit wem gehst du hin?
c. Um wie viel Uhr beginnt die Vorstellung?
d. Wie lange dauert sie?

33 Les pronoms indéfinis

▶ énoncés p. 73

1 ▶ a. Vrai. **c.** Vrai.
b. Faux. **d.** Vrai.

2 ▶ a. Niemand hat mir **etwas** gesagt: ich weiß **nichts**.
b. Die **anderen** wissen immer **alles**.
c. Aber ich habe dir nur **wenig** Gutes zu erzählen!
d. Ja, aber fast **alle** wussten Bescheid.
e. Wieso? Hier sieht **man** nie **jemand**. Hör mal! Es ist nicht **jedermanns** Sache.

Corrigés des exercices

3 **a.** Hier gibt es viele Radwege. Ja, bei uns ist auch **einer**.
b. In unserem Stadtviertel werden viele alte Häuser renoviert. Ja, hier wird auch **eines** renoviert.
c. Diese Straße ist gut beleuchtet. Es gibt viele Straßenlaternen. Ja, sogar in dieser Gasse ist auch **eine**.
d. Hier sieht man viele Spielplätze. Ja, ich sehe auch **einen** in dieser Straße.
e. Die Nachbarn haben einen schönen Nussbaum. Ja, ich möchte auch **einen**.
f. Au! **Einer** ist mir auf die Füße getreten. Wer? Ich sehe **keinen**.

4 **a.** Siehst du hier Schulen? Nein, ich sehe **keine**.
b. Gibt es hier viele Grünanlagen? Nein, nur **wenige**.
c. Hast du dir einen Stadtplan gekauft? Nein, **keinen**.
d. Siehst du in der Nähe einen Taxistand? Nein, **keinen**.
e. Hast du noch einen Fahrkartenblock? Nein, **keinen mehr**.

5 **a.** À chacun son dû.
b. Il a plus d'un tour dans son sac.
c. Personne ne m'arrive à la cheville.
d. Chaque chose en son temps.
e. La chance ne sourit pas à tout le monde.
f. Chacun son tour s'il vous plaît !
g. Le froid vous glace jusqu'aux os (*mot à mot* : vous passe sous la peau).

6 **a.** Keiner will diese Arbeit tun.
b. Das kann einem jeden Tag passieren.
c. Man spricht schon darüber.
d. Gibt es etwas Neues?

34 Les pronoms interrogatifs adverbiaux
▶ *énoncés p. 75*

1 **a.** Vrai. **c.** Faux.
b. Faux. **d.** Vrai.

2 **a.** Das Theater? Natürlich interessiere ich mich **dafür**!
– **Wofür** interessiert sie sich?
– Wann findet die nächste Vorführung statt? Ich freue mich schon **darauf**.
– **Worauf** freut sie sich schon?
– Was steht auf dem Spielprogramm? Ich kann mich nicht **daran** erinnern.
– **Woran** kann sie sich nicht erinnern?
b. Am 21. März 2002 bekam *Harry Potter und der Feuerkelch* den Publikumspreis auf der Leipziger Buchmesse. Die deutschen Leser haben nämlich **darüber** abgestimmt.
– **Worüber** haben die deutschen Leser abgestimmt?
c. Ferien auf dem Bauernhof? Ich hätte nie **daran** gedacht. Ich muss aber **darauf** verzichten. Unsere Kinder fahren lieber ans Meer. Sie schwärmen **dafür**.
– **Wofür** schwärmen sie?
d. Kein Auto? Warum hast du **darauf** verzichtet?
– Was! **Worauf** hast du verzichtet?
e. Die Jugendweihe? Sie wurde zum ersten Mal 1954 in der atheistischen DDR gefeiert. Jeder Jugendliche musste **daran** teilnehmen, sonst durfte er nicht Abitur machen. Jetzt sehnen sich viele Ostdeutsche **danach**.
– **Wonach** sehnen sich viele Ostdeutsche?
f. 2002 starb die große Dame des deutschen Nachkriegs-Journalismus, Marion Gräfin Dönhoff. Sie setzte sich oft mit Fragen von Verantwortung und Moral in der Demokratie auseinander.
– **Womit** setzte sie sich oft auseinander?
– Sie setzte sich auch aktiv für die Aussöhnung mit Polen und Russland ein.
– **Wofür** setzte sie sich aktiv ein?
– Ach so, wir könnten **darüber** einen Artikel in unserer Schulzeitung schreiben.
– **Worüber** könntet ihr einen Artikel schreiben?

3 **a.** **Worüber** staunt ihr?
b. **Worauf** müssen wir besonders achten? Auf diese Maschine?
c. **Wovon** verstehst du nichts?
d. **Worüber** diskutieren sie? Über den Film von Wim Wenders?
e. **Wogegen** protestieren sie? Gegen die Kernkraftwerke?
f. **Woran** denkst du? An die Ferien am Meer?
g. **Wovon** träumt er? Von den Seychellen?
h. **Worüber** denkst du nach?
i. **Worauf** bereitet sie sich vor?

j. Worauf muss er verzichten?
k. Woran ist nichts mehr zu ändern?

35 En / y (1)
▶ énoncés p. 77

1 ▶ **a.** Il n'en est pas question.
b. Elle en a une vague idée.
c. Ils nous ont dit cela en passant.
d. Qu'en dis-tu ?
e. Tu en as déjà l'eau à la bouche, n'est-ce pas ?
f. Nous devons en tirer les conséquences.
g. Il s'en est douté immédiatement.
h. Il ne faut pas t'en faire !
i. Je ne peux pas l'en empêcher.
j. Tu ne vas pas en mourir !
k. Que pouvons-nous en conclure ?
l. N'en parle à personne, s'il te plaît !
m. J'en ai marre de la grammaire.
n. Nous n'en sommes pas encore là.
o. Avez-vous l'impression de parler en l'air ?
p. Je n'en ai jamais entendu parler.
q. Vous n'allez pas en croire vos oreilles.
r. L'ordinateur est en mauvais état.
s. Nous partons en ville maintenant.
t. Doit-on en rire ou en pleurer ?

2 ▶ **a.** Gehst du jetzt hin?
b. Das glaube ich nicht.
c. Sie zwingen mich dazu.
d. Ihr verliert viel dabei.
e. In jener Zeit waren die Lebensbedingungen schwer zu ertragen.
f. Kannst du dich damit begnügen?
g. Sie dachte bei sich, dass sie viel Glück hatte.
h. Er verbringt seine Ferien auf Korsika.
i. Bleiben Sie dort!
j. Auf dem Schiff vergisst er seine Sorgen.
k. Er kennt sich damit aus.
l. Was kann ich da schon machen?
m. Er träumte gern davon.
n. Sie gewöhnt sich langsam daran.
o. Bring dieses Paket an einen sicheren Ort.
p. Wann? Im April?
q. Er ist bei guter Gesundheit.
r. Unser Wagen hat eine Panne.
s. Er sieht alles schwarz.
t. Als guter Demokrat gebe ich nach.

36 En / y (2)
▶ énoncés p. 79

1 ▶ **a.** Vrai. **c.** Faux.
b. Faux. **d.** Vrai.

2 ▶ **A – a.** Ich denke oft an meine Kindheit zurück. Und du? Denkst du auch **daran**? Ja, ich erinnere mich **daran**.
b. Die gute alte Zeit ! Ja, ich träume noch immer **davon**.

B – a. Jazz? Er interessiert sich **dafür**.
b. Hat er CDs von Miles Davis? Ja, er hat **welche**.
c. Er hatte auch viele Poster. Aber **davon** bleibt nichts übrig.

C – a. Er fährt mit dem Wagen **dorthin** und nicht mit dem Zug.
b. Und wie war sein Aufenthalt in Wien? Erzähl mir mal **davon**.
c. Er ist **dort** drei Wochen geblieben.

3 ▶ **a.** Je n'y étais pas.
b. Il s'y croit.
c. Vas-y !
d. Il commence à s'y habituer.
e. Que voulez-vous que j'y fasse ?
f. Nous aimons en elle sa gentillesse.
g. Elle endort l'enfant en le berçant.
h. Il en connaît de bien bonnes.

4 ▶ **a.** Im April werden die Tage länger.
b. Er ist auf Reisen.
c. Schließlich hat er es geschafft.
d. Dieses Buch? Ich brauche es.
e. Wann? Samstag in einer Woche.
f. Er hörte ihm / ihr schweigend zu.
g. Hast du einen Kuli? Ja, ich habe einen.
h. Er ist deshalb ganz krank.

37 Seulement
▶ énoncés p. 81

1 ▶ **a.** Vrai. **c.** Vrai.
b. Faux. **d.** Vrai.

2 ▶ **a.** Im Sommer trägt sie **nur** Weiß.
b. Die Sendung begann **erst** um 23 Uhr und dauerte **nur** eine halbe Stunde.
c. Er darf nicht wählen, er ist **erst** 16.
d. Ich kann nicht ins Kino gehen, ich habe **nur** noch drei Mark!

Corrigés des exercices

e. Was! Du bist **erst** gegen Mittag aufgewacht!
f. **Erst** viel später verstand er alles.
g. Es ist **erst** Ende September, und schon friert es!
h. Sein Mantel kostete ihn **nur** 20 Euro.
i. Sie gehen spazieren, so oft sie **nur** können.
j. Sie tut alles, was er **nur** will.
k. Hättest du das **nur** nicht gesagt!
l. Er kam **erst**, als alles vorbei war.
m. Es war **nur** ein Traum.
n. Sie ist schön, **nur** müsste sie klüger sein.
o. Er hat es **nur** dank der Unterstützung seiner Freunde geschafft.
p. In Berlin verkehrt er **nur** mit wenigen Menschen.
q. Sie ist **erst** 40 und sie denkt **nur** an den Ruhestand!
r. Er ruft seine Mutter **erst** dann an, wenn er etwas braucht.
s. Sie arbeitet **nur** drei Tage in der Woche.

3 ▶ a. Warum sagst du mir das erst jetzt?
b. Erst seit zwei Monaten lerne ich Russisch.
c. Unser Urlaub hat nur eine Woche gedauert.
d. Er hat nur sehr wenig Zeit.
e. Ich finde diesen Krimi toll, obgleich ich erst dreißig Seiten gelesen habe.
f. Sie wohnen da erst seit drei Wochen.
g. Ich kann es euch/Ihnen erst morgen sagen.
h. Sie sind nur zehn Minuten geblieben.
i. Diese Vorführung war nur für Kinder.
j. Ich sehe sie erst nach Ostern wieder.
k. Ich treffe sie nur selten.
l. Dieser Sprachunterricht hat nur eine halbe Stunde gedauert.
m. Wenn es dir schon nicht schmeckt, verdirb nicht noch den anderen den Appetit.

38 Plus ... plus, moins ... moins

▶ énoncés p. 83

1 ▶ a. Vrai.   **c.** Vrai.
b. Faux.   **d.** Faux.

2 ▶ a. Plus il travaille sur ordinateur, plus sa vue baisse.
b. Plus le voyage est long, plus les enfants sont agités.
c. Les clients sont la plupart du temps des ingénieurs.
d. Plus il vieillit, plus il devient raisonnable.
e. Plus il en a, plus il en veut.
f. Plus le bébé crie fort, plus sa mère devient nerveuse.
g. Moins il le voit, mieux il se porte.
h. Plus on a d'argent, plus on a de soucis.
i. Ça arrive la plupart du temps en hiver.
j. La plupart des étudiants ne savent pas se nourrir.
k. J'en ai oublié la plus grande partie.
l. Moins il s'entraîne, plus il se rouille.
m. La plus grande partie de l'argent est passée là-dedans.

3 ▶ a. Das Leben wird immer teurer.
b. Je mehr die Schüler miteinander schwatzen, desto weniger arbeiten sie.
c. Je mehr Wagen verkehren, desto größer wird meine Angst.
d. Je besser die Fußballer spielen, desto begeisterter werden die Zuschauer.
e. Die meisten Jungen spielen gern Fußball.
f. Immer mehr Kinder können schwimmen.
g. Die Leute gehen immer weniger ins Kino.
h. Je wärmer es wird, desto weniger habe ich Lust zu arbeiten.

39 Es

▶ énoncés p. 85

1 ▶ a. Vrai.   **c.** Vrai.
b. Faux.   **d.** Vrai.

2 ▶ a. Wovon ist die Rede?
b. Ich betrachte **es** als wichtig, dass die Kollegen Bescheid wissen.
c. Hier wird immer sehr spät gearbeitet.
d. Öffne die Tür! Ich bin **es**.
e. Die Angestellten haben **es** satt, hier regnet **es** oft.
f. Wir finden **es** schade, dass die neue Sekretärin blau macht.
g. Ich halte **es** für dumm, sich so zu benehmen.
h. Ihr Vater war effizient, sie ist **es** nicht. Sie wird **es** bereuen.
i. Im Büro ist gestohlen worden, aber keiner will **es** gewesen sein.
j. In diesem Unternehmen wimmelt **es** von Geschäftemachern.
k. Auf der Party ist **es** recht langweilig gewesen.

l. Der Buchhalter hat **es** eilig.
m. Der Chef will nur das Beste für ihn. Ja, er meint **es** nur gut mit ihm.
n. **Es** wird sich zeigen, ob er Recht hat.
o. Mir fiel **es** schwer, auf diesen Posten zu verzichten.

3 **a.** Es ist etwas Schlimmes passiert.
b. Es hat sich ein Unfall ereignet.
c. Es wurde viel geschrien.
d. Es war schon Nacht und es schneite.
e. Die Vorübergehenden haben es unternommen, den Verletzten Hilfe zu leisten.

4 **a.** Il a hâte de nous faire part de sa promotion.
b. Il n'est pas exclu qu'il gagne maintenant beaucoup d'argent.
c. Il fait tant et si bien qu'il créera bientôt sa propre entreprise.
d. Quoi ! Ça ne sert à rien.
e. J'espère que cela ne vous dérange pas.
f. Je gèle à la campagne.
g. Tous le pensent, mais personne ne le dit.
h. Ça me fait plaisir que tu viennes.
i. Je ne le crois pas.
j. C'est vrai.
k. Ici, ça sent le fromage.

40 Le régime des prépositions

▶ énoncés p. 87

1 **a.** Vrai.   **c.** Faux.
b. Vrai.   **d.** Faux.

2 **Ich bin für / gegen** die Null-Toleranz, die Todesstrafe, den Straferlass, die Abschaffung des Wehrdients, die Autorität der Erwachsenen, das Recht des Stärkeren, die Verjährung.

3 **a.** „Null-Toleranz" heißt die neue Devise der Berliner Polizei. Sie geht **gegen** jed**e** Art von Kriminalität härter vor.
b. Berlin ist beispielhaft **für** ein**e** wirksamere Verbrechensbekämpfung.
c. Eine stärkere Polizeipräsenz sorgt **für** mehr Ordnung.
d. Obwohl viele Bürger total **gegen** d**en** Vorschlag der Null-Toleranz sind, müssen sie ihn doch akzeptieren.

4 **a.** Die Kriminalität hat auch in Berlin zugenommen. Die Polizei reagiert darauf **mit** d**er** Strategie der Null-Toleranz, die **seit** einig**en** Jahren in New York praktiziert wird.
b. Die Aufgaben der Polizei haben sich **nach** d**er** Wiedervereinigung vervielfacht.
c. **Mit** d**en** Gelegenheitsdieben hätten die Detektive die meiste Arbeit. **Zu** dies**er** Gruppe zählen auch die Jugendlichen, denen der Diebstahl **von** ihr**er** Clique als eine Art Mutprobe abverlangt wird.
d. 30 Prozent der Ladendiebe sind **nach** Angaben der Polizei Jugendliche.
e. Die Detektive sind **beim** Aufdecken **von** Ladendiebstählen am erfolgreichsten.
f. Sie beobachten einen Dieb **bei** d**er** Tat und nehmen ihn fest.

5 **a.** Die Polizei verklagt den Jugendlichen **wegen** Diebstahls.
b. **Trotz** d**er** Wachsamkeit der Detektive gelingt es vielen Dieben, an den Kassen vorbeizugehen, ohne zu bezahlen.
c. **Während** d**er** Hauptgeschäftszeit gibt es mehr Diebstähle.
d. Die Diebe wohnen oft **außerhalb** d**er** Stadtmitte.
e. **Statt** d**er** Null-Toleranz möchten viele junge Missetäter mehr Nachsicht und Verständnis.

6 **a.** Er kam zu mir gegen neun Uhr.
b. Ich bin gegen diesen Vorschlag.
c. Er ist gegen eine Laterne gefahren.
d. Ohne deine Hilfe hätte er Schwierigkeiten.
e. Er sprach mit dem Polizisten.

41 Les prépositions spatiales

▶ énoncés p. 89

1 **a.** Vrai.   **c.** Vrai.
b. Faux.   **d.** Faux.

2 **a.** Sie fahren **nach** Berlin.
b. Wir verbringen unseren Urlaub **auf** d**em** Land.
c. Fahrt ihr **in** d**ie** Berge?
d. Wir bleiben **in** Paris.
e. Die Nachbarn fahren **ans** Meer.
f. Meine Kollegin fliegt **in** d**ie** Türkei.

Corrigés des exercices

g. Ich fahre **zu** mein**en** Freunden.
h. Sie wohnen **in** Luxemburg.
i. Meine Mutter bleibt **zu** Hause.
j. Mein Bruder bleibt **bei** sein**en** Freunden.
k. Sie wohnen **auf** d**em** Land. Sie können sich **in** d**ie** Sonne legen.
l. Sie bleiben nicht **in** Berlin, sie fahren lieber **in** d**en** Süden.
m. Sie liegen den ganzen Tag **am** Strand.
n. Wohin gehen sie? Sie wissen es nicht, das ist eine Fahrt **ins** Blaue.
o. Unsere Zimmer liegen **auf** d**er** Südseite.
p. Sie sind **nach** Rio geflogen.
q. Dieser Tanker fährt **unter** fremd**er** Flagge.
r. Der Zug läuft **in** d**en** Bahnhof ein.
s. Was machst du allein **in** d**er** Stadt? Ich gehe **ins** Kino, dann esse ich **im** Restaurant, nachher fahre ich **nach** Hause und arbeite **am** Computer. Manchmal übernachte ich **bei** Freunden.
t. Ich kaufe einmal in der Woche **im** Supermarkt ein. Es fällt mir schwer, **an** ein**er** Kasse zu warten.
u. Nächstes Jahr fliege ich **nach** Indien.
v. Er ist urlaubsreif, deshalb hat er eine Villa **auf** Korsika gemietet.
w. Das Schwimmbad befindet sich **am** Altmarkt.
x. Wohnst du immer noch **in** d**er** Beethovenstraße?
y. Er sitzt den ganzen Tag **über** sein**e** Arbeit gebeugt.
z. Wo verbringen sie ihren Urlaub? **In** ein**em** schönen Bungalow **auf** ein**er** Insel?

3 ▸ **a.** Ich gehe **in** d**en** Garten. / Ich spiele **im** Garten.
b. Ich gehe **nach** Hause. / Ich bleibe lieber **zu** Hause.
c. Ich gehe **zu** mein**em** Freund. / Ich bleibe **bei** mein**em** Freund.
d. Ich fliege **nach** Afrika. / Ich arbeite **in** Afrika.
e. Ich fahre **in** d**en** Süden. / Ich verbringe meine Ferien **im** Süden.
f. Ich fliege **in** d**ie** USA. / Ich bleibe **in** d**en** USA.
g. Ich fahre **auf** d**as** Land. / Ich bleibe **auf** d**em** Land.
h. Ich fahre **an** d**ie** See. / Ich bin **an** d**er** See.
i. Ich gehe **in** d**en** Supermarkt. / Ich kaufe **in** d**em** Supermarkt ein.

42 Le directionnel et le locatif

▸ *énoncés p. 91*

1 ▸ **a.** Vrai.   **c.** Faux.
b. Faux.   **d.** Faux.

2 ▸ **a.** Die Kinder spielen gern **im** Garten.
b. Sie haben ihr Zelt **vor** d**em** Haus aufgebaut.
c. Sie legen sich gern **in** d**ie** Sonne.
d. Die Mutter hängt die Wäsche **auf** d**ie** Leine.
e. Ein Flugzeug fliegt **über** d**as** Haus hinweg.
f. Plötzlich regnet es. Sie laufen alle **ins** Haus.
g. Im Flur ziehen alle ihre schmutzigen Schuhe aus.
h. Die Mutter bereitet das Essen **in** d**er** Küche zu.
i. Im Esszimmer deckt Robert schnell den Tisch.
j. Seine Schwester hängt wie immer **am** Telefon und hilft ihm nicht.
k. Robert stellt die Gläser **neben** d**en** (singulier) / d**ie** (pluriel) Teller und legt das Besteck **auf** d**en** richtigen Platz. Er legt das Brot **in** d**en** Korb.
l. Die Katze schläft **unter** d**em** Tisch **auf** d**em** Teppich.
m. Die Kinder gehen **ans** Fenster und blicken **auf** d**ie** Straße, sie warten **auf** d**ie** Großeltern.
n. Es hat eben geläutet. Die Kinder laufen **an** d**ie** Tür.
o. Die Großeltern stehen **an** d**er** Tür. Die Großmutter stützt sich **auf** ein**en** Stock. Sie kommen zum Essen.
p. Dann setzen sie sich **an** d**en** Tisch. Robert sitzt **zwischen** d**er** Großmutter und d**em** Großvater.
q. Die Katze versteckt sich **hinter** d**em** Sofa.

3 ▸ **a.** Ich will duschen: ich gehe **ins** Badezimmer.
b. Ich will frühstücken: ich gehe **in** d**ie** Küche.
c. Ich will schlafen: ich gehe **ins** Schlafzimmer.
d. Ich will fernsehen: ich gehe **ins** Wohnzimmer.

e. Ich will Wein holen: ich gehe **in den** Keller.
f. Ich will ein Telegramm abschicken: ich gehe **auf die** Post.

4 ▶ **a. In der** Garage.
b. In der Küche.
c. Neben dem Telefon.
d. Auf dem Bett.

5 ▶ **a.** Leg die Zeitung auf **den** Tisch.
b. Die Kinder lesen auf **dem** Teppich.
c. Hans arbeitet **im** Wohnzimmer.
d. Dann will er in **den** Park gehen, um Fußball zu spielen.
e. Wollt ihr **am** Computer arbeiten?

43 Les compléments et les adverbes de temps
▶ *énoncés p. 93*

1 ▶ **a.** Faux.   **c.** Faux.
b. Vrai.   **d.** Faux.

2 ▶ **a. Zu** Ostern besuchte uns meine Großmutter.
b. Jahr **um** Jahr schenkt sie uns Eingemachtes.
c. Vom Morgen **bis zum** Abend arbeitet sie in ihrem Garten.
d. Während des Winters bleibt sie im Süden.
e. Vor einer Woche war sie in Palermo.
f. Ihr Enkel kam **in der** Nacht **zum** ersten Mai zur Welt.
g. Im 21. Jahrhundert können die Leute auf große Fortschritte hoffen.
h. Sie rief mich **am** frühen Abend an.
i. Sie konnte erst spät **in der** Nacht in Berlin ankommen.
j. Sie wird **am** Tag vor Ostern da sein.
k. Während der erst**en** Jahre fiel es ihr schwer, in einer Großstadt zu leben.
l. Auf die Dauer hat sie sich daran gewöhnen müssen.
m. Seit einig**en** Jahren wohnt sie in einer schönen Villa.
n. Bei Einbruch der Nacht schließt sie die Tür zu und sieht fern.
o. Aber schon **bei** Tagesanbruch steht sie auf.

p. In ein**em** Monat fliegt sie nach Hamburg.
q. Bis jetzt ist sie regelmäßig dorthin geflogen.

3 ▶ **a.** Manchmal frage ich mich, wie es ihr gelingt, ihre Karriere mit ihrem Familienleben zu vereinbaren.
b. Am Mittwoch gehen sie ins Kino.
c. Nächste Woche fliegen sie nach Mailand.
d. Vor kurzem / neulich sind sie nach Berlin gefahren / geflogen.
e. Karl der Große starb im Jahre 814.
f. Die Ferien beginnen in einem Monat.

44 Etwas / nichts
▶ *énoncés p. 95*

1 ▶ **a.** Vrai.   **c.** Vrai.
b. Faux.   **d.** Vrai.

2 ▶ **a.** Faire un gâteau ? Rien de plus simple !
b. Vous vous disputez pour trois fois rien.
c. Avec lui, on n'a que des ennuis !
d. Avec quoi as-tu assaisonné la salade ? – Moi ? Avec rien de particulier.
e. Pour rien au monde.
f. Ça ne se fait pas.
g. Ne t'en fais pas !
h. On n'a rien sans rien.
i. Il est trop paresseux, il n'arrivera à rien.
j. C'est au moins quelque chose ! Oui, mieux que rien.
k. Ça ne vaut rien.
l. C'est ça ou rien !
m. On n'a rien sans rien.
n. Rien ne pourrait m'arrêter.
o. Ça ne sert à rien du tout !

3 ▶ **a.** Er will nichts tun. Er kommt nicht mit. Nichts Überraschendes!
b. Sabine? Sie interessiert nichts anderes als der Sport!
c. Ich habe nie etwas Schöneres gesehen.
d. Welch ein Jammer! Da kann man nichts machen.
e. Ich möchte dich etwas fragen.
f. Kennst du den Roman von Remarque: *Im Westen nichts Neues?*
g. Ich weiß nichts Neues.
h. Er redet von nichts anderem.

Corrigés des exercices

i. Er hat ihr etwas Großartiges geschenkt.
j. Sie hat mir etwas gesagt, was ich nicht glauben kann.
k. Er kommt zu nichts.
l. Mir gefällt nichts.
m. Ich habe etwas von ihnen gehört.
n. Das geht dich nichts an!
o. Es war etwas sehr Ungewöhnliches.
p. Für nichts und wieder nichts.
q. Willst du etwas Kaffee?
r. Nichts davon stimmt.
s. Möchten Sie irgendetwas anderes?
t. Das war wohl nichts.

45 Les verbes

▶ énoncés p. 99

1 ▶ **a.** Faux. **c.** Vrai.
b. Vrai. **d.** Faux.

2 ▶ **a.** Wer gewinn**t**?
b. Kenn**t** ihr die Mannschaften?
c. Woher komm**t** dieser Spieler?
d. Warum läuf**t** er nicht schneller?
e. Warum antwort**est** du mir nicht?
f. Wie heiß**t** der Stürmer?
g. I**st** er Ausländer?
h. Red**et** nicht alle zusammen!
i. Warum pfeif**en** die Leute diesen Spieler aus?
j. Warum w**ird** der Verteidiger vom Platz verwiesen?

3 ▶ **a.** du wirfst.
b. du läufst.
c. du badest.
d. du springst.
e. du fährst.
f. du rennst.
g. du reitest.
h. du verfehlst.
i. du schlägst.
j. du tauchst.
k. du kraulst.
l. du fichst.

4 ▶ **a.** Der Stürmer **schoss** ein Tor.
b. Der Schiedsrichter **führte** den Anstoß aus.
c. Die Mannschaften **spielten** unentschieden.
d. Der Golfspieler **nahm** einen Ball in die Hand.
e. Die Bälle **unterschieden** sich in Größe und Härte.
f. Langsam **rollte** der Ball los.
g. Man **musste** trainieren, um gut zu sein.
h. Es **gab** viele Möglichkeiten, sein Können zu beweisen.

5 ▶ **a.** Die Freizeit-Industrie **hat** neue Arbeitsplätze **gebracht**.
b. Der ehemalige Leistungssportler **hat** Schüler im Trampolinspringen **unterrichtet**.
c. Von Trendsportarten **hat** der Sportlehrer nichts wissen **wollen**.
d. Viele Schüler **haben** den Schulsport langweilig **gefunden**.
e. Die Bedürfnisse der Schüler **sind** unberücksichtigt **geblieben**.
f. Der Freizeitsport **hat** das Sportverständnis der Mehrheit **bestimmt**.
g. Nicht nur Erwachsene **haben** unter Bewegungsmangel **gelitten**.
h. Jugendliche **haben** sich in einem Vorort von München zum Skateboarden **getroffen**.

46 Le préfixe verbal

▶ énoncés p. 101

1 ▶ **a.** Vrai. **c.** Vrai.
b. Faux. **d.** Vrai.

2 ▶ aufstellen, austragen, aufgeben, anfeuern, zujubeln, auspfeifen, zurückbleiben, einholen, ausführen, abstürzen, abwerfen.

3 ▶ aufgestellt, gewonnen, verloren, ausgetragen, besiegt, erlitten, aufgegeben, erhalten, angefeuert, zugejubelt, ausgepfiffen, zurückgeblieben, eingeholt, übersprungen, ausgeführt, abgestürzt, abgeworfen, unterlegen.

4 ▶ **a.** Der Bergsteiger **stürzt ab**.
b. Das Pferd **wirft** den Jungen **ab**.
c. Die Fans **pfeifen** den armen Spieler **aus**.
d. Der Skifahrer **schnallt** die Skier **an**.
e. Der Radrennfahrer **übernimmt** die Führung.
f. Der Schiedsrichter **führt** den Anstoß **aus**.
g. Leider **bleibt** der junge Radrennfahrer **zurück**.

h. Seine Fans **jubeln** ihm **zu**.
i. Der Sieger **erhält** den Pokal.

5 ▶ a. Er hatte Lust, den Pokal zu erhalten.
b. Er wollte einen Rekord aufstellen.
c. Er hatte die Hoffnung aufgegeben, den Gegner einzuholen.
d. Er hatte vor, die Führung zu übernehmen.
e. Er möchte am Spiel teilnehmen.
f. Er war sicher, sein Können zu beweisen.
g. Er beschloss, sein Idol anzufeuern.
h. Er sah das Pferd den Reiter abwerfen.
i. Er hatte keine Lust, auf den Wettkampf zu verzichten.
j. Die Bergsteiger sollen nicht vergessen, sich anzuseilen.
k. Er freut sich, ihn haushoch geschlagen zu haben.

6 ▶ a. Der Sportler trainiert jeden Tag.
b. Die Anhänger jubeln den Spielern zu.
c. Spielt ihr Fußball?
d. In den Ferien fährt er Motorrad.
e. Sie lässt ihren Drachen steigen.

47 Les temps
▶ énoncés p. 103

1 ▶ a. Vrai.   c. Faux.
b. Vrai.   d. Vrai.

2 ▶ a. Er **will** einen Rekord brechen.
b. Der Marathonlauf **fängt** in fünf Minuten **an**.
c. **Seid** ihr schon atemlos?
d. Der Läufer **nimmt** am Staffellauf **teil**.
e. Das Kanu **gefällt** ihm.
f. **Darfst** du mitmachen?
g. Er **läuft** gern Eis.
h. Er **muss** jeden Tag trainieren.
i. **Siehst** du den Puck der Eishockeyspieler?

3 ▶ a. Sie **schwammen** über den Fluss.
b. Borussia **gewann** 2 zu 0.
c. Sie **ritten** heute 10 km.
d. Unsere Mannschaft **siegte** mühelos.
e. Sie **trieben** regelmäßig Sport.
f. Sie **wollte** frische Luft schnappen.
g. Warum **gab** er den Ball nicht ab?
h. Der Spieler **wärmte** sich **auf**.
i. Er **fuhr** aufs offene Meer hinaus.

4 ▶ **warf** (Prétérit Ind.), **nähme** (Présent Subj. II), **las** (Prétérit Ind.), **führe** (Présent Subj. II), **ritt** (Prétérit Ind.), **ist gelaufen** (Parfait), **wirft** (Présent Ind.), **focht** (Prétérit Ind.), **liest** (Présent Ind.), **lief** (Prétérit Ind.), **gewinne** (Présent Subj. I), **fährt** (Présent Ind.), **liefe** (Présent Subj. II), **weiß** (Présent Ind.), **war gefahren** (Plus-que-parfait), **ist gegangen** (Parfait), **verlöre** (Présent Subj. II), **ging** (Prétérit Ind.), **hatte verloren** (Plus-que-parfait), **wisse** (Présent Subj. I), **ficht** (Présent Ind.), **bräche** (Présent Subj. II), **ist geritten** (Parfait), **schlüge** (Présent Subj. II), **wüsste** (Présent Subj. II).

48 Les verbes faibles
▶ énoncés p. 105

1 ▶ a. Faux.   c. Vrai.
b. Vrai.   d. Vrai.

2 ▶ a. Die Urlauber **ruhen** sich **aus**.
b. Ein Mann **setzt** eine Angel **zusammen**.
c. Am Sonntag **angelt** er.
d. Jeden Sommer **zelten** wir in der Bretagne.
e. Andere **wandern** gern im Gebirge.
f. Ich **informiere mich** über das Programm.
g. **Hört** ihr oft Radio?
h. Nein, wir **spielen** lieber Fußball.

3 ▶ a. Du **setztest** die Angel zusammen.
b. Der Jäger **suchte** das Wild.
c. Sie **räucherten** den gefangenen Fisch.
d. Die Urlauber **faulenzten** den ganzen Tag.
e. Sie **zeigten** Freunden ihre Fotos.
f. Sie **entwickelten** ihre Filme selbst.

4 ▶ a. Sie **haben** sich **zerstreut**.
b. Die Kinder **haben** gern im Freien **gespielt**.
c. Sie **hat** sich für deine Briefmarkensammlung **interessiert**.
d. Er **hat** immer **gemogelt**.
e. **Hast** du einen Billardtisch **gekauft**?
f. Sie **hat** uns gern **wahrgesagt**.
g. Das **hat** mir Spaß **gemacht**.

5 ▶ a. „Klettert nicht auf den Baum!"
b. „Seilt euch an!"
c. „Lerne schwimmen!"

Corrigés des exercices

d. „Mach keinen Bauchklatscher!"
e. „Misch die Karten!"
f. „Beachten Sie die Spielregeln!"
g. „Entschuldige dich!"
h. „Machen Sie Ferien!"
i. „Pump deine Reifen auf!"
j. „Bastle öfter!"
k. „Vergrößere dieses Foto!"
l. „Tanz im Takt!"

6 ▶ **a.** „Wirf mir den Ball zu!"
b. „Fahr nicht so schnell!"
c. „Nimm bitte den Fuß vom Pedal!"
d. „Tritt in die Pedale!"
e. „Verliert dieses Spiel nicht!"
f. „Lass deinen Drachen steigen!"
g. „Schlaf nicht den ganzen Tag!"
h. „Sei fair!"
i. „Fangt mehr Fische!"
j. „Komm nicht mit leeren Händen zurück!"

49 Les verbes forts

▶ *énoncés p. 107*

1 ▶ **a.** Vrai.   **c.** Faux.
b. Faux.   **d.** Vrai.

2 ▶ **a.** Das Kind **lässt** seinen Drachen steigen.
b. Springst du Seil?
c. Jeden Sonntag **fährt** er Rad.
d. Er **geht** seinem Hobby **nach**.
e. Das Kind **hat** nur das Spielen im Kopf.
f. Warum **hält** er keine Spielregel **ein**?
g. Er **tritt** in die Pedale.
h. Sie **verlieren** nicht gern beim Spiel.
i. Er **schießt** mit Pfeil und Bogen.
j. Er **wirft** mir den Ball **zu**.

3 ▶ laufen, springen, fahren, teilnehmen, fernsehen, werfen, schlagen, einhalten, nachgehen, treten, steigen, verlieren, gewinnen, schießen.

4 ▶ ist gelaufen, ist gesprungen, ist gefahren, hat teilgenommen, hat ferngesehen, hat geworfen, hat geschlagen, hat eingehalten, ist nachgegangen, ist getreten, ist gestiegen, hat verloren, hat gewonnen, hat geschossen.

5 ▶ **a.** Die Spieler **blieben** unbesiegt.
b. Sie **gewannen** 3 zu 1.
c. Sie **gaben** einen Empfang.
d. Sie **luden** viele Freunde **ein**.
e. Sie **saßen** dicht gedrängt wie die Heringe.
f. Einige **aßen** viel und **tranken** noch mehr!
g. Er fuhr Motorrad.
h. Ich verlor immer beim Spiel.
i. Sie gingen auf die Jagd.

50 Les verbes faibles irréguliers

▶ *énoncés p. 109*

1 ▶ **a.** Vrai.   **c.** Faux.
b. Vrai.   **d.** Faux.

2 ▶ **a.** In dieser Stadt **kenne** ich niemanden.
b. Ich heiße Clemens, aber meine Freunde **nennen** mich Clem.
c. Für meine Aufenthaltserlaubnis muss ich mich an die Botschaft **wenden**.
d. Ich **bringe** auch einen Wohnungsnachweis mit.
e. Meine Mutter **sendet** mir alle anderen nötigen Papiere.
f. Ich **denke** nämlich daran, hier weiterzustudieren.
g. Muss ich noch lange zu den Ämtern **rennen**?
h. Warum öffnet dieses Büro nicht sofort? Ich **brenne** vor Ungeduld.

3 ▶ **dächte** (Présent Subj. II), **brenne** (Présent Subj. I), **wendete** (Prétérit + Présent Subj. II), **rennt** (Présent Ind.), **sende** (Présent Subj. I), **dachte** (Prétérit), **brannte** (Prétérit), **wendet** (Présent Ind.), **bringt** (Présent Ind.), **denke** (Présent Subj. I), **kennt** (Présent ind.), **brennte** (Présent Subj. II), **sandte** (Prétérit), **denkt** (Présent Ind.), **brächte** (Présent Subj. II), **kenne** (Présent Subj. I), **rannte** (Prétérit), **nennte** (Présent Subj. II), **brachte** (Prétérit), **nenne** (Présent Subj. I), **sendete** (Prétérit + Présent Subj. II), **wandte** (Prétérit), **kannte** (Prétérit), **sendet** (Présent Ind.), **bringe** (Présent Subj. I), **brennt** (Présent Ind.).

51 Les trois auxiliaires : haben, sein, werden

▶ énoncés p. 111

1 ▶ **a.** Faux.　　**c.** Faux.
b. Vrai.　　**d.** Vrai.

2 ▶ **a.** Wer **sind** Sie?
b. Wie alt **sind** Sie?
c. Haben Sie Hobbys?
d. Wie lange **sind** Sie in der Mensa geblieben?
e. Welche Fächer **haben** Sie bevorzugt?
f. Welche Branche **werden** Sie wählen?
g. Wissen Sie, dass die Universität Heidelberg 1386 gegründet **wurde**?

3 ▶ **a.** Futur.　　**d.** Passif.
b. Futur.　　**e.** Passif.
c. Passif.　　**f.** Futur.

4 ▶ **a.** Verbe à part entière.
b. Verbe à part entière.
c. Auxiliaire.
d. Auxiliaire.
e. Verbe à part entière.
f. Auxiliaire.
g. *Ist* : verbe à part entière, *werden* : auxiliaire.
h. Verbe à part entière.
i. *Ist* : auxiliaire, *geworden* : verbe à part entière.
j. Verbe à part entière.
k. Auxiliaire.

5 ▶ **a.** „Sei nicht so laut!"
b. „Habt bessere Noten in Mathe!"
c. „Seid aufmerksam!"
d. „Werde nicht frech!"
e. „Werdet gehorsam!"
f. „Sei gut gelaunt!"
g. „Werde nicht rot!"
h. „Seien Sie nachsichtig!"
i. „Werden Sie geduldiger!"

52 Les verbes de modalité

▶ énoncés p. 113

1 ▶ **a.** Vrai.　　**c.** Faux.
b. Vrai.　　**d.** Vrai.

2 ▶ **a.** Eine internationale Studie, die bald offiziell vorgestellt werden **soll**, belegt es: Deutsche Schüler sind nur noch Mittelmaß.
b. Jeder fünfte Schüler **kann** nämlich nicht sicher lesen.
c. Deshalb **können** diese Schüler nicht gut mitkommen.
d. Die Regierung **muss** Geld in die Bildung investieren, sonst **kann** sich die Situation nicht bessern.
e. Was **soll** man da machen?

3 ▶ **a.** Die Faulenzer **wollten** Unfug treiben, um den Unterricht zu stören.
b. Das **durften** sie aber nicht!
c. Da **mussten** sie nachsitzen.
d. Sie **konnten** sich nicht mehr dieser verdammten Disziplin beugen.

4 ▶ **a.** Dieser Schüler **soll** viel **nachholen**.
b. Da er Radau gemacht hat, **muss er** das Versäumte **nachholen**.
c. Er kann sich **nicht** am Unterricht beteiligen.
d. Er will sowieso nächstes Jahr die Schule verlassen.
e. Jeden Tag **möchte er** die Schule schwänzen.
f. Er will seine Wissenslücken nicht ausfüllen.
g. Er **mag** Rap.
h. Er **will** überfordert sein.
i. Er mag noch beim Nachbarn **spielen**.
j. Er durfte nicht nach draußen gehen.

5 ▶ **a.** Er **hat** Fortschritte **machen müssen**.
b. Das **hat** er nicht **gekonnt**!
c. Die Eltern **haben** ihm **helfen sollen**.
d. Sie **haben** sein Bestes **gewollt**.
e. Er **hat** nichts davon **wissen wollen**.
f. Er **hat** aber an die Arbeit **gemusst**.
g. Das **hat** er **gewusst**!
h. Wir **haben** uns in guten Händen **gewusst**.
i. Sie **hat** sich deswegen keine Gedanken machen **sollen**.
j. Was **hat** er von euch **gewollt**?
k. Wir **haben** lachen **müssen**.
l. Für seine Schwächen **hat** er doch nichts **gekonnt**!

Corrigés des exercices

53 L'impératif, les participes présent (participe I) et passé (participe II)

▸ énoncés p. 115

1 ▸ **a.** Vrai.
b. Faux (seien wir, seien Sie).
c. Vrai. **d.** Vrai.

2 ▸ **a. Finde dich** nicht mit der Umweltverschmutzung **ab**!
Findet euch nicht mit der Umweltverschmutzung **ab**!
Finden Sie sich nicht mit der Umweltverschmutzung **ab**!
b. Mach uns auf die Luftverpestung aufmerksam!
Macht uns auf die Luftverpestung aufmerksam!
Machen Sie uns auf die Luftverpestung aufmerksam !
c. Gib konkrete Beispiele!
Gebt konkrete Beispiele!
Geben Sie konkrete Beispiele!
d. Verschmutze weniger!
Verschmutzt weniger!
Verschmutzen Sie weniger!
e. Schlage Lösungen **vor**!
Schlagt Lösungen **vor**!
Schlagen Sie Lösungen **vor**!
f. Erkläre, was für ein Gas Ozon ist!
Erklärt, was für ein Gas Ozon ist!
Erklären Sie, was für ein Gas Ozon ist!
g. Geh kein Risiko **ein**!
Geht kein Risiko **ein**!
Gehen Sie kein Risiko **ein**!
h. Benutze die öffentlichen Verkehrsmittel!
Benutzt die öffentlichen Verkehrsmittel!
Benutzen Sie die öffentlichen Verkehrsmittel!
i. Statte das Auto mit einem Katalysator **aus**!
Stattet das Auto mit einem Katalysator **aus**!
Statten Sie das Auto mit einem Katalysator **aus**!

3 ▸ **a.** „Vergiftet den Fluss nicht!"
b. „Seid umweltfreundlich!"
c. „Halten Sie die Gewässer rein!"
d. „Entdeckt die Schönheit der Natur!"
e. „Ziehen Sie die Konsequenzen aus der Katastrophe!"
f. „Schließt euch zusammen!"
g. „Wirf nichs weg!"
h. „Schütze die Natur!"
i. „Schnappe Luft!"
j. „Lösen Sie die Entsorgungsprobleme!"
k. „Zerstört die Küste nicht!"
l. „Verringert die Umweltverschmutzung!"
m. „Verzichten Sie auf Ihren Plan!"
n. „Berücksichtigt den menschlichen Aspekt!"
o. „Gib dem Umweltschutz Vorrang!"

4 ▸ ausgestattet, benutzt, eingegangen, entdeckt, erklärt, gegeben, gehalten, gelöst, gewesen, vergiftet, verringert, verschmutzt, verzichtet, vorgeschlagen, weggeworfen, zerstört, gezogen.

5 ▸ **a.** Les eaux dormantes.
b. Le pétrole qui s'échappe.
c. Un nombre croissant.
d. L'apparition d'une marée noire.
e. La matière / la substance qui anéantit tout.
f. Les endroits pollués.
g. Les éléments devenus rares.

54 Les subjonctifs I et II

▸ énoncés p. 117

1 ▸ **a.** Vrai. **c.** Faux.
b. Faux. **d.** Vrai.

2 ▸ Andreas'Mutter kam an und fragte mich, wie es mir gehe, ob ich im Hotel abgestiegen sei, ob ich ein Auto brauchte, wie lange ich bei meiner Tante wohnen wolle, ob ich am Wochenende in München bliebe, ob sie mir helfen sollten.

3 ▸ **a.** … meine Kusine besuchen **könnte**.
b. … zwei Wochen bei meiner Schwester **verbrächte**.
c. … selbstständig **wäre**.
d. … mit ihr **zusammenlebte**.
e. … mit netten Leuten in Beziehungen **stünde / stände**.
f. … meine Kollegen besser **kennte**.

4 ▸ **a.** … sich nicht **festlegte**.
b. … kein stichhaltiges Argument vorbringen **könnte**.
c. … mir seine Eltern nicht vorstellen **wollte**.
d. … die Sprache verloren **hätte**.
e. … alle Brücken hinter sich **abbräche**.

5 ▶ **Présent du subjonctif I :** müsse, kenne, breche, solle, falle, sei, werde, könne.
Présent du subjonctif II : könnte, bräche, fiele, kennte, verstünde, verlöre, würde, hätte, wollte.

55 Le passif personnel
▶ *énoncés p. 119*

1 ▶ **a.** Faux.   **c.** Vrai.
b. Faux.   **d.** Vrai.

2 ▶ **a.** Vor dem Mauerbau **war** die DDR **von** fast 3 Millionen Menschen **verlassen worden**.
b. Anfang 1967 **wurden von** Bonn diplomatische Beziehungen **aufgenommen**.
c. 1973 **wird** der Prager Vertrag **von** der Tschechosloswakei und der Bundesrepublik **unterzeichnet**.
d. Am 16. Mai 1974 **ist** Willy Brandt **von** Helmut Schmidt im Amt des Bundeskanzlers **abgelöst worden**.
e. Ab 1982 **wurde** die enge Zusammenarbeit mit Paris und Washington **von** Helmut Kohl **fortgesetzt**.
f. Anfang 1988 **wurden** Anhänger der Friedensbewegung **von** der DDR **festgenommen**.
g. In Dresden **wurde** eine Demonstration **von** der Polizei **auseinandergetrieben**.
h. Am 9. November 1989 **wurde** die Öffnung der Grenzübergangsstellen **von** Schabowski **angekündigt**.
i. Im Dezember 1989 **wurde** Ceaucescu **von** dem Volk **gestürzt**.
j. Am 3. Oktober 1990 **wird** die Deutsche Einheit **von** Tausenden Deutschen **gefeiert**.
k. Die Europäische Union **wird von** den Politikern weiter **fortentwickelt werden**.

3 ▶ *Wilhelm Meisters Lehrjahre* wurde von Goethe geschrieben.
Die ultravioletten Strahlen wurden von Johann Ritter entdeckt.
Der Dynamo wurde von Siemens erfunden.
Die erste deutsche Lokomotive wurde von August Borsig gebaut.
Ein Metallurgie-Unternehmen wurde von Friedrich Krupp gegründet.
Fidelio wurde von Beethoven komponiert.
Eine Schauspielschule wurde von Max Reinhardt eröffnet.
Die *Insel der verlorenen Wünsche* wurde von Hundertwasser gemalt.
Die Fußballweltmeisterschaft wurde von Deutschland gewonnen.

4 ▶ **a.** Passif parfait : a été vu.
b. Passif prétérit : fut / était signé.
c. Passif présent : est élu.
d. Passif futur : sera présenté.
e. Passif plus-que-parfait : avait été publié.
f. Passif futur antérieur : aura été banni.

56 Le passif impersonnel
▶ *énoncés p. 121*

1 ▶ **a.** Vrai.   **c.** Vrai.
b. Faux.   **d.** Vrai.

2 ▶ **a.** aufstehen: Um halb sieben **wird aufgestanden**.
b. duschen: Um fünfundzwanzig vor sieben **wird geduscht**.
c. frühstücken: Um sieben **wird gefrühstückt**.
d. lernen: Von halb acht bis neun **wird gelernt**.
e. unterrichten: Von neun bis eins **wird unterrichtet**.
f. essen: Um Viertel nach eins **wird gegessen**.
g. trainieren: Am Nachmittag **wird trainiert**.
h. arbeiten: Dann **wird gearbeitet**.
i. zu Abend essen: Um sechs **wird** zu Abend **gegessen**.
j. noch lernen: Von sieben bis neun **wird** noch **gelernt**.
k. schlafen: Dann Licht aus! Um halb zehn **wird geschlafen**.

3 ▶ **a.** Im Internet muss hart gearbeitet werden.
b. Den Schülern wird geholfen.
c. Zwar wird dem guten Schüler gratuliert.
d. Dem Lehrer aber wird selten gedankt.

4 ▶ **a. Man stimmt** der Anstrengung der Schüler **zu**.
b. Man denkt an ihre Zukunft.
c. Man folgt dem Trend, schnellstens Geld zu verdienen.
d. Man muss zugeben, dass viele Schüler teilnahmslos sind.
e. Man hat ihnen aber verziehen.
f. Man wird stundenlang über dieses Problem **diskutieren**.

Index

Les numéros renvoient aux pages, les mots en gras au titre de leçons.

aber 8
accusatif 24, **48**, 58, 64, 86, 88, 90
adjectif 36, **54**, 56, 66
    attribut 54, 66
    démonstratif 50
    épithète 24, 46, 54, **60** à **63**, 66, 68, 114
    possessif 52
    indéfini 62
adverbe 40, 66
    de temps 92
    modalisateur **40**
als **14**, 66, 78
als ob **22**, 116
am 68, 82
an 88
anstatt, dass 26
anstatt… zu **26**
antécédent d'un relatif 24, 94
article 50, 60, 62, 90
    défini 30, 42, 44, 46, **50**, 66
    indéfini 30, **50**, 56, 62
    Ø article 30, 46, 50, 60, 62, 94
auf 86, 88
aus 76, 86
auxiliaire 110
    de mode 20, **112**
bei 86
beim 78
bevor **16**
bis **18**
bis wohin 80
cas
comparaison 66
comparatif 66
    d'égalité **66**
    d'infériorité **66**
    de supériorité **66**
complément d'agent 118
complément de temps 92
concordance des temps 16
condition 14, 116

conjonction 14, 18
    de coordination 8, 10
    de subordination 10
da **12**, 74, 76
damit 26
dann 20
das 10, 50, 60, 84
dass 10, **12**, 20, 32
date 84
datif 24, **48**, 58, 64, 86, 88, 90, 120
davon 76
denn 8, 10, 66
der 10, 30, 50, 60
deren **24**
dessen **24**, 76
desto 82
desto weniger 82
devoir 112
die 10, 50, 52, 60
directionnel 48, 88, **90**
discours
    direct 12, **32** à 35
    indirect 12, **32** à 35, 116
double infinitif 28
dort 78
durch 86, 118
dürfen 112
ein- 30, 50, 52, 60, 76
einer 72
einige 72
en 76 à **79**
en + participe présent 114
entlang 86
erst 80
es **84,** 97, 120
es sei denn 22
etwas 72, **94**
exclamation 36
féminin 42, 44, 46, 60, 62
fonctions du GN 48
forme active **118**
forme passive **118**, 120

forme de politesse 52, 58
für 86
ge- 42, 97, 98, 100
gegen 86
génitif 24, **48**, 56, 58, 64, 86
génitif saxon 24, **56**
genre des noms 42
groupe
    infinitif 26, 28
    nominal 48, 50, 54, 56, 58, 60
    prépositionnel 74
    verbal 10, 40
haben 20, 28, 97, 98, 100, **110**, 116, 118
hängen **38**
hin 78
hinter 78
hypothèse **20**
im 76, 92
immer mehr 82
immer weniger 82
impératif 8, 34, 100, 104, 106, **114**
in 88
indicatif
    futur 14, 20, 102, 104, 106, 118, 120
    parfait 16, 97, 98, 100, 102, 104, 106, 108, 118, 120
    plus-que-parfait 16, 102, 104, 106, 118, 120
    présent 14, 16, 20, 97, 98, 102, 104, 106, 108, 110, 118, 120
    prétérit 14, 16, 97, 98, 102, 104, 106, 108, 118, 120
infinitif 28, 42, 100
    avec *zu* 26, 28
    sans *zu* 28
    substantivé 42, 78
interrogative globale 8, **36**
interrogative partielle 8, **36**
ja **8**, 40
je 82
jed- 72
jederman 72
jemand **72**
je mehr 82

je weniger 82
kein **30**, 50, 62
können **112**
lassen 28, 84
letzt- 92
liegen **38**
locatif 88, **90**
locution 22, 26, 84
majuscule 52, 58, 94
man 72
marquage 54, 60 à 63
masculin **42**, 44, 46, 60, 62
masculin faible 42, 44, 46
mehrere 72
meist 82
mit 76, 86
modalisateur 36, **40**
modalisation 40
mögen 34, **112**
moins … moins 82
müssen **112**
nach 16, 86
nachdem **16**
nächst 92
neben 88
négation 30
nein **8**
neutre **42**, 44, 46, 60, 62
nicht **30**
nicht so 66
nichts 30, **72**, **94**
nichts als 94
nie 30
niemand 72
noms 42
    composés 42
    géographiques 46
    pluriel (des) **44**
nominatif 24, **48**, 58
nur 80
ob 10, **12**, 34, 36
obgleich **22**
obschon **22**
obwohl **22**
oder 8
ohne 86

187

Index

ohne, dass 26
ohne ... zu **26**
on 12
participe I (présent) 38, 68, 78, **114**
participe II (passé) 28, 38, 68, 78, **114**, 118, 120
passé du subjonctif I 116
passé du subjonctif II 116
passif 110
    impersonnel 120
    personnel 118
pluriel 44, 60, 62
plus ... plus 82
politesse (forme de) 58
pouvoir 112
préfixe
    verbal inséparable 26, **100**
    verbal séparable 26, **100**
    accentué 98, 100
    inaccentué 98, 100
préposition 18, 30, 48, 64, 72, 74, 76, **86**, 90
préposition **spatiale** 88
probabilité 40, 112
pronom
    interrogatif déclinable 70
    indéfini 72
    interrogatif 34, **70**, 90
    interrogatif adverbial 74
    interrogatif invariable 70
    personnel 58, 84
    réfléchi 58
    relatif 10, **24**, 94
proposition qualificative 38, 114
questionnement 36
rection des adjectifs 64
rection des verbes 122
régime des prépositions 86
sein 20, 98, 102, **110**, 114, 116, 118
seit 18, 86, 92
seitdem 18
seulement 80
sich 58
singen 106, 114
sitzen **38**
so 66

sobald **18**
solange **18**
sollen 20, 34, **112**, 116
sooft **18**
statt 86
stehen **38**
subjonctif I 22, 32, 104, **116**
    futur 106, **116**
    passé 106, **116**
    présent 102, 104, 106, **116**
subjonctif II 20, 22, 32, 104, **116**
    futur 106, **116**
    passé 106, **116**
    présent 102, 104, 106, 108, **116**
subordonnée 10, 16, 84
    causale 12
    comparative 22
    complétive 12
    concessive 22, 116
    conditionnelle 20
    conjonctive 16
    impérative 8
    infinitive 26, 100
    interrogative 12
    relative 24, 38
    temporelle 14, **16**, **18**
superlatif 68
tun, als ob 22
trotz 86
über 88
um so 82
und 8, 78
unter 88
um 86, 92
um ... zu **26**
verbe 8, **97**
    à préfixe 26, 98, **100**
    de modalité 28, 40, **112**
    en „-ieren" 98
    impersonnel 84, 97
    faible 97, **104**, 116
    faible irrégulier 97, 98, **108**
    fort 97, 98, **106**
    réfléchi 97, 110
viele 72
virgule 10, 26, 28, 82

von 56, 65, 74, 86, 118
vor 16, 88, 92
vouloir 112
während **18**, 78, 86
wann **14**, 70
warum 70
was für ein 36, 70
wegen 86
weil 10, **12**
welch- 36, 70, 76
wenn **14**, 20, 78
wer 36, 70

werden 20, 28, 102, **110**, 116, 118, 120
wie 36, 66, **70**
wie viel 70
wo 36, **70**, 74
woher 70
wohin **70**
wollen 20, **112**, 116
wozu **26**, **70**
würde 20
y 76 à **79**
zu 46, 48, 65, 86, 100
zwischen 88

Achevé d'imprimer en Italie par Europrinting S.p.A.
Dépôt légal: 12/2011 - Edition: 01 - 16/0873/6